中国历代谜案

下

古山月◎编著

中国书籍出版社
China Book Press

序 言

人常言“继往开来”，意思是说通晓以往的历史，才能展望未来，因为正是历史造就了今天，所以我们必须熟悉历史，看透历史。但每次翻开史籍回眸历史，总不免让人感慨万千，那些意义重大的历史事件，常常产生于偶然的小事之中，而某些看似平常的事件的表相之下，却可能隐藏着惊天的秘密。

我国史书典籍浩如烟海，可称为世界上历史文字资料最为丰富的国家，丰富的史料中记载了历朝历代大大小小各种各样的事件和人物，其中有被称为“正史”的官修史书，也有人私自写就的被称为“野史”的非官方史料。这些都能让我们从中认识历史，了解过往；但是却有很多历史事件，正史和野史记载的完全不同，不同的正史记载的有时也有差异，野史更是说法种种；正史虽为历朝官方所修，但却可能因皇权的干预而故意掩盖了历史的真相，而有些正史中，一些非常重要的事件由于涉及皇家隐私，常常被一笔带过，野史虽为个人修订，却又难免对某事的起因和结果形成一家之言，那么，面对种种“历史”，我们该信谁的？

对此，人们常常不得不面临一种说法不一、难以取舍抉择的情况，于是，历史之“谜”产生了。这些历史中的“谜”常被称作“谜案”“疑案”或“悬案”，这些谜案犹如历史长河中有独特风景的小岛，远观云雾迷蒙，近看山重水复，耐人寻味又百思不得其解。

我国历朝历代都有不少的历史疑案，其扑朔迷离的事件疑云，离奇莫测的幕后真相，匪夷所思的谜案因由，常常能颠覆人们固有的信念，让人不知该不该相信，或者该信哪种解释。但这恰恰也许正是谜案的魅力，一千个人看历史谜案，或许会有一千种解释，因为每个人对谜案的认识和分析，都是与自身的知识丰富程度、人生阅历，以及世界观和价值观紧密联系的，对这些有什么样的认知，便会对谜案有什么样的见解。

不过，历史事实终归是历史事实，很多历史事件已飘然离我们远去，也许我们已无法查知真相，但我们能更靠近历史真相，因为我们有见微知著的能力，能以较少的证据和史料，结合某方面科学道理以及心理学理论等，对当时情况进行推理评判，从而得出较为正确的决断，由此认识真正的历史。

本书甄选了我国历史上有重大影响的近二十件历史谜案，依据各种正史野史等史料、考古证据和前人推论等，对各谜案作了新颖、深入、多角度的分析评判，力争最大程度地揭开这些历史谜案之上的层层面纱，还谜案以历史真相，给读者朋友一个真实的历史，同时也求同存异，让大家了解关于某谜案事件的百家之言，同时结合各方面的认知，做出自己的评判。

目 录

第三章　移宫案之谜

第四章　皇太极暴死之谜

第五章　孝庄太后下嫁之谜

第六章　顺治皇帝出家之谜

第七章　雍正皇帝死亡之谜

第八章　乾隆皇帝身世之谜

第一章 梃击案之谜

明末乱世，三案继发

明朝是中国历史上最后一个由汉族建立的大一统封建王朝，历经十二世、十六位皇帝，国祚 276 年。1368 年，明太祖朱元璋在南京应天府称帝，国号大明，经过明太祖的洪武之治，国力发展迅速，到明成祖后期，明朝国力强盛，万邦来朝，史称永乐盛世。其后的明仁宗和明宣宗时期仍处于兴盛时期，史称仁宣之治。明英宗即位后政局也较为稳定，建国至这一阶段的明朝，其国力为世界之冠，郑和的庞大船队七下西洋，《永乐大典》修订完成，且文化艺术呈现大众化趋势，外交、军事、文化、经济皆傲视全球，特别是商品经济日渐发达，社会上出现了商业集镇和资本主义萌芽，这是中国历史上继汉朝和唐朝之后的繁盛时代，史称“治隆唐宋”“远迈汉唐”。

1449 年七月，明朝发生“土木之变”，蒙古族瓦剌部落首领也先统率大军，分四路大举向明朝内地骚扰，前线的战报不断传到北京，明英宗朱祁镇在太监王振的煽惑下亲征，但一切军政事务皆由王振专断，也先为诱明军深入主动北撤，王振看到瓦剌军北撤后坚持北进，被瓦剌军伏击，败退于土木堡，后明英宗被捕。

“土木之变”是明朝由盛转衰的转折点，之后瓦剌军队围困北京，但经于谦等人积极抗敌，组织京师保卫战，最终解除了国家危机。其后明宪宗与明孝宗相继与民休息，政局尚可平稳。明武宗即位后，荒淫并沉溺游乐，最终因死后无子使明孝宗一脉绝嗣，引发大礼议之争。明世宗即位后，清除宦官和权臣势力，平定东南沿海倭患，国力有所恢复，后明朝又经历隆庆新政和万历中兴，国力得到恢复。特别是万历中兴，发生于明神宗朱翊钧时期（1563 年—1620 年），其即位前十年，宰相张居正辅政，国力迅速提高。

明神宗是明朝第十三位皇帝，明穆宗第三子。隆庆二年立为皇太子，隆庆六年，穆宗驾崩，10 岁的朱翊钧即位，次年改元万历。

此时明朝面临内忧外患，神宗年龄又小，皇太后着意由内阁首辅张居正主持大政，张居正大力改革，国家吏治和社会面貌焕然一新，国力迅速增强。张居正主政十年后去世，明神宗亲政，初期他勤于政务，在军事上发动了“万历三大征”，并且平定哱拜叛乱和杨应龙内乱，粉碎日本丰臣秀吉攻占朝鲜半岛的梦想，算是有所作为。但后期他不理朝政，数十年不上朝，只在宫中宠幸郑贵妃等人，终至朝纲混乱，史称“万历怠政”，又因未立储君而发生了“国本之争”，同时东林党争也带来明朝末期政治的混乱，于是明朝在万历时期迅速走向没落。闻名于世的明末后宫三大案“梃击案”“红丸案”和“移宫案”，便是发生于这一时期。

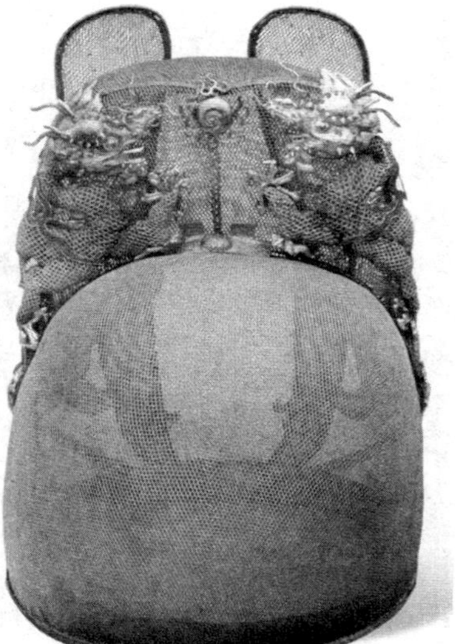

万历皇帝精美的皇冠

宫廷其实是一个充满血腥的角斗场，历代皇宫之中，因为对皇位的争夺，不知发生了多少或明或暗的血腥争斗，其间亲情的作用是很少的，明朝也是这样，明神宗末年的“梃击案”，就是一个疑点重重的深宫大案。

明神宗春风一度，皇长子不为父喜

明神宗晚年，由于宠信皇贵妃郑氏，对自己先前所立的宫女王氏所生的皇太子朱常洛很不喜欢，因此处心积虑想废掉朱常洛，打算立郑贵妃所生的皇三子朱常洵为太子。为此神宗还曾与郑氏秘密宣誓，一定会立朱常洵为太子。但是，迫于朝臣和皇太后的压力，神宗也不敢轻举妄动，只是找各种借口为难皇太子。起初神宗并没有要立他做太子的打算，只是在皇太后和大臣们的压力之下才被迫册封朱常洛为皇太子的。

贵妃郑氏是大兴（今北京大兴）人。明万历初入宫，是万历皇帝最宠爱的妃

明神宗朱翊钧画像

子。1565年生，父郑承宪，万历九年（1581年）八月，朝廷下诏选美，十年二月，册郑氏为淑嫔，十一年八月，晋德妃，十一月乙巳日（1584），郑德妃生皇次女（云和公主朱轩姝），十二年（1585年）七月，晋贵妃。十二月十九日，贵妃郑氏生皇次子（邠哀王朱常溆），十四年（1586年）正月五日，贵妃郑氏生皇三子（福王朱常洵，追尊恭宗）。三月，进封皇贵妃。

在郑贵妃生朱常洵之前，神宗皇帝已与一王姓宫女生了一个儿子，即后来的太子朱常洛，但从一开始，此子即不为神宗喜欢，任谁也难改变他的这种态度。

神宗皇帝16岁时结婚，其时为1578年，礼部奉慈圣皇太后李氏旨意，选得锦衣卫指挥使王伟的长女王氏为万历皇后，并择得黄道吉日，由张居正等人主持，于二月十九日完成了皇帝的大婚典礼。

明代的嫔妃和宫女大都来自北京和周围省份的平民家庭，像选后妃一样，容貌的美丽与否并不是唯一标准。凡年在十三四岁或者再小一点的女子都可列在被选范围之内，但是他们的父母必须是素有家教、善良有德的人。应选后妃的条件包括：相貌端正，眉目清秀，耳鼻周正，牙齿整齐，鬓发明润，身无疤痕，性资纯美，言行有礼。宫女的标准有别于后妃，各方面标准比后妃略低。她们在经过多次的挑选后，入选者便被女轿夫抬进宫中，从此再难跨出皇宫一步。

对于神宗皇帝来说，他的大婚并不是一件撼动人心的大事。他和这位13岁王氏少女结婚，完全是依从母后的愿望。太后年高，望孙心切，在她心中对孙子的企盼是越早越好、越多越好。按照祖制，皇后一经册立，皇帝再册立其他妃嫔即为合理合法，她们都可以为皇帝生儿育女。

但这时的神宗皇帝显然还是情窦未开，他不只是对这位王皇后没有兴趣，对其他的妃嫔也同样毫无兴趣，那个在他生活占有重要地位的女人郑贵妃，还要在几年之后才会出现，这时的他感到的依然是空虚和烦闷。有一天，他不知怎么突然在宫中强幸了一位王氏宫女。按规矩，皇帝在私幸之后就该赐一物件给王氏，作为临幸的凭证，何况这一举动已被文书房的内宦记入《内起居注》。王氏是神宗母后宫中的宫女，虽然没有人会因为这件事去指责他的不轨，但年轻皇帝却感到此事不大光彩，强幸王氏之后，不顾王氏那哀怨的眼神，穿衣束带后径自走出慈宁宫，不料春风一度，王氏却怀了孩子。

王氏身怀有孕，几个月后就因体型的变化被慈圣太后识破并盘问出来。这位老太后面对此情此景，想起自己作为宫女时的苦难与辛酸，对王氏的景况深表理解，同时也为自己有了抱孙子的机会而大为高兴。一日，万历帝陪母亲慈圣皇太后吃饭，席间太后向万历帝问及此事，他却矢口否认。对万历一向管束严厉的慈圣太后有些生气，她立即命人取来《内起居注》，叫万历自己看。事实面前，万历窘迫无计，只得如实承认。慈圣太后又望着儿子好言安慰说："吾老矣，犹未有孙。果男者，宗社福也。母以子为贵，宁分差等耶？"

在慈圣太后力主之下，王氏被册封为恭妃。之后王恭妃生下一个男孩，这个男孩就是一生倍遭神宗皇帝冷遇和歧视的明光宗朱常洛。

郑贵妃恃宠而骄，明神宗不理朝政

到了 1582 年三月，郑氏被册封为淑嫔，此时她来宫中已有两年，这位长得乖巧玲珑的小家碧玉，尽管 14 岁进宫，两年之后才受到皇帝的殊宠，但她一经介入神宗的生活，就使这位年轻皇帝把恭妃王氏置于脑后。更不寻常的是，他和这名女子的热恋竟终生不渝，而且还由此埋下了危及明朝政治的宫廷危机，最终导致大明帝国身受重创而最终沉沦。

郑贵妃之所以能赢得神宗的欢心，并不只是因为她的美貌，更多的是由于她的聪明机警、通晓诗文，拥有宫中其他女人少有的才华。如果专恃色相，则宠爱绝不可能如此历久不衰。郑妃透彻地看清了作为一个异性伴侣所能起到的作用，应该怎样以自己的青春热情去填补皇帝精神上的寂寞。别的妃嫔对皇帝百依百顺，心灵深处却保持着距离和警惕，唯独郑妃是无所顾忌，她敢于挑逗和讽刺皇帝，同时又能聆听皇帝的倾诉，替他排忧解愁。在名分上，她属于妾妃，但在精神上，她已经不把自己看成姬妾，而万历也真正感到了这种精神交流的力量。她不但不像别的妃嫔一样跟皇帝说话时低首弯腰，一副奴才相，反而公然抱住皇帝，摸他的脑袋……这种“大不敬”的“野蛮”行为，除她之外，是无人敢做的。也正是她表现的不同，万历才把她引为知己而更加宠爱，不到三年就把她由淑嫔升为德妃再升为贵妃。

1586年，郑贵妃生下儿子朱常洵。由于万历对王恭妃和郑贵妃的待遇不同，长达几十年的“国本之争”，便由此子的降生揭开了帷幕。

据王鸿绪《明史稿》的《后妃传》中说，神宗曾经应诺郑贵妃立朱常洵为太子，所记如下：大内北上西门之西，有大高元殿，郑贵妃要帝谒神，设密誓，立其子为太子，因御书一纸，缄玉盒中，赐妃为符契。

明宫大高元殿所祀者为玄天上帝，清朝诸帝每于此祈雨雪。在明末，由于世宗崇奉道教的缘故，大高元殿是个极神圣的地方，在此设誓也是件相当严重的事。神宗如果真曾有这样的许诺，后来又不惜违誓以保国本，实在是出于无奈。

还在朱常洵出生以前，朝廷首辅申时行和王锡爵等人就曾建议神宗早立太子。但神宗皇帝不愿把自己不喜欢的女人生的儿子立为帝位的合法继承人，便以皇长子年龄尚小为借口推托过去。到了朱常洛5岁时，王恭妃还未受封，而朱常洵刚刚出生，郑妃即被封为皇贵妃，这不能不令那些早就疑心重重的大臣们怀疑神宗皇帝要废长立幼，就在册封郑贵妃的当天，户科给事姜应麟即上疏给正热血沸腾的万历心中泼了一盆冷水。

姜应麟在疏中用的言辞极为尖锐沉重，他无非是希望神宗能收回成命，名义上说先封王恭妃，而实际则是要皇帝封皇长子为太子。结果使得姜应麟及后来为姜说情的几位官员一并获罪。接着又有南北两京数十人上疏申救，神宗对此虽置之不理，我行我素，但心中却极其恼火，因为他对自己的“私生活”被人干预感到难以忍受。而此时的臣僚们也对神宗皇帝越来越“出格”的行为同样感到困惑：贵为天子，怎好如常人那样感情用事、为所欲为呢？大臣们总是把希望寄托在一个好皇帝身上，不愿看到神宗被一个女人“勾引”而误国误民。

自从册封郑贵妃为皇贵妃引起群臣几乎一致的反对以来，神宗对临朝听政十分厌恶，便不再上朝，并且坚持几十年不上朝。这时候，慈圣太后已经在慈宁宫中安度晚年，五更时分不再到万历住所呼喊“帝起”并携之登辇上朝了，并且张居正已死，冯保被贬，首辅申时行又是个“和事佬”，于是神宗皇帝开始沉沦了，他沉沦的地方，便是后宫的脂粉堆里，是风情万种的郑贵妃的怀抱。

王锡爵建议立储，明神宗三王并封

日后，神宗皇帝放纵后宫的消息不断传出，加上皇帝不时以“头眩”为由不举行早朝，大臣们又发起新一轮请求。神宗皇帝被激怒了，上疏干涉皇帝“私生活”的礼部尚书洪乃春被拖到午门外廷杖六十下，然后削职为民，以致最后愤怨而死。从这以后，廷杖几乎成了神宗对付那些非议他和郑贵妃之间的关系的大臣们最主要的手段。

但大臣们在朝廷上挨了一顿棍打之后，立即便以敢于廷争面折而声名天下，并且名垂“竹帛”。死是人人都惧怕的，但只是屁股上挨几板子就可以名垂千古，为此而冒险的也就大有人在，神宗皇帝在这些前仆后继的劝谏者面前，到底还是筋疲力尽了。

神宗也不是所有臣子他都烦，有些人他还是比较爱戴的，如王锡爵，万历十二年（1584 年）冬，王锡爵被召回朝中，拜为礼部尚书兼文渊阁大学士，成为宰辅。李植、江东之与大臣申时行、杨巍等人相谋划，认为王锡爵在朝廷内外颇负时望，而且过去与张居正不合，所以力推王锡爵加入内阁。待王锡爵入阁后，与申时行十分投机。当时群臣纷纷上书请神宗早立皇储，以定国本，神宗皆不听。王锡爵就与申时行上疏建议神宗“勤御朝讲，日亲大臣，经常披阅章疏而早定根本”，神宗“温旨报闻”。

万历十八年（1590 年）元日，神宗驾御毓德宫，召内阁辅臣进见。神宗牵着皇长子的手，用以说明他们父子二人关系很融洽，没有废长立幼的意思，大臣们连忙跪拜。神宗于是手谕各大臣：“伦序已定，朕何敢私？特以皇长子羸弱，待十年后，大典并行。”

万历十九年（1591年）夏，王锡爵以母亲患病请假探视，滞留不归。万历二十一年（1593年），申时行、许国、王家屏相继离开内阁，宰辅乏人，神宗遂又召王锡爵回朝，拜为首辅。此前神宗曾答应于二十一年春举行册立大典，朝臣们都在拭目以待。王锡爵入朝后密请建立东宫。神宗答复他说：“朕虽然有今年春天册立东宫的旨意，但昨天读到祖训，应该是立嫡不立庶。皇后的年龄还不算大，如果生了儿子，该如何处置？现准备将常洛与他的两个弟弟并封为王，再等几年，到那时皇后仍然没有生育的话，再册立也不迟。”

当时王恭妃生子常洛，郑贵妃生子常洵，周端妃生子常浩，于是有了三王并封的手谕。王锡爵顺从地奉诏拟旨，提出了“三王并封”之说。即将长子常洛，三子常洵、五子常诰同时封为藩王，虚太子位以待。

此说一出，举朝哗然。大臣们把矛头直指王锡爵，群臣弹劾之章如雪片般飞至，造成内阁与部臣间的矛盾日益激化。一次，王锡爵对顾宪成抱怨：“当今所最怪者，庙堂之是非，天下必欲反之。”顾宪成立即反唇相讥道：“吾见天下之是非，庙堂必欲反之耳！”

王锡爵想出一条权宜之计，他援引汉明帝马后、唐玄宗王后、宋真宗刘后的典故，想让皇后抚养常洛，作为立储的预备。谁知神宗不肯答应，仍然坚持之前的决定。一下子，朝中大臣又开始议论纷纷。神宗后来迫于公论，不得不取消“三王并封”。

万历二十一年（1593年）秋，皇太后生辰，神宗接受群臣朝贺后，独召王锡爵于暖阁，王锡爵再次力请早定国本。神宗说：“中宫有出，奈何？”锡爵言道：“此说在十年前犹可，今元子已十三，尚何待？况自古至今，岂有子弟十三岁犹不读书者。”神宗听了很感动。

万历二十二年（1594年）神宗在先前王锡爵的请求下终于下诏，请皇长子朱常洛出阁读书，辅臣轮流侍班。礼节依太子出阁的旧制，于是举朝上下一片欣慰。

朱常洛得立太子，郑贵妃为子争位

此举让郑贵妃很不爽，但皇长子天天都在慈圣皇太后和王恭妃的保护下，郑贵妃也没有办法。但郑贵妃依旧专宠，朱常洛之母仍然体弱多病。宫中的太监都觉得她如有不测，郑贵妃一定会正位中宫，郑贵妃的儿子常洵当然会被立为太子，所以朱常洛的准太子之位十分危险。大臣黄辉从内侍那里得知情况后，就私下和给事中王德完说："这是国家大政，恐怕早晚会发生变化，将来传载史册，必定说是朝中无人。您担负着这个责任，怎么能不说呢？"王德完点头，接着和黄辉一起上奏。神宗读完奏折后，怒火中烧，立即将王德完逮捕下狱，严刑拷打。尚书李戴、御史周盘等人上疏相救，均遭到指责。

到了万历二十八年，皇长子朱常洛已年近二十。大臣们请求先册立储君，再行婚嫁之礼，神宗仍旧不理不睬。过了一年，阁臣沈一贯一再坚持册立储君，神宗母亲慈圣皇太后也要求儿子快立太子，于是此事已是势在必行。

但神宗怕因此事让郑贵妃不高兴，数日未有动静，还在他迟疑的时候，郑贵妃听到神宗要立朱常洛为太子的消息，她既怒火中烧，又倍感失落，虽然感到大势已去，但她还是要做最后一搏。早在几年前，万历皇帝为讨郑贵妃的欢心，曾许愿将来封朱常洵为太子。郑贵妃施展聪明，哄劝神宗皇帝写下手谕，珍重地装在锦匣里，放在宫中的梁上，作为日后凭据。此时郑贵妃赶紧拿出当年的锦匣，欲取其为证，请神宗守约，可是当郑贵妃满怀希望地打开锦匣时，不禁大吃一惊，她珍藏的这一纸手谕让衣鱼（蛀虫）咬得残破不堪，最奇怪的是偏偏"常洵"两字被吃进了衣鱼腹中！神宗皇帝见了，不禁悚然而惊，长叹一声说道："天命有归，朕也不能违背天意。"

此话一出，郑贵妃知道难以挽回，竟然在地上打起滚来，像泼妇一样破口大骂。神宗忍耐不住，大踏步走出西宫，召来沈一贯，立朱常洛为皇太子。沈一贯立刻草写，颁发给礼部，当天施行。

谁知刚过了一晚，神宗皇帝又准备更改册立日期，他是受了郑贵妃的软磨硬泡，又改变了主意。但沈一贯封还谕旨，一再申明不可，这才在万历二十九年十月十五日，举行了立储典礼，皇长子朱常洛被册立为皇太子，成为国之储君。第二年正月，神宗又册立郭氏为太子妃。

朱常洛被册立为皇太子后，其他各位皇子也被陆续封王。朱常洵被封为福王，封地为富甲天下的洛阳地区，朱常浩被封为瑞王，还有李贵妃的儿子朱常润、朱常瀛也都被册封。

神宗之所以不立朱常洵，实亦由于形势所格，爱莫能助。第一，李太后及王皇后保护太子；第二，群臣坚请立长。未立之前犹可假嫡庶为托词，既立欲废，更为困难。因此，到后来唯有设法不使福王朱常洵就国。

皇太子册立东宫，神宗特遣官赐敕存问王锡爵，其中言："册立朕志久定，但因激阻，故从延缓。知卿忠言至计，尚郁于怀，今已册立、冠婚并举，念卿家居，系心良切，特谕知之。"

至此，前后争吵达 15 年，使无数大臣被斥被贬被杖打、万历皇帝身心交瘁、郑贵妃悒郁不乐、整个帝国不得安宁的"国本之争"，才算告一段落。但事情至此却远没有结束，却恰恰是另一个开始，明末后宫三案之首的"梃击案"，便是发生在这之后的一段时期内。

王恭妃病死幽宫，朱常洵终赴封地

皇长子朱常洛被立为储君之后，生母王氏仍然没有得到加封。王恭妃一直寂居在幽宫之中，到岁终都没有再见过皇帝一面，免不了感叹寂寞，整日流泪，渐渐双目失明，什么都看不到了。万历三十四年，皇太子的选侍王氏生了儿子由校，这孩子就是神宗的长孙，后来的明熹宗。

神宗有了孙子后很高兴，立即给母亲奉上慈圣太后的徽号，并晋封王恭妃为贵妃。王恭妃名义上虽然加封，但实际上仍然失宠，就是母子之间也不能时常见面。光阴易过，王恭妃整日哀愁感叹，自然郁郁成疾，接着便卧床不起。皇太子听说母亲病重，请旨前去探望。不料宫门竟然是锁着的，当下找到钥匙开锁，推门而入，只见母妃惨卧在床榻之上，面容憔悴，话都说不完整。太子看到这种情形，不禁心如刀割，大哭起来。

王贵妃听到声音后，就用手撩住太子衣服，呜咽着说："是我儿吗？" 太子哭着说是。贵妃又用手摸着他的头，半天才说："我儿啊，做娘的一生困苦，只剩下你这一脉骨血了。" 说完，又哽咽起来。太子扑到母亲怀里号啕大哭。贵妃接着说道："我的孩儿都长这么大了，我死也无恨了。" 说到"恨"字，已经是气喘吁吁。一口痰竟噎在喉咙里，贵妃张着嘴想要再说点什么，已经发不出声音了，转瞬间气绝而亡。太子抱着母亲的尸体一直哭泣，还是神宗召他入内，好言劝慰了半天，太子这才节哀。

当时大臣沈一贯、沈鲤同时罢官，神宗任用于慎行、李廷机、叶向高三人为东阁大学士，与朱赓共同办理内阁事务。于慎行上任十天就病逝了，朱赓也随后逝世，李廷机因被参劾而罢官，只有叶向高上疏说："太子的母妃病逝，应该厚葬。" 奏折递上去之后，没有消息。再次上疏，神宗才准奏，赐王恭妃谥号温肃端靖纯懿皇贵妃，葬于天寿山。

王恭妃随葬之皇后凤冠

郑贵妃得知王恭妃的死讯后，又开始觊觎太子之位。福王朱常洵本来被封到洛阳，大臣们屡次请他上路，都被郑贵妃暗中阻止。神宗被她迷惑，一味沉溺在温柔乡里。常洵婚娶时，排场阔绰，花费的金钱多达三十万。还在洛阳建下王府，规模和宫廷相差无几，花费的金钱多达二十八万，是平常亲王的十倍。在崇文门外，他还开设了几十家官店，售卖各种物品，与百姓争利，所得的盈余专供福王府使用。一切起居饮食和皇太子常洛比起来不知要好多少倍。万历四十年冬，洛阳府竣工，叶向高等人请福王上路，神宗将日期定在第二年春天。

转眼间就是初春，礼部向神宗申请，没有回应。到了初夏，兵部尚书王象乾又对此事奏了一本，神宗没有办法，只好说亲王上路，惯例都是在春天，现在已经逾期，就等来年吧。没过多久，又从宫内传出消息，说福王到藩地的时候，要给四万顷田庄，满朝大惊。向来亲王到藩地时，除了每年的俸禄以外，再适量给些草场牧地，或者一些废田河滩，但最多不超过千顷。于是叶向高立即上谏阻拦。奏折上去不久，就有批复下来，说："田庄的事情之前就有成例。"叶向高又上疏书："东宫辍学已经八年，而且很久不能见到皇上，福王却一日两见。但愿皇上能够坚守明年春天的信约，不要再以田庄为借口。"

其实这事不必细想也知道，屡屡延期无非是郑贵妃暗地里牵制着神宗。正巧这件事情被李太后得知，宣召郑贵妃到慈宁宫，问她福王为什么不上路，郑贵妃叩头回答："常洵想祝贺母亲明年的寿辰，所以迟迟不行。"太后马上生气地说："你也真是善辩。我的儿子潞王封到卫辉，明年也能来祝寿吗？"郑贵妃碰了这个大钉子，只好唯唯而退。

一日，锦衣卫百户王曰乾上奏说奸人孔学、王子诏勾结郑贵妃、内侍姜严山等人诅咒皇太子，并用木头刻下太后、皇上的肖像，用钉子戳木像的眼睛，还约了赵思圣带刀行刺，意图谋逆。这奏折可是非同小可，神宗看完后，不由得震怒，本想将奏折发交给刑部，彻查到底。经叶向高劝阻，才将奏折搁置下来。后来，御史以其他事情参劾王曰乾，将他打入狱中，这事才算了结。神宗接着诏谕礼部，命福王在万历四十二年上路。

第二年二月，李太后驾崩，宫廷内外相继哀悼。郑贵妃还想留住儿子福王朱常洵，于是怂恿神宗，让他下谕改期。后来经叶向高封还手敕，再三劝阻，福王这才如期而行。

启程前一天晚上，郑贵妃母子抱头哭了足足一夜。第二天一早，福王辞行，神宗也恋恋不舍，握着他的手叮嘱很久。福王出宫后，还四次被召回，神宗约好让他三年上一次朝，赐两万顷田庄。中州肥沃的土地向来就少，从山东、湖广那边割了好多地才算凑足了数。神宗又赐他一千三百引淮盐，让他可以开店卖盐。福王还不满足，又奏请神宗将已故大学士张居正的家产以及江都到太平沿江各州的杂税，还有四川的盐井、茶树等都给他。神宗自然全部答应，并且常常怀念他。

但福王朱常洵虽得父母宠爱，却招来了天下人的共恨，福王平生只知享乐，四处搜刮民财，自己吃成了三百多斤的大胖子，后来李自成大军来到洛阳，福王却不肯散财犒赏军队，也不肯花钱组织军民抵抗，以至洛阳很快城破，福王被俘，投降李自成，但李自成却不肯收容他，而是想了个怪招，将福王朱常洵大卸八块，又从福王府中牵来几头鹿宰杀掉，一起放到几口大锅里炖肉煮汤，还美其名曰“福禄宴”，李自成与一众将官，将其做了下酒菜。半生享尽荣华富贵的朱常洵，怎么也想不到自己是如此下场。

太子入住慈庆宫，莽汉忽行梃击案

神宗长子朱常洛被封为太子时已经 20 岁了。依照明朝的常制，一般在 16 岁左右就会大婚，而后出阁讲学接受教育，但朱常洛 21 岁才大婚，可见神宗对他的冷淡程度。

太子朱常洛大婚之后，神宗让他移居慈庆宫居住，皇太子住在慈庆宫，非奉召不得觐见，父子二人好像陌生人一样。这慈庆宫名义上是太子的寝宫，实际上还比不上宫中的一般宫殿，不仅破陋不堪，而且防卫甚差，神宗仅仅派了几名老弱病残的侍卫来防守。宫中服役的宫女太监也很少，仅有几个随朱常洛一块长大的贴身太监跟着来到这里。与皇三子朱常洵所居住的宫殿相比较，太子居住的慈庆宫的情况十分寒酸，朱常洵也依仗父母宠爱常常气势凌人，以至似乎他才是真正的皇太子似的。

朱常洛被立为太子，郑贵妃不想罢休，她恃宠而骄，又贪得无厌，见朱常洛成为太子，气得吃不下饭，更使起手段来，除了在吃住等方面迫害朱常洛，还处心积虑要除掉皇太子，由自己的儿子朱常洵取而代之。就在这种情况之下，万历四十三年（1615），太子居住的慈庆宫发生了梃击一案。

万历四十三年（1615）五月初四日黄昏时分，一个身材高大的男子，穿着短衣窄裤，手持一根粗大的枣木棍，径直闯入太子朱常洛居住的慈庆宫，守门人没有拦住，此人进去之后直奔太子就寝的大殿而去，几个老太监拦阻，被其舞棍打倒。朱常洛的贴身太监们很用心，见外边的太监拦截不住，马上关闭了太子所住的宫殿大门，并临窗大声呼喊“抓刺客，抓刺客”。此人进不得门，舞棍乱打，有几位太监迅速来到院子里与此人纠缠，后来宫里的侍卫们闻讯赶到，为首的韩本用带人与太子宫的太监们一起合力将这名男子制服，将他绑到东华门，交由东华门的守卫指挥使朱雄收监。

第二天，朱常洛将此事告知了父亲神宗皇帝，神宗听后大惊，急忙派人提审这名行刺的男子。

这件怪事，发生在福王朱常洵赴洛阳就国一年以后，其时福王虽已就国，神宗待太子甚薄，因此“梃击”一案发生，举朝惊骇悲愤。巡视御史刘廷元审讯后奏称，此人名叫张差，蓟州井儿峪人，其说话“语言颠倒，形似疯狂”，再三拷讯仍“语非情实，词无伦次，按其迹若涉疯魔，稽其貌的系黠猾，情境叵测，不可不详鞫重拟者”。

神宗此时也不知究里，就又派刑部郎中胡士相和岳骏声等官员对张差进行共审，胡士相亦是浙党，且为刘廷元的亲戚，自然维持疯癫之说。其审讯结果是张差因被人烧了柴草，要来京城申冤，在城里乱闯，又受气癫狂，受人诳骗说拿一木棍可以当作冤状，然后乱跑，误入慈庆宫。前后两次的结果几乎完全不一样，在这次的供状中，不仅没了“吃斋讨封”的话头，连带狡黠的性格判断也没有了，变成纯粹的一个“疯癫”的结论。

负责审理此案的胡士相等人还认为，张差持可用作武器的棍子乱闯太子宫殿，违反了朝廷不得在宫殿前射箭、放弹、投砖石伤人的法律，应该马上对张差问斩。

但是，这种供词和处理的结果却引起了朝中一些官员的怀疑，他们认为前后两次供词差别如此之大，似乎并非偶然。联系到这段时间郑贵妃的种种活动，再联系到太子之位引发的种种争斗，这个事情恐怕有人在背后操纵，而且似乎就是冲着皇太子朱常洛去的。

梃击案主谋渐现，明神宗置之不理

刺客张差被囚禁在刑部，刑部的监狱名为“诏狱”，俗称“天牢”，诏狱的狱政归“提牢厅”管，直属长官是刑部提牢主，为一名主事，名叫王之寀，为了皇太子的安危，王之寀对此事很是用心，他到狱中发放饭菜的时候，私下里问张差到慈庆宫闹事的缘由。张差起初不肯承认，他见张差身强力壮，样子不像是个完全疯癫之人。王之寀就引诱他说，“说实话就给你饭吃，不然就饿死你”，并把饭菜放在张差的面前。张差看着香喷喷的饭菜，口水直流，最后低头说道：“我不敢说。”

于是王之寀命牢中其他狱吏回避，只留两个记录和看管的人，让他只对自己说。张差就招供说：“我小名叫张五儿，父张义病故，还有马三舅、李外父等亲人，某日有个不知名的太监要我办一件事，事成之后给我几亩地种！后来太监骑着马引我入京，先到燕角铺歇脚，第二天来到了京城。”

王之寀赶紧问是什么人收留了你，张差说：“不知道，只到一不知街道的大宅子，一个太监给我吃完饭，说：‘你先冲进去，撞着一个，打杀一个，打杀了我们救你！’然后领我由厚载门进到宫门上。守门的拦住我，我把他打倒在地。太监多了，我就被抓住了。小爷（皇太子）福大，没打着。”后又招“有柏木棍、琉璃棍、棍多人众”等情。（此指慈庆宫守卫的太监所持用的棍子名称）

王之寀听后大惊，明白了这次张差行刺确实有宫里的人在背后指使，而且后面那句“小爷福大，没打着”，已隐晦地说明其要打杀的目标对象就是皇太子。

王之寀又问起马三舅、李外父的名字以及大宅的住处。张差却又开始答非所问、装疯卖傻，王之寀马上将审讯的结果交给主审官上奏朝廷，还说：“臣看此犯不癫不狂，有心有胆，惧之以刑罚不招，要之以神明不招，啜之以饮食始欲语，中多疑似。愿皇上缚凶犯于文华殿前朝审，或敕九卿科道三法司会问，则其情立见矣。”侍郎张达得知后也说：“张差既没有疯也不是狂，他有谋略有胆识。因为担心受到刑罚而不肯招，欲言又止。请皇上亲自审讯，或者派三司会审，一切自然水落石出。”

王之寀的审讯结果在朝中立即引起轩然大波。大臣们议论纷纷，猜疑不止，认为这个事情背后肯定有宫里的大人物指使，私下都认为此事的主谋一定是郑贵妃，并且经过大家的推理分析，认为郑贵妃的哥哥郑国泰在其中干系重大，是郑贵妃与郑国泰一起在谋害太子。

在这样的情况下，神宗为了保护郑贵妃及其家人，对此案久无裁示。于是有个户部郎中陆大受上疏抗言，认为“大奸之奔走死士，或出其技之庸庸者，姑试之于死地，以探其机，而后继之以骁桀，用其死力于不经意之处，有臣子所不忍言者。”这个看法相当深刻，以张差为试探，倘或不加追究，糊里糊涂了结，则对“大奸”为一种鼓励。因而陆大受主张彻底追究，问道：“张差业招一内官，何以不言其名？明说一街道，何以不知其处？”

神宗因为此疏意指郑贵妃的哥哥郑国泰，心中不悦，便置之不理；其实这时案子的线索已经很明确了，但神宗却像有什么隐情似的犹犹豫豫，将这大臣们的奏折全都留中不发。又另外派人查究此案。

十三司会审张差，陆梦龙诱其招供

事在未定，郑国泰颇为恐慌。于是有个叫过庭训的御史移文蓟州，让当地官员搜集证据，讯查张差的底细，而蓟州知州戚延龄的奏折复文则详述张差所以得了疯癫症的始末，折子中说：“郑贵妃派太监到蓟州建造佛寺，太监烧制陶瓷需要柴薪。当地人于是都想去卖柴薪赚点小钱。张差把自己的地卖了，换成柴薪，想从中牟利。不料被当地人嫉妒，一把火把他的柴全都烧掉了。张差到太监那里诉冤，反而被太监指责。想到自己破产，竟然开始发疯，就想上京来告御状，这便是张差到京城的缘由。”

这个调查说张差这人确属疯癫之人。于是，“疯癫”二字再次成为梃击一案定案的依据。但很多人认为这是一套预先安排好的双簧，想铸成张差疯癫为铁案。

这时有两个有正义感的官员傅梅和陆梦龙发现胡士相在捣鬼，陆梦龙认为这件事关系重大，不应该模糊结案，于是又建议十三司会审。明代刑部依十三行省区分为“十三清吏司”，“梃击”一案虽归山东司郎中胡士相主办，但重要案件，各司郎中都可向长官提出处理办法。

傅梅和陆梦龙便去见“刑部右侍郎署部事兼署都察院事”的张问达，主张不必等皇帝有所批示，传提张差所供的“马三舅”“李外父”等等，彻底追究。张问达采纳了要求，派定胡士相、劳永嘉、赵全桢、陆梦龙、傅梅、王之寀、邹绍先等七名司官会审。这七个人中，分成两派，除了王之寀与傅梅、陆梦龙以外，其余都是帮郑国泰的。

审问的情形，据《明史》卷三百四十一所记，情形如下：将讯，众咸嗫嚅。梦龙呼刑具三，无应者；击案大呼，始具。差（张差）长身骈胁，睨视傲语，无疯癫状。梦龙呼纸笔，命画所从入路。梅问：“汝何由识路？”差言：“我蓟州人，非有导者安得入？”问：“导者谁？”曰：“大老公庞公，小老公刘公。”且曰：“豢我三年矣，予我金银壶各一。”梦龙曰：“何为？”曰：“打小爷。”于是士相立推坐起，曰：“此不可问矣！”遂罢讯。

庞、刘两太监豢养张差三年，早有杀害太子的密谋，此如何“不可问”？陆梦龙要追出庞、刘二人的名字，张问达亦不肯默尔以息，于是下令十三司郎中会审，十三省最高司法长官同审一案，这在中国司法史上，几乎是绝无仅有的一例。

除了十三司郎中以外，另外还有些司官，如提牢主事王之寀等，一共是十八个问官。这一次会审，开始时张差的供词还是没有变。陆梦龙于是亲自去劝诱，给了张差纸笔，让他画出入宫的路径，以及遇到的人的姓名。还说可以替他脱罪，偿还烧毁了的柴薪。

张差信以为真，喜出望外，马上写道：“马三舅名叫马三道，李外父名叫李守才，都住在蓟州井儿峪。前面说的不知道姓名的老公公，其实是修筑铁瓦殿的庞保，不知道街道的宅子，其实是朝外刘成的大宅。三舅、外父常常到庞保那里送灰，庞保、刘成两个人在玉皇殿前面商量，让三舅、外父逼迫我打到宫里，有姐夫孔道同谋。如果能打到小爷，吃也有了，穿也有了。姐夫孔道也这么说。刘成跟我来，领进去，又说：‘你打了，我会救你。’”

说完之后，拿笔画出路径，然后呈上。陆梦龙看完之后，高兴极了，安慰张差几句，就给蓟州发去檄文，押解马三道等人上路，接着还请法司提庞保、刘成对质。庞保、刘成都是郑贵妃的内侍，这次由张差供出，就算郑贵妃巧舌如簧，也洗不清这层连带关系。给事中何士晋递上奏折，直攻郑国泰，并涉及郑贵妃。

郑国泰为己开脱，何士晋妙语解案

张差的这具供文已回答很详细，但即便如此，张差的招供单仍为浙党官员增改删减，埋没了一部分真相。天启二年，王之宷复起，上一通所谓“复雠疏”，其中揭露说：其后复谳，差供同谋举事，内外设伏多人。守才、三道亦供结党连谋，而士相辈悉抹去之。当时有内应、有外援，一夫作难，九庙震惊，何物凶徒，敢肆行不道乃尔？缘外戚郑国泰私结刘廷元、刘光复、姚宗文辈，珠玉金钱，充满其室，言官结舌，莫敢谁何。……劳永嘉、岳骏声等，同恶相济。张差招“有三十六头儿”，则胡士相搁笔；招“有东边一起干事”，则岳骏声言“波及无辜”；招“有红封票高真人”，则劳永嘉言“不及究红封教”。“今高一奎见监蓟州，系镇朔卫人。盖高一奎主持红封教者也，马三道管给红票者也；庞保、刘成供给红封教多人撒棍者也。诸奸增减会审公单，大逆不道。”于此可知，“梃击”一案的背景其实是异常复杂的。

王之宷画像

所谓“红封教”，是明朝的一种邪教，“三十六头儿”之说，显然袭自梁山泊的三十六罡星。明末的邪教作乱，为人所熟知的是“白莲教”徐鸿儒，以及“闻香会”“棒槌会”等，“红封教”之名罕见，但可断定必与白莲教有关。河北西部自蓟州以迄山东的梁山泊、巨野一带，自汉末黄巾到清末义和团，每逢衰世，邪教作乱之事最多。红封教有郑国泰及宫中巨珰支持，而不成气候，实在要归功于王之寀等人追究“梃击案”，奸逆有所畏惮顾忌，因而销声匿迹。

除了隐匿红封教谋反的迹象以外，胡士相还想替庞保、刘成开脱，由于陆梦龙的坚持，这一部分总算照实具奏。案情内幕当然也泄漏了出去，成为一条轰动的“新闻”。朝野之间，对郑国泰颇有严正的批评，郑国泰大为恐慌，做了一个“揭帖”散发，作为自辩。这是“此地无银三百两”的拙谋，于是给事中何士晋上疏攻郑，措辞极为犀利，其疏曰：

> 张差之口供未具，刑曹之勘疏未成，国泰岂不能从容少待？辄尔具揭张皇，人遂不能无疑。若欲释疑，计唯明告宫中，力求皇上速将张差所供庞保、刘成立送法司拷讯；如供有国泰主谋，是大逆罪人，臣等执法讨贼，不但宫中不能庇，即皇上亦不能庇。

何士晋接下来又说：设与国泰无干，臣请与国泰约，命国泰自具一疏，告之皇上，嗣后凡皇太子、皇长孙一切起居，俱系郑国泰保护，稍有疏虞，即便坐罪，则人心帖服，永无他言。若今日畏各犯招举，一唯荧惑圣聪，久稽廷讯，或潜散党羽，使远遁，或阴毙张差使口灭，则疑复生疑，将成实事，唯有审处以消后祸。

这段话初看似乎蛮横无理，倘使张差的逆谋“与国泰无干”，如何又要责成郑国泰保护太子及皇长孙？而且身为外臣，又如何保护？其实，此乃针对郑贵妃所发。玩味其语气，何士晋是提出了一个调停的办法：只要郑贵妃能负责太子的安全，不妨大事化小，仅将郑贵妃宫中的太监庞保、刘成法办，此外从宽不问。假如郑贵妃连这样最起码的保证都不愿提供，那么，为了替太子消除隐患，非彻底追究不可。

明神宗不置可否，郑贵妃乞求太子

张差前后供词一再变化，官员们的态度似乎也分作两派，案子之中似乎确实隐藏着许多不可告人的内幕，但却又扑朔迷离，让人难以看清楚。此时，案子似乎又牵涉到两个太监，即庞保和刘成。然而，太监为何要顾凶刺杀皇太子呢？因为依其供述，这两个太监与太子没任何瓜葛，几乎还不认识朱常洛是谁，根本没有要杀他的理由。

那么此案是不是幕后还有其他更大的主使者呢？后来，经过进一步的查究，确认庞保、刘成系郑贵妃翊坤宫的太监。向来很受郑贵妃的喜爱，可以说是郑贵妃的两个心腹太监。

事情虽然明摆着可能与郑贵妃有关，而且大臣们也一再上疏，要求彻查，但明神宗依然不置可否，而大臣们慑于郑贵妃的权势，并没有直接提到郑贵妃和外戚郑国泰，但郑国泰也许知道内情，心中害怕，竟然自己按捺不住，写了一个表明自己清白的帖子，上奏万历皇帝，要为自己开脱。

郑国泰此举几乎无异于“此地无银三百两”的蠢行，给事中何士晋抓住这个时机上奏神宗说：“大臣们上的折子并未说到国泰就是主谋。张差的口供也还没有交上来，国泰就变得如此慌张，不能不对其有所怀疑。”

但是，因为郑贵妃是明神宗的宠妃，所以一旦事情牵涉到了郑贵妃，神宗就不愿意再把事态扩大了，又因他自己也曾许诺过要立她的儿子朱常洵为太子，即使郑贵妃做出这样的事情，自己也不好说什么。更何况郑贵妃整日向神宗哭泣，早就把万历的心给哭软了。神宗对何疏虽照样置之不理，但亦知道事情麻烦，郑贵妃真个连“皇上亦不能庇”了，神宗便要她自己想办法去解决问题——去向太子朱常洛求情。

郑贵妃大窘，但此事只有向太子乞怜，自己极力剖白，才有希望取得太子的谅解，为她出面调理此事，此事才有转机。

郑贵妃为赔罪始见太子时，态度非常窘迫，但太子这时的心理也很复杂，一方面因为郑贵妃亲来乞怜求援，不无受宠若惊之感；另一方面由于案情牵连甚广，颇有惧意，也希望风波能平伏，所以表现得非常合作，对郑贵妃仍礼敬有加。

有个为太子“伴读”的太监叫王安，是明朝末叶极少数的好宦官之一，他是雄县人，在太子身边已经二十年，郑贵妃一再在神宗面前谗害太子，多亏王安多方保护，此时为太子结好于郑贵妃，代草“令旨”颁示群臣，为“梃击”一案替贵妃“辟谣”，神宗及贵妃对此都深为满意。

神宗破例见群臣，太子趁机博父喜

为了“释疑”，神宗又采取了一个不平常的行动，《明史纪事本末》载：癸酉（为五月二十八日）驾幸慈宁宫，召见百官……辅臣方从哲、吴道南暨文武诸臣先后至。内侍引至圣母灵次（按：神宗生母李太后崩于前一年的二月，这亦是“梃击案”所以能发生的原因之一，如李太后在，郑贵妃断不敢如此胆大妄为），行一拜三叩头礼时，上西向，倚左门柱，设低座，俯石栏。百官复至御前叩头，上连呼

慈宁宫

曰："前来。"群臣稍膝而前，在御座不数武。上练冠、练袍，皇太子冠翼善元冠、素袍侍御座右，三皇孙雁行立左阶下。上宣谕曰："朕自圣母升遐，哀痛无已。今春以来，足膝无力；然每遇节次朔望忌辰，必身到慈宁宫圣母座前行礼，不敢懈怠。昨忽有疯癫张差，闯入东宫伤人，外廷有许多闲说。尔等谁无父子？乃欲离间我耶？适见刑部郎中赵会桢所问招情，止将本内有名人犯张差、庞保、刘成即时凌迟处死。其余不许波及无辜一人，以伤天和，以惊圣母神灵。"

接着，神宗执着太子朱常洛的手，又对群臣表示他这个儿子很孝顺，他极爱惜；又说，从小养到大，如果有别意，当时何不另立太子，到现在大家还有什么可怀疑的，而且福王在数千里外，倘非宣召，他是不能忽然飞了来的。

神宗这些话是一再强调他本人并无废立之意，并且极爱长子，对于郑贵妃只字不提。用这样的手法开脱郑贵妃，实是掩耳盗铃之举，至多只能证明神宗对"梃击"之谋事前毫无所闻而已。

为了表示厚爱太子，以抚慰太子和群臣之心，神宗不但援子以明心迹，而且援孙以示重固；不但自己极力辩解，而且示意太子辟谣，《明史·纪事本末》载：命内侍传呼三皇孙至石级上，命诸臣熟视。谕曰："朕诸孙俱已长成，更有何说。"顾问皇太子："尔有何语，与诸臣悉言无隐。"

皇太子朱常洛趋前曰："似此（张差）疯癫之人，决了便罢，不必株连。"又曰："我父子何等亲爱，外廷有许多议论，尔辈为无君之臣，使我为不孝之子。"上因谓群臣曰："尔等听皇太子语否？"又述东宫言，连声重申之，群臣跪听未起。上屡顾阍者，令续到官皆放进无阻，以故后来者踵趾相错，班行稍右，与帝座远，上又持皇太子而向右问曰："尔等俱见否？"众俯伏谢，乃命诸臣同出。

这一番做作表演，还是很有效果的：多少可说明神宗和太子的父子之情还是有的。神宗此时已二十五年不朝，二十五年中除了少数宰辅以外，许多大臣从未见过神宗的面。世宗与神宗都曾数十年不出禁宫一步，在中外历史上是个极其特异的纪录。群臣因此事而一睹皇帝真人，于是印象都特别深刻。

梃击案不了了之，皇太子换得安宁

此事后神宗发下圣旨，张差在第三天即被凌迟处死。据王之寀后来透露："张差（死前）以首抢地，谓同谋做事，事败独死。"说明此事实为多人共谋，张差因自己独死，死不甘心。

一天后，神宗命司礼监及九卿三法司审庞保、刘成于文华门，因为张差已经处决，死无对证，刘、庞二人不肯招供。在文华殿前，亦不便用刑，一时不能有结果。

此时太子朱常洛派人传谕，为庞、刘缓颊："张差持棍闯宫，至大殿檐下，当时就擒，并无别物，其情实系疯癫，误入宫闱，打倒内侍，罪所不赦。后招出庞保、刘成，本宫反复参详，保、成身系内官，虽欲谋害本宫，（但此事）于保、成何益？此必保、成素曾凌虐于差，故肆行报复之谋，诬以主使。本宫念人命至重，造逆大事，何可轻信？连日奏求父皇，速决张差，以安人心，其诬举庞保、刘成，若一概治罪，恐伤天和，况姓名不同，当以雠诬干连，从轻拟罪，奏请定夺，则刑狱平，本宫阴骘亦全矣。"

其实庞保原名郑进，刘成原名刘登云，所以有"姓名不同"的话。太子所以出此，自是受了压力所致。

此次会审庞保、刘成无结果而散，就因为太子这道出于王安手笔的令旨。此外案内有名的马三道、李守才、孔道等人，刑部定了充军的罪名，神宗准如所请。而庞保、刘成则在宫内被处死，杀他们的人当然是郑贵妃，这是郑贵妃在取得神宗的许可以后，杀之以灭口的手段。

梃击一案，到此告终，时为万历四十三年六月。此后数年，太子朱常洛得能安然无事。

案子就这么有头无尾地结了。但是今天看来，这个案子中的诸多疑点表明，定然与郑贵妃脱不了干系。从案卷的记录来看，张差也许确实属于类似疯癫的人，但是，他不是完全的疯子，能够在别人的引诱和指使之下行事，郑贵妃等人寻找这样的人行事也许正是为了不惹起怀疑。但这只是后人的推测，事实的情况是否如此，没有充足的证据，谁也不敢说的确就是如此，历史的疑案就是这样，山重水复，迷离难解，但这或也正是它的迷人之处。

历代皇宫之中，因为皇位的争夺，不知衍生出了多少或明或暗的血腥争斗，宫廷着实是一个充满血腥的角斗场，亲情的作用是很少的。神宗与郑贵妃母子的关系，可比作汉高祖的戚夫人和赵王如意，其事甚类。当年汉高祖不废太子得力于张良推荐对太子的“商山四皓”，于是高祖谓太子“羽翼已成，难动矣”。神宗明白这个道理，而郑贵妃及其所属势力不懂，因而有太子宫“梃击”之怪事，后宫之权力和利益斗争，由此可见一斑。

第二章　红丸案之谜

明神宗贪财上瘾，开矿税造恶天下

明神宗万历年间，皇太子朱常洛处境尴尬，虽身为太子，却不受父皇器重，更得时刻提防来自郑贵妃势力的暗算。“梃击案”后，虽然情况有所好转，但朱常洛仍然不敢掉以轻心，好在郑贵妃主动示好，朱常洛心中稍安，但仍战战兢兢，度日如年。

这个时候的大明王朝，内忧外患并起。国内由于苛捐杂税严重，官员横征暴敛，民愤大起，百姓生活困苦，各地小规模起义不断。造成这种情况的首要原因，不得不说是明神宗治国无能、贪得无厌造成的。史载明神宗“好货成癖”，即贪财上瘾。张居正死后，他再无约束，不放过任何机会聚敛钱财。臣僚们不断上奏，请他豁免房税，停买金珠，减免织造。他一概不予理睬。

明代后建的坤宁宫

万历二十四年（1596年），坤宁宫发生火灾，扑灭不及，连乾清宫一起烧为灰烬。之后他又要修复两宫，这是一项很大的工程，需要大笔经费。在此之前，有人向朝廷报告阜平、房山等地有矿，请派官开采，因内阁大臣申时行、王锡爵等反对，未能实施。但对于开矿取利，神宗一直跃跃欲试。两宫火灾后，府军前卫副千户仲春建议开矿以助“大工”，正中他的下怀。神宗派户部郎中戴绍科、锦衣卫指挥张懋、太监王虎随仲春在京畿地区开矿，由王虎总领其事。仲春得计，锦衣卫和其他卫所的军官，各衙门的下层官僚，纷纷效仿，争走阙下。神宗有请必准，先后派太监到北直隶地区的真定、保定、昌黎、迁安、昌平、涞水，以及山东、湖广、辽东、江西、浙江、陕西等地开矿，开矿太监遍布各省。

万历二十六年（1598年），神宗又向各通衢大邑派设税监。矿使、税监往往是二位一体，主持开矿者，同时兼征税收。此外，有的太监专职征税：梁永为陕西税监，马堂为天津税监（兼辖临清），杨荣为云南税监，高寀为福建税监。

从万历二十五年（1597年）到三十三年（1605年），各路矿使、税监共进银三百万两，并不时奉献金珠、貂皮、名马等。在聚敛财富的过程中，报矿者经常是无中生有，矿使不管有无，据其所报，便招矿徒开采，编富民为矿头，并随意征用民夫。陈增在益都县境内开矿，每天征用民夫上千人，许多人无辜而死，富民也很快成为盘剥的对象。税监则到处树旗建厂，巧立名目，穷乡僻壤，米盐鸡豕，无不征税。

奉派太监的骄横，激起朝野官僚的激烈反对。吏部尚书李戴上书揭露矿使、税监聚敛财富，以十分计算，为皇帝所用的不过一分，矿使税监本人私入腰包的二分，他们的随从人员就地瓜分三分，当地土豪恶棍中饱私囊，占去了四分。凤阳巡抚李三才说：“陛下爱珠玉，民亦慕温饱；陛下爱子孙，民亦恋妻孥。奈何陛下欲崇敛财贿，而不使小民享升斗之需；欲绵祚万年，而不使小民适朝夕之乐？”把派遣税监、矿使比作暴秦之举。

有些地方官吏对差派的太监采取强硬的措施。太监潘相去上饶县查勘矿洞，事先通知知县李鸿，希望有所照应。李鸿却禁止百姓供给食物，违令者论死。潘相在山上奔走终日，饥渴难忍，疲惫而归。像李鸿这样的官员在当时十分难得。官员公然对抗矿使税监是要准备吃苦的，只要被指控阻挠开矿，轻则降职罢官，重则下狱治罪。

万历三十年（1602 年）二月，神宗患病，一度曾想罢去矿使税监。他把首辅沈一贯召入后殿，谈及要把派出的内监全部传回：“矿税因大工权宜，今宜传谕，及各处织造，陶器具停。”沈一贯忙回内阁拟旨，庆幸几年来的苦谏有了效果。谁知第二天神宗身体康复，又派宦官二十多人到内阁追回了前旨。

明神宗竭泽而渔，万历时民变不断

明神宗开矿监和税监这种竭泽而渔的政策和太监们令人发指的暴行更激起了民众的强烈反抗，不久后明神宗也成为万夫所指的昏君皇帝，以至张居正之后的万历年间民变不断，武昌、苏州、景德镇、临清等地群众相继发动“民变”，驱除和制裁矿使税监。

万历二十七年（1599 年）二月，朝廷御马监六品奉御陈奉被派到湖广地区兼理矿税。他僭称“千岁”，胁迫官吏，纵容随从人员劫掠行旅、坑害商贾，还闯入民家奸淫妇女。人心大恨，到了“时日曷丧，予及汝偕亡”的程度。一日，陈奉从武昌去荆州，商民数千人聚于途经之处，投掷瓦石袭击陈奉一行，势不可当。地方官吏拼死掩护，陈奉才得逃脱。事后他非但不知感谢，反而利用这一事件打击府、州官员。首当其冲的是蕲州知州华钰，因为他曾经鞭挞陈奉的仆从，事件发生时又不在现场，有失维护之责；其次是襄阳知府李商耕，他曾治办过陈奉的参随人员。华钰被关押了好几年，李商耕被贬官，其他受牵连的府、州、县官员有数十人。

后来有人告发兴国州民徐鼎等挖掘唐朝宰相李林甫妻墓，得黄金万计。神宗闻讯，命陈奉将这笔财富送进内库，这下陈奉更加有恃无恐，在境内大掘古墓，毒刑拷打被告，刀剖孕妇，溺死婴儿，激起当地社会更大的动荡。这期间，汉口、黄州、宝庆、德安、湘潭等处，都发生了小规模的反抗。年底，被辱诸生之妻赴官哭诉，万余市民尾随其后。巡抚等衙门不敢受理，愤怒的人群转向矿税监衙门，以巨石为武器，击伤了陈奉。官衙派甲士千人前来保护，陈奉气焰复嚣张。他发射火箭火炮烧毁民宅，许多市民死于甲士手下，造成严重的流血事件。

分巡武昌、汉阳、黄州三府的按察司佥事冯应京公开站在市民一边，逮捕了陈奉的爪牙。事变后，他愤然上疏，陈述陈奉的十大罪状。结果，他反被陈奉告倒，贬官调职。万历二十九年（1601 年）三月，朝廷派缇骑到武汉，捉拿冯应京进京问罪。陈奉得意之余，在交通要道上张贴榜文，罗列冯应京“罪状”。武汉市民聚众数万攻打陈奉宅第。陈奉躲进楚王府，一个多月不敢出门。市民们抓住陈奉左右十六人，投入长江；因巡抚支可大助恶，市民又放火烧了巡抚衙门。

武昌民变虽未使神宗有所改变，但多少也使他震动，加上太监内部的矛盾，江西税监李道告发陈奉侵吞财物，神宗终于把他召回。

税矿太监之间还因争地盘而大打出手，天津税监马堂和山东矿监陈增就曾为抢夺地盘发生争执。神宗为二人调解，命马堂在临清征税，陈增在东昌征税。临清州虽然属东昌府，但处水陆交通要冲，一直是重要钞关，马堂到临清所带随从数百人，非偷盗之徒即市井无赖。他们手持锁链镣铐，白日夺人资财，遇有抗拒者，乱加违禁的罪名，锁起来就走。马堂还规定，家僮告发主人，没收财物，七分归官，三分归告者。临清州中产之家多破产，远近罢市抗议。一日，万余州民放火烧了马堂的税监衙门，击毙他的随从三十七人。守备王炀率士卒二十多人冲入，背负马堂而出，马堂的手下反告他肇事，将他逮捕。王炀最后死于狱中。官府追拿参与事变的人，州民王朝佐挺身而出，自认发难者，英勇就戮。临清人民曾建立祠堂来纪念他。

万历二十七年（1599 年），太监杨荣往云南采矿。他在云南虐待诸生，结下了第一层怨；诬告云南府知府蔡如、赵州知州甘学书等，将二人下诏狱，结下了第二层怨；要丽江土知府退出他所管辖的地盘，以便开矿，结下了第三层怨。万历三十年（1602 年）三月，云南腾越（今云南腾冲）民众聚众起事，烧毁厂房，杀死税监衙门驻腾越代理人张安民。这是一个警告信号，但杨荣有恃无恐，继续作恶，杖毙民众。因为卫所军官不那么听话，他把一个指挥使戴枷示众，把另一个指挥使关押起来，并扬言要把卫所军官全部逮捕，这使得人人自危。万历三十四年（1606 年）三月，指挥贺世勋、韩光大等率市民万人冲入杨荣府第，放火烧房。在混乱中杀死杨荣，将其尸首投入大火。杨荣随从二百多人丧命。在诸多民变中，税监矿使虽都像惊弓之鸟，但只有杨荣当即被杀。他初到云南时，密奏神宗，说阿瓦、猛密等地有宝井，一经开采，每月可增加收入几十万，这当然有很大的诱惑力。对于他的

万历年间的钱币

死，神宗因未多得钱财还深感悲戚。

苏杭之地一直是明廷的重要税务来源地，明神宗安排身边的孙隆任苏杭织造太监，署衙在苏州，万历二十七年（1599年）孙隆又受神宗命代收该处税课。万历中期，苏、杭织造不断增加征收，已是不小的负担。织造太监对当地人民，特别是对织工的盘剥，已很严重；再兼税监，孙隆更成为群众所痛恨的人物。万历二十九年（1601年），为反对加税，苏州市民蜂拥而起，包围了税监衙门，杀死孙隆的随从六人。孙隆狼狈逃往杭州。参加这次事变的主要是机工。神宗命抚、按衙门追捕“乱民”，织工葛成（又名诚、贤）独赴官府，一力承担。他被判死刑，关在狱中，但没有执行，十多年后被放出。

明神宗命尚膳监监丞高淮出任辽东税使，高淮恣横不法，每开马市强夺好马，逼令驻军以高价购买次马，吏民稍不合意，全家受累。他甚至调动兵将干预军事。万历三十一年（1603年）夏，高淮率家丁三百人，打出将军旗号，击鼓鸣金，扬言要入京谒见皇帝。该队驻扎广渠门外，京师大为震惊。大臣们说，高淮擅离职守，挟兵潜往京师，是数百年来未有之事；他自称镇守，协同关务，也是荒唐至极。神宗不但不降罪，反而存心袒护，说高淮是奉他的命令行事，使得高淮更无忌惮。他肆意召募死士，出塞射猎，与边将争功，扣除军士粮饷，山海关内外无不受害。万历三十六年（1608年）四月，前屯卫发生骚乱，士卒齐声呼喊：“愿食高淮肉而甘。”六月，高淮派人去锦州等地向军户索贿，军户愤怒，杀来人，聚众千余人围攻高淮衙门。高淮恐惧，奔入关内，告同知、参将逐杀钦使、劫夺御用钱粮，在边民间造成更大的动乱。因局面完全无法收拾，神宗才把高淮召回，却并未治罪。

万历三十八年，两畿及各省出现灾荒，又苦于矿监税使的骚扰，“兵民多起为盗”。浙江山阴人赵一平“惯习妖妄”，与其妻王氏“造为指南经等妖书”，派人“投散务省会，以及两京”，准备起义。而“其实渐彰”“惧祸及”“乃走杭州”“又赴徐州”。在此改名赵古元，自称宋朝皇室后人，“与其党孟化鲸等招集亡命”，在徐州和丰、沛等地招集逃亡的流民和拼死起义的农民，约定明年二月诸方并起，先取淮扬，次取徐州，再取金陵与北京。未及发，计划泄露，遭到徐州兵备徐光复等人的镇压，主要首领陆续被捕；赵古元逃到宝城被获，同年十一月被杀于北京。

此外，广东、广西、江西、陕西等地也先后发生“民变”。可以说万历年间的民变遍布各地，规模巨大，动辄万人，表明“市民”的力量有了很大的增长，其中城市的劳动者（如机工）和商人占有相当大的比重。这是一个值得注意的历史现象。另一方面，民变是市民各阶层和反对宦官集团的封建士大夫阶层的联合行动，起重大作用的往往是诸生、乡绅，或者受欺凌的中下层军官，但无论是什么阶层起来反抗，其根本原因都在于明神宗的贪婪本性。

明王朝边患不断，女真人崛起满洲

而在外患方面，东南沿海一带仍常有倭寇骚扰抢掠，但对明朝来说最大的隐患，无疑是东北地区的女真后裔，这时努尔哈赤已在关外满洲崛起，后来大明国的国土被努尔哈赤的子孙唾手夺去，终至亡国。

相传努尔哈赤的远祖是金国的后人。金国被蒙古灭亡后，遗族逃到东北，在长白山下住了下来。后来清朝的史官为了颂扬圣明，说爱新觉罗氏的祖先是仙女吃了鲜果之后诞生的，后来他用柳条编成一个筏，乘筏渡河，来到一个村子。村子里的人看见他漂到此处，非常惊异，就将他奉为主子。恰巧村子里有一个老人喜欢他俊伟的模样，就以爱女相配，此后他便安心居住在那里。村民们连接成一个堡寨，称为鄂多哩城。从此子孙代代相传，一直传到孟特穆才移住到了赫图阿拉。孟特穆的第四代孙子，名叫福满。福满有六个儿子，第四个儿子觉昌安生了好几个儿子，其中四子塔克世是努尔哈赤的父亲。

努尔哈赤长大后勇武异常，当时明总兵李成梁镇守辽东，与图伦城的尼堪外兰合兵攻打古埒城。古埒城的主子阿太章京的妻室是努尔哈赤的堂姐。觉昌安担心孙女的安危，就带着塔克世率兵支援，结果死于乱军之中。

努尔哈赤那时二十五岁，听说祖父被害，大哭一场，发誓要报这血海深仇，于

赫图阿拉城旧址

是拣了别人遗弃的十三副铠甲去攻打尼堪外兰。尼堪外兰屡战屡败，一直逃到明朝边境。努尔哈赤写信给明朝的官员，请求归还祖父的棺椁，并将尼堪外兰拿问。那时候，明神宗刚刚继承大统，不想动兵，就归还了他祖父的棺椁，并封努尔哈赤为建州卫都督，加龙虎将军的职衔。努尔哈赤北面受封之后，因为尼堪外兰还没有交到，仍然派人前去索要。边境的官吏索性拿住尼堪外兰交给他。他斩杀了仇人，才与明朝通好，每年供上些物品，然后招兵买马，拓展版图。

明朝时候东北地区的势力共分为四个部分。一个叫作满洲部，努尔哈赤就是在这里兴起；一个叫做长白山部；一个叫作东海部；一个叫作扈伦部。扈伦部又分为四个部落：第一个是叶赫，接着是哈达，然后是辉发，最后是乌拉。其中以叶赫最为强盛，明朝随时牵制着叶赫，倚靠它作为屏蔽，称为海西卫。叶赫首邻听说努尔哈赤在满洲崛起，料定他有大志，就想早点斩草除根。于是纠集哈达、辉发、乌拉三部，以及长白山下的珠舍哩、讷殷二部，还联络了蒙古的科尔沁、锡伯、卦勒察三部，一共三万多人，去攻打满洲。哪知努尔哈赤军事方面很有才能，一场战争下来，叶赫反倒被杀得七零八落，大败而归。辽东各部落陆续降顺了努尔哈赤，只有叶赫因为有大明朝廷撑腰，始终不肯顺服。明朝屡次发兵帮助叶赫，还派人去责备努尔哈赤。努尔哈赤心里非常不平，就背叛明朝，自己做起了满洲皇帝，筑殿立庙，创设八旗制度，并且不再使用万历的年号，独称天命元年。过了两年，努尔哈赤竟然决定攻打明朝，他写了七大恨事祭祀天地，然后集合两万兵马，直攻抚顺。

降将李永芳把前来支援抚顺的将领张承荫、颇廷相、蒲世芳等人打败，辽东大震。

这时候明朝内阁大学士方从哲保荐了一个人才，说此人熟悉边情，可以担当保卫辽东的大任。他就是之前征讨过朝鲜，瞒败为胜的杨镐。神宗起用杨镐为兵部尚书，赐了他尚方宝剑，命他担任辽东经略。杨镐到达辽东之后，满洲兵已经攻克清河堡，守将邹储贤、张旆战死，副将陈大道、高铉逃回。杨镐请出尚方宝剑，将两名逃将斩首示众，接着传檄四处，号令远近将士赶紧支援辽东，自己却按兵不动。

第二年开春的时候，蚩尤旗出现在天空，光芒闪闪。朝中的人料到会有兵祸，但大学士方从哲与兵部尚书黄嘉言等人屡次催促杨镐进兵。杨镐不得已，只好统兵出塞，幸好召集到二十多万兵马，叶赫、朝鲜也各派来两万人。当下分兵四路，分头前进，结果在塞外被打得全军覆没，消息传到了朝廷，满朝震惊。杨镐当即被拿问，另外派兵部侍郎熊廷弼治理辽东，并赐了他尚方宝剑。

熊廷弼奉命前去，刚出山海关，就听说铁岭已经沦陷，沈阳危在旦夕，百姓纷纷逃窜。熊廷弼于是星夜兼程地向东行进，途中遇到难民，一律好言抚慰。逃将刘遇节等三人被正法，贪将陈伦被诛杀，总兵李如桢被罢免。熊廷弼监督士兵造战车、冶火器、疏通河道、修缮城池，严密守备。又调集十八万兵马，分别驻扎在要塞，无懈可击。满洲太祖努尔哈赤得知边境防守严密，料到难以攻入，于是转攻叶赫。叶赫转眼就灭亡了，接下来，努尔哈赤的主要目标便是对付大明王朝了。

努尔哈赤画像

明神宗因病驾崩，万历朝国力衰落

这时的神宗皇帝仍在宫中深居简出，拒绝纳谏，机要大臣都没有机会见皇帝一面。当时京师发生了大地震，南方淮水决堤，湖广、福建发生大饥荒，乾清宫、坤宁宫相继失火，仁圣皇太后陈氏也驾崩了。天灾人患纷至沓来，神宗却不管不顾，只是派宫中太监四处组织开矿从中发财，但太监们只会中饱私囊，开矿之事大都没有成效，很多太监还勒索百姓以偿神宗想得的钱财，要是富家巨族，就诬陷他盗矿；若有良田美宅，就说下面有矿脉；接着又增设各省的税使，横征暴敛，后来甚至连民间的米、盐、鸡、猪都要征税，全国的百姓痛苦不堪。礼部尚书陈于升早晚殚精竭虑，屡次请求觐见神宗都没有成功，没过多久便积忧成疾，郁郁而死，朝廷于是另用前礼部尚书沈鲤、朱赓入阁办事，以沈一贯为首辅。

太子朱常洛的婚礼刚刚结束时，朝中大臣入朝庆贺。忽然圣旨传出，说皇上患病，召诸位大臣到仁德门听诏。大臣们来到仁德门，见一名太监匆匆出来，召沈一贯入内。沈一贯跟着他进入启祥宫，直达后殿的西暖阁，只见神宗还穿着平常的衣服，却席地而坐。看到李太后站在皇帝后面，太子和诸王都跪在皇帝面前，沈一贯不由得诧异起来。沈一贯定了定神，向神宗叩头请安。神宗命他上前，怆然说道："朕忽然患病，恐怕会一病不起。自认为继承大业的这三十年间，没有什么大过。只是因为宫殿没有竣工，暂时开矿、加税。现在开矿、加税事宜应该可以和江南织造、江西陶器一并停止。所有派过去的太监一概还京。让法司把关押已久的罪犯释放，因为上言而获罪的大臣也全部官复原职。"说完，就让左右将他扶起，然后就寝了。沈一贯叩谢而出，拟好圣旨呈了上去。

当晚，内阁的九位大臣都在朝房值班。三更天的时候，太监捧着圣旨出来，大致和面谕说的一样。不料等到天亮的时候，有太监前来，说是皇上病愈，准备追回之前的话。沈一贯听了这话，还在沉思，旁边的太监已经等不及了，一再催促，沈一贯不得已，只好取出之前的圣旨，让他们带走。那个时候，司礼太监王义正在皇帝面前力争，说是金口一开就不能反悔了。神宗置之不理，王义还想再次阻谏，中使已经拿着圣旨进来复命了。王义顿时气愤难忍，愤然退下。来到内阁，正巧与沈一贯相遇，王义一口唾沫吐在沈一贯的脸上说：“好一位胆小如鼠的内阁宰相！”沈一贯毫无头绪，不知道怎么回事。王义又说：“矿税对民间骚扰已久，宰相难道不知道吗？如今好不容易有个机会下令撤除，宰相只要稍稍坚持，马上就会革除弊政，为什么要把圣谕退回去？”沈一贯这才知道自己错了，只好唯唯谢罪。从此不论是大臣还是言官，再请革除弊政的时候，神宗都没有了答复。

大学士方从哲以及吏部尚书赵焕等人先后请神宗临朝，召见群臣，当面商议战守方略，他却置若罔闻，只顾在后宫享乐。没过多久，神宗病得重了，半个月吃不下东西。外面的大臣虽然有些耳闻，却始终没有准确的消息。给事中杨涟以及御史左光斗等人去问方从哲，方从哲却一再踌躇，最后在众人的坚持下，才答应带着他们入宫探问。过了两天，方从哲带领群臣入宫探病，只见皇太子在皇宫门口走来走去，不敢入内。杨涟、左光斗看到这种情形，急忙派人去对太子说：“听说皇上患病，不召见太子恐怕不是皇上的本意。太子应当坚持侍奉，亲自尝药，并侍奉膳食。怎么到了今天还在宫外徘徊？”太子听了这话不停点头，照着他的话去申请，才得以入内。大臣们却一直等到日落，都没有机会觐见。

又过了好几天，神宗知道自己不行了，这才支撑着来到弘德殿，召见英国公张惟贤，大学士方从哲，尚书周嘉谟、李汝华、黄嘉善、张问达、黄克缵，侍郎孙如游等人。说了些托付各位大臣尽职尽责辅佐新君的话，就让他们退下了。

两天后，神宗驾崩，遗诏中发了一百万两银子充作边关赏赐，罢免一切矿税以及监税的太监，起用因上言而获罪的官员。太子常洛继承大位，历史上称为光宗，以下一年为泰昌元年，奉先帝庙号为神宗。明神宗在位四十八年，享年五十八岁。明朝的十六个皇帝中，神宗在位时间最长，但他数十年不上朝，大敛钱财，置国民于不顾，自己被女人牵制，混用贤奸，致使明朝社会动荡，国力衰落，所以很多史学家称他是亡国的祸胎。

朱常洛得继帝位，明神宗临死改悔

明神宗的大儿子朱常洛自从做了太子之后，由于离开了母亲的约束，加上父亲朱翊钧对自己的冷淡，生活失意，精神苦闷，所以他大部分的时间都是纵情于酒色之中。万历四十一年（1613）皇太子妃郭氏去世以后，朱常洛就没有再立妃子。这可能是因为册封皇太子妃需要得到皇帝的批准，而神宗对于朱常洛基本上是不闻不问的。因此，在慈庆宫中，虽然有很多的女人，但却没有皇太子妃。也许，没有皇太子妃，对于朱常洛来说更是自由。

万历四十八年（1620年）七月二十一日，几十年不上朝的明神宗万历皇帝朱翊钧终于逝世，朱常洛这下总算熬到了头，很顺利地登上了皇帝的宝座，八月初一，朱常洛即皇帝位，宣布次年改元泰昌。此时的朱常洛已经四十多岁了，他的这个皇位可谓来之不易。

神宗朱翊钧临死之前，嘱托内阁首辅方从哲及司礼监太监要齐心协力辅佐皇太子朱常洛，文武大臣尽心用命，皇位在平静中完成了由神宗到光宗的交接，一切都显得十分平静。然而，平静中潜伏着的是凶险的风波，不愿意看到朱常洛登上皇帝宝座的郑贵太妃，虽然暂时无法改变既成的事实，但这并不证明她放弃了为儿子谋求皇位的野心，可以说，她任何时候都没有放弃过。

光宗朱常洛即位之后，本想有一番作为，当初神宗大行敛财，宫中留有大量的银两。朱常洛处理完神宗的丧事后就开始行使皇帝职权，致力于扭转万历朝后期的一系列弊政，他在七月二十二日至八月一日之间，连续两次发内帑共计160万两，用来赏赐在辽东及北方的前线防军，解决了边防军队缺饷的燃眉之急。同时，朱常洛命令撤回万历末年引起官怨民愤的矿监和税监，召回在万历一朝因为上疏言事而遭处罚的大臣，补用空缺的官职。像邹元标、王德完等一些正直敢言的大臣，先后下诏召回；他还亲自考课大臣，破格提拔人才。种种作为，显示出光宗皇帝要做一代明君的努力。

那么这就说明光宗是个好皇帝吗？也未必。他这样做是出于两个原因，一是想改革旧弊，一是遵奉遗诏行事。神宗可谓错了一生，真所谓“人之将死，其言也善”，到临死才彻底改悔，他在遗诏中说：“比缘多病，静摄有年。郊庙勿亲，朝讲稀御；封章多滞，寮寀半空。加以矿税烦兴，征调四出，民生日蹙，边衅渐开。夙夜思维，不胜追悔。方图改辙，与天下更新，而遘疾弥留，殆不可起。盖衍补过，允赖后人，皇太子常洛，可嗣皇帝位。”

明清两朝皇帝主政的地方——乾清宫

在当时，皇帝每年南郊祀天、岁时祭太庙，是其必须亲临的大典，也是做皇帝最起码的责任。神宗因有二十五年不召见群臣，也就是有二十五年不出宫一步的破天荒纪录，自然“郊庙不亲”。所谓“朝讲稀御”的“讲”是指讲学，皇帝讲学称为“开经筵”或“御经筵”。大致常开讲筵的皇帝必是有道之君，因为人不可不读书，做皇帝宰相，尤其不可不读书。

关于“盖衍补过”的办法，遗诏中有明确的指示，分条注释如下：一、“内阁辅臣，亟为简任。”（按：自永乐年起，大学士大致为四人，资望最深的为“首辅”。自万历四十三年起，只有方从哲、吴道南两人，吴道南丁忧，只剩下方从哲。神宗不补辅臣，没有别的原因，只是太懒罢了。）

二、“卿贰大僚，尽行推补。两咨考选，并散馆科道官，俱令授职。”（按：卿者部院大臣，贰者副手，侍郎等官俱皆为“堂官”。科为六科给事中，道者各道御史。六科给事中及各道御史都为言官，这在清朝的区分较微；而在明朝，两者的职权区分得很清楚：各道御史巡按地方，兼有行政官的性质，而各科给事中掌封驳，纯为纠正政令的言官。就此一方面而言，自军机处成为制度后，清朝的给事中权力远不如明朝的给事中。）“万历末年，怠荒日甚，官缺多不补。旧制，给事中五十余员，御史百余员。至是六科（吏、户、礼、兵、刑、工）只四人，而五科印无所属

（每科的首席称为‘掌印’，印无所属，是说没有‘掌印给事中’以为主持），十三道只五人（御史以十三行省区分，称为十三道，计为浙江、江西、河南、山东、福建、广东、广西、四川、贵州、陕西、湖广、山西、云南等十三省，河北为北直隶，江南为南直隶，不专设而由各道分管，都察院衙门归河南道御史监察，在十三道中格外突出），六部堂官仅四五人，都御史数年空署。”此见《廿二史札记》所述，可以想见当时政务的废弛。

三、“建言废弃及矿税诖误诸臣，酌量起用。”自万历时矿税兴起，凡有所奏谏或被认为办理不力的地方官，大多获罪，废为庶民。历任辅臣，多有请起复的奏谏，十九置之不理，此亦为言官缺额的主因之一。

四、“一切榷税并新增织造、烧造，悉停止。”

此外还有“各衙门见监人犯，俱送司条审，应释者释放。东师缺饷，多发内帑，以助军需。阵亡将士，速加恤录”。真是“尽罢敝政”，光宗皆遵遗诏办理，为先人补过，如此之勇，得力于一个人。这个人名汪文言，是皖南人，“有智术、负侠气”，王安延为上客。光宗即位，在内唯有王安可为倚恃，于是汪文言向王安建议如此，而王安照样建议于光宗，于是有发帑金犒边、尽罢天下矿税、起建言得罪诸臣、下前后考选之命等等慰中外之望的善政。

这些善政即便不是出自光宗本心，他若能听臣建言，从善如流，并且久居大位坚持下去，社会因万历累积的弊端或可清除，明朝还有可救，但是，光宗振兴国家这个愿望并没有实现，而是随着他的突然驾崩，变成了无法实现的春秋大梦。

郑贵太妃欲作太后，讨好光宗送美人

郑贵太妃似乎仍是朱常洛无法摆脱的阴影，朱常洛非但没有胆量去追查当年郑贵太妃对自己的迫害，反而处处以先皇为借口，优待郑贵太妃。

郑贵太妃侍奉神宗的时候，一直住在乾清宫，光宗即位后她还不肯离开。光宗朱常洛继位，郑贵太妃等人因为担心光宗会追念前嫌，心生报复，为了保住自己的地位，就朝夕筹划，想出一条绝佳的计策。她从侍女里挑了八名美人，个个都是十分美艳，纤巧动人。又特地赶制了一些轻罗彩绣的衣服，让她们穿着，然后将她们浓妆艳抹送给光宗受用，通过自己培养出来的这些心腹美女来控制光宗。另外她还送上明珠宝玉，个个是价值连城。

光宗朱常洛在做太子期间受尽了压抑，精神长期处在郁闷之中，此时作了皇帝，见连最恨自己的郑贵太妃都对他那么好，不免一时飘飘然起来。虽然他此时已过壮年，但好色好财的心思却不减半分，看到这八名美姬和那亮闪闪的珍珠宝贝，心里高兴得直痒痒，当下将珠宝美玉藏好，命八个美人轮流侍寝，快活得和神仙一样，哪还记得什么以前的不和。八名美人以外，他还有两个李选侍也要随时在身边侍奉。一个选侍住在东面，称为“东李”；一个选侍住在西面，称为“西李”。西李色艺双全，比那东李还要受宠。郑贵太妃笼络西李，常常和她往来谈心。不到几个月，二人居然胶漆相投，打成了一片，什么心事都尽情吐露。

光宗即位之后，因为内阁大臣中只有一个方从哲，不得不选人补缺。光宗于是升沈纮、史继偕为礼部尚书，同时参与内阁事务。沈纮一开始在翰林院供职，曾经给内侍讲过书。刘朝、魏忠贤都是他的弟子，入阁之后，就密结二人作为内援。后来魏忠贤得势，闯出了莫大的祸端，好好的一座明室江山，就被那“八千女鬼”收拾殆尽。当时朝中有“八千女鬼乱朝纲”的谣言，这“八千女鬼”四字合起来，就是个“魏”字。

神宗驾崩之前，曾经留下一纸遗诏，要朱常洛即位之后封郑贵妃为皇太后。神宗离世的次日，朱常洛传谕内阁：“父皇遗言：‘尔母皇贵妃郑氏，侍朕有年，勤劳茂著，进封皇后。’卿可传示礼部，查例来行。”此时，神宗原来的王皇后以及朱常洛的生母王氏都已经去世，在接下来的泰昌朝中，郑贵妃就可能变成皇太后。礼部右侍郎孙如游上疏给朱常洛说：“臣详考历朝典故，并无此例。”既然朱常洛另有生母，郑贵妃怎么能封为皇太后呢？朱常洛对此感到十分为难，再者朱常洛三十多年来受尽了郑贵妃的压制和打击，直到现在郑贵妃的阴影依然挥之不去。现在，神宗遗诏竟然要他封郑贵妃为皇后，这就意味着她还可以通过垂帘听政来控制自己。光宗怎么会同意呢？而且这种做法显然也不符合祖宗的典章制度，遭到大臣们的强烈反对，于是将奏疏留中不发，这件事就暂时搁置了下来。后来，在八月二十日，朱常洛收回了封郑贵太妃为皇太后的成命。

朱常洛纵欲过度，崔文升乱开泻药

在政务之余，光宗朱常洛开始贪淫纵欲，整天在后宫与美女们一起厮混，纵情淫乐。酒色掏身，光宗的身体本来就十分虚弱，又经女色这番折腾，一时间元神大耗。不到半个月便一病不起了。关于这段历史，在文秉《先拨志始》中也有所记载："光庙御体羸弱，虽正位东宫，未尝得志。登极后，日亲万机，精神劳瘁。郑贵太妃欲邀欢心，复饰美女以时。一日退朝内宴，以女乐承应。是夜，一生二旦，俱御幸焉。病体由是大剧。"李逊之《泰昌朝记事》也有类似的说法："上体素弱，虽正位东宫，供奉淡薄。登极后，日亲万机，精神劳瘁。郑贵太妃复饰美女以进。一日退朝，升座内宴，以女乐承应。是夜，连幸数人，圣容顿减。"由此可见，光宗的身体应该是本来就很弱，光宗在即位之初也确实是很勤政的。而且，郑贵太妃向光宗进献美女也应该是事实。

郑贵太妃这么对待朱常洛，除为巴结他之外，其实还有别的意思，那就是想做皇太后，李选侍这时也想做皇后。于是二人商议妥当，由李选侍出头，向光宗请求。光宗也有心册立李选侍，只是郑贵太妃的事却非常为难，怎奈李选侍再三请求，光宗也只好含糊答应下来。谁知等了一日又一日，仍然没有册立的消息，郑贵太妃心急如焚，又托李选侍去催。不想光宗酒色伤身，房事过多，又每天服食春药，渐渐阳涸阴亏，生起病来，一时不好开口，只好等光宗病好之后再商议。

偏偏光宗的病日益加重，急得二人团团转，只好以探病为名，一起来到寝宫。大概说了几句套话，就问起册立的日期。此时光宗头晕目眩，无力应酬，又禁不起二人絮叨，索性满口答应下来，约定马上宣诏。

但郑贵太妃老奸巨猾，见光宗答应下来，便不肯走，非要光宗亲自临朝，面谕群臣宣布此事。光宗无可奈何，勉强起身，叫内侍搀扶着出殿，召见大学士方从哲，命他尊郑贵太妃为皇太后，还托词说是先帝的遗命。说完，就让内侍扶着回宫了。方从哲本来就是个糊涂虫，不管可行不可行，就把旨意传到了礼部。礼部侍郎孙如游愤慨地说：“先帝在世的时候，都没有册封郑贵太妃为皇后，皇上又不是贵妃所生，这事情怎么行得通？”于是上疏阻拦。

奏折递上去之后，光宗大概看了一下，就派内侍拿给郑贵太妃看。郑贵太妃怎么肯罢休，还想请光宗重新宣诏。可光宗的病势越来越重，郑贵太妃只好让御药房太监崔文升去给皇上看病。这崔文升本来就是个太监，不是医生，对医道所知甚少，他觉得皇帝整日淫乐，以为皇帝是欲火过旺，给皇帝诊完脉后说是邪热内蕴，肾虚火旺，需要泻火，应该用通便的药，于是将大黄、石膏开到方子里，开了一副药性很强的泻药。光宗服下去后，顿时腹痛肠鸣，狂泻不止，一天一夜，下痢四十三次。精神萎顿不支，口干唇裂，面色青紫。随时都有大行升天的危险。接连几天，光宗都是气息奄奄。

此时郑贵太妃依然住在乾清宫，等待封她为太后，她昼夜派人前来闻讯，却不提光宗病情，只是一味地催逼光宗封她为太后，光宗无奈，在病榻上诏谕礼部准备大封。大臣们见皇帝突然病重，都认为是崔文升庸医误人，或另有阴谋，主张严惩崔文升。

给事中杨涟说：“贼臣崔文升不知医……妄为尝试；如其知医，则医家有余者泄之，不足者补之。皇上哀毁之余，一日万几，于法正宜清补，文升反投相伐之剂。”杨涟认为，朱常洛本来身体就虚弱，应当进补，而崔文升却进以泻药，其心叵测。

乾清宫内皇帝批阅奏章的地方

这个崔文升原先是郑贵太妃宫中的亲信太监，朱常洛即位后，被提升为司礼监秉笔太监，兼御药房太监。朱常洛患病后，崔文升进奉药性极为猛烈的泻药让朱常洛泻个不停，支离于床缛之间，几近衰竭，可见这个崔文升是致使光宗卧床不起的主犯之一。并且联系到此前郑贵太妃进献美女，可见这两件事情都是事先有预谋的。清人张廷玉所编的《明史・崔文升传》中也认为："文升受贵妃指，有异谋。"但这只是后人的推测，并没有明确的证据证明崔文升就是受了郑贵太妃的指使。

光宗病重之时，朱常洛的外戚王、郭二家发觉郑贵太妃可能有阴谋，便向朝中的大臣们哭诉："崔文升是故意进错药，并非失误。皇长子朱由校也常常私下里哭泣：'父皇身体健康，何以一下子病成这样？'郑、李谋得照管皇长子，包藏祸心。"

大臣杨涟、左光斗等人听后，立即上了一道奏折，分析皇上"圣躬违和"的原因，指责崔文升违反药理，故意用"相伐之剂"，致使皇上"圣躬转剧"，主张将崔文升拘押审讯，查个水落石出；并且建议皇帝收回进封皇太后的成命，让郑贵太妃先离开乾清宫，搬回慈宁宫居住。此时，光宗的身体已经有所好转，还同两位大臣见了面，交代了一些朝中的事情。史载八月二十二日，朱常洛召见首辅方从哲等大臣，六品的给事中杨涟也在召见之列。朱常洛看了杨涟很久，说："国家事重，卿等尽心。朕自加意调理。"之后，朱常洛下令，将崔文升逐出皇宫。

李选侍欲作皇后，李可灼进献红丸

为了让郑贵太妃甘心搬出乾清宫，杨涟、左光斗与吏部尚书周嘉谟去见郑贵太妃的侄子郑养性，让他劝郑贵太妃移宫，并请收回贵妃册封为皇太后的成命。郑养性不得不从，只好入宫禀报。郑贵太妃担心大祸临头，勉强移居到慈宁宫，连册封皇太后的圣旨也下诏撤销。

过了几天，皇上召见各位大臣，大臣们鱼贯进入。只见光宗亲临暖阁，斜着身子坐着，皇长子由校站在一旁侍奉。请过安之后，光宗对他们说："朕每次看到你们，心里都非常宽慰。”说完就开始气喘。方从哲叩头说：“皇上身体欠佳，还需服药。”光宗道：“朕不服药已经十多天了。现在有一件事要吩咐：选侍李氏侍奉朕有些年头了，皇长子的生母死后，皇长子一直由她抚养，现在准备加封她为皇贵妃。”

话音刚落，却听屏风后面有环佩声铿锵入耳。大臣们偷偷向里面看，只见珠帘半启，露出半个俏脸，正是李选侍，她娇声喊皇长子进去，说了几句话，又把皇长子推了出来。

光宗已经察觉，回头去看，正巧与皇长子打了个照面。皇长子就启奏说：“选侍娘娘请封皇后，求父皇传旨。”光宗没有说话，各位大臣惊诧不已，方从哲说：“殿下也越来越大了，请皇上立他为太子，移居别宫。”光宗说：“他的起居饮食，还要靠别人调护，怎么能移居出去？朕缓上一两天，再召见你们。”大家叩头退下。

但是，谁会想到接下来光宗却神秘地驾崩了呢？八月二十三日，鸿胪寺官员李可灼来到内阁，说有仙丹要进呈皇上。内阁首辅方从哲鉴于崔文升的先例，以为向皇上进药要十分慎重，便在觐见奏事完毕后，向光宗提起李可灼进献红丸的事情。光宗听了之后，很感兴趣说：“鸿胪寺官说有什么仙方，现在在哪里？”方从哲叩头道：“李可灼的奏请恐怕难以相信。”光宗气喘吁吁地说：“先……先去叫他进来！”左右奉命去召。一会儿工夫，李可灼觐见，光宗命他上前诊脉。李可灼口才极佳，马上说出了致病原因以及治疗用药的方法。光宗非常高兴，让他出去和药。

接下来光宗又和大臣提到册立李选侍的事情，并说李选侍只生有一个女儿，非常可怜。光宗还命皇长子出来，看着大臣们说：“你们辅佐朕的皇儿，能让他成为尧、舜，朕也就瞑目了。”方从哲等人正要说话，光宗又问：“寿宫是不是还没有头绪？”方从哲说：“先帝的陵寝已经齐备，皇上不必担心！”光宗用手指着自己道：“是朕的寿宫。”方从哲等人齐声说：“皇上万寿无疆，何出此言？”光宗叹息着说：“朕知道自己病重了。现在就指望着李可灼的仙药能有些效果，或许还可延年。”说到这里，已经气喘得不行，也不想再说话，于是用手一挥，命大臣退下。

大臣们刚刚走出宫门，就见李可灼兴高采烈地跑过来，便一同问他：“御药制好了吗？”李可灼伸出手掌给他们看，是一粒巴豆大的红药丸。大家也来不及细问，就让李可灼进去，然后都在宫门外等着，听候服药的消息。过了一会儿，有太监跑出来说：“圣上服过药后，气喘平息，四肢暖和，想进饮食，现在正在称赞李可灼呢。”大臣们高高兴兴地各自回去了。

到了傍晚，方从哲等人又来到宫门问安，正巧碰到李可灼出来，就上前探问消息，李可灼说：“皇上服了药丸，觉得非常舒畅，担心药力不够，就加服了一丸，服下去之后，非常畅快，不久身体便可痊愈了。”方从哲等人认为李可灼为皇上诊病有功，令赏李可灼白银五十两，绫罗两匹，这才放心离去。

明光宗服药暴毙，红丸案或是谋杀

不料到了五更天，宫中传出急旨，召大臣们速速进宫。各位大臣慌忙起身，连盥洗都来不及，匆匆穿上朝服，来到宫中。宫中那时已经传出哀号声，光宗在卯时已经“龙驭上宾”，归天去了。

泰昌帝死时年 39 岁，做皇帝仅一个月，史称“一月天子”。此时万历皇帝尸棺尚未埋葬，泰昌帝地宫也不可能在短期内速成。无奈之下，就在原北京昌平景泰陵的废址上重建新陵，天启元年（1621 年）三月重新修缮，八月完工，九月入葬，名为庆陵。庆陵中陪葬的有孝元、孝和、孝纯三个皇后。卒谥崇天契道英睿恭纯宪文景武渊仁懿孝贞皇帝，庙号光宗。

两粒红丸，要了皇帝老子的命，明廷朝野上下顿时掀起轩然大波。这红丸到底是什么药？这李可灼不是御医，怎么敢在皇上病情危急之际进这种药？有的人认为：这李可灼进的就是红铅丸，只是一种普通的房中药。它是以红铅为主，人参、鹿茸等药为辅，其他还有女人经血、妇人乳汁等，当时服下，会觉得精神一振，很有效果。

野史上记载有红铅丸的制作之法：医家有取红铅之法。择十三四岁童女美丽端庄者，一切患残疾，声雄发粗，及石女无经者俱不用。谨护起居，俟其天癸将至，以罗帛盛之，或以金银为器，入瓷盆内澄如朱砂色，用乌梅水及井水河水搅澄七度，晒干，合乳粉、辰砂、乳香、秋石等药为末，或用鸡子抱，或用火炼，名‘红铅丸’。专治五劳七伤，虚惫羸弱诸症……”

这红铅丸实为一种春药，明代春药已经很多，皇宫长期以重赏吸引献这类秘方的人，从宪宗成化年间起，献秘方者络绎不绝。有个叫陶仲文的人，本是个不见经传的守仓库的小吏，因献房中秘方而受宠于嘉靖，一跃而成为朝廷显贵。传说，他所献的春药秘方，就是“红铅丸”。

他的红铅丸制法很特别：须取童女首次月经之血盛在金银器内，加上夜半第一滴露水、乌梅等药，连煮七次浓缩，再加上乳香、没药、辰砂、南蛮松脂、尿粉等搅拌均匀，用火提炼，最后才形成固体，制成丸药。

据《明实录》：嘉靖二十六年（1547 年）二月，从畿内挑选十一至十四岁少女三百人入宫；三十一年（1552 年）十二月，又选三百人；三十四年（1555 年）九月，选民间女子十岁以下一百六十人；同年十一月，又选湖广民间女子二十余人；四十三年（1564 年）正月，选宫女三百人，前后共计一千零八十人。这些尚未成年的小姑娘，后来竟成了嘉靖皇帝制药用的“药渣”。

与陶仲文同时代的文人王世贞的《西城宫词》写道：两角鸦青两箸红，灵犀一点未曾通。自缘身作延年药，憔悴春风雨露中。

这诗写的就是这些可怜的小姑娘。由于嘉靖帝凶狠的淫欲和无情的摧残，引发了一场中国历史绝无仅有的宫女暴动，以杨金英为首的十几名宫女一起上阵，用绳子套住嘉靖帝的脖子，要把嘉靖帝勒死，由于绳子没打好结，才没有成功。

据史学研究者朱东润先生考证：嘉靖帝的儿子穆宗于三十六岁时，也是躁死在这红铅丸上。

宫廷内外，肉欲横流。光宗朱常洛继承了其父贪财好色的遗风，早已经精力衰竭，需要调养才是，而房中药大都属于升阳壮火的热药，皇帝大泄刚过，却连服了两颗，药性过大自然会虚脱，再一次栽倒在这红铅丸上，也就不足为怪了。不到一个晚上，便与世长辞。

但也有人认为：这红丸就是道家金丹，从那药的颜色便可推知那是用汞炼成的汞化合物。明代诸帝希求长生不老，大都宠信方士，宪宗时期，受封为真人、法师、法王、禅师、国师的僧人道士，竟达一千余人。嘉靖帝退居西苑万寿宫二十余年，长期不理朝政，只以炼丹求仙为事。明代诸帝大多是色欲之徒，方士们也常常铤而走险，用救命金丹来对付垂危病人，死了是病重难救，而一旦活了，则名利双收。很多人都是把春药当作补药进上，从而踏上坦荡的仕途的，李可灼何尝不想如此，只不过他的时运不佳罢了。

还有人认为，拿春药给垂危病人吃，是出乎常理的。李可灼不是疯子，明知道这病人乃是皇帝，如何敢这样胡来？何况朱常洛本是滥用春药，纵欲伤身，他需要的是清心寡欲，静养休息，哪能再用这等虎狼之药，火上添薪？李可灼显然是受人利用，故意拿这等药物来加速其死亡，其罪责已经不是误用“红丸”，好心办了坏事，而是一种精心策划的谋杀了。红丸案之所以成为多年纠缠不清的大案，就是因为有这最后一说。

红丸案牵连日久，天启朝党争不断

光宗从即位登基到突然死亡，满打满算才三十天的时间，成了明朝历史上在位时间最短的皇帝。同时，光宗皇帝的死因也是扑朔迷离，在他死后引发了一场轩然大波。并为历史留下了红丸案这一个千古疑案。

光宗到底是怎么死的？李可灼所进红丸究竟为何物？围绕这两个问题大臣们争论不休，相互攻击，有人说是服红丸而死，也有人说与红丸无关；有人说旧病未愈，有人说是劳累所致；有人说是惑于女宠，是郑贵太妃有意加害；有人说是用药差误。有的大臣因李可灼进红丸功，议“赏钱”；有的大臣以“李可灼罪不容诛”，议“罚俸一年”；有的大臣以“可灼非医官，且非知药知脉者”议上，将其遣戍。

朝野上下议论纷纷，但无论怎么说，冒充太医给皇帝治病的崔文升、李可灼都难推其罪。吏部尚书张问达、户部尚书汪应蛟、礼部尚书孙慎行、左都御史邹元标，以及众多言官纷纷弹劾崔、李二人用药、进药错误之罪。其中御史王安舜认为：“先帝之脉雄壮浮大，此三焦火动，面唇紫赤，满面升火，食粥烦躁。此满腹火结，宜清不宜助明矣。红铅乃妇人经水，阴中之阳，纯火之精也，而以投于虚火燥热之疹，几何不速亡逝乎！”

当时更有不少人认为这件事与郑贵太妃有关，光宗两次卧病都是由于进药，两次进药之人又都与郑贵太妃有关系，御医崔文升原是郑贵太妃的属下，李可灼及引荐之人方从哲也是郑贵太妃集团的人。御史郑宗周、南京太常寺少卿曹珍等更指此一事件与多年前的“梃击案”出于同一“奸谋”，即有人必置光宗其人于死地；刑部主事王之寀更直指光宗之死与郑氏、光宗宠妃李氏等阴谋夺权有关。

同时，大家也认为光宗第一次病重是由于过度接近女色，是纵欲过度，身体虚弱，需要温补之剂，慢慢调养，而不应该使用大泄药物。第二次病重是因为大泄之后，圣体脱水致虚。病中还能召见大臣，病不致死，若用平和的药剂慢慢滋养，自然会好转。而李可灼所进的红丸显然是春药一类的助火药，这种药含有红铅，当时令人感到精力倍增，但是根本上却是要涸泽而渔，对于身体虚弱的光宗来讲，吃那种东西只会加速他的死亡。这件事显然是有预谋的。

最后，廷臣们指定李可灼的红丸是致皇帝暴毙的罪魁，而且还牵涉到方从哲。不过平心而论，方从哲、李可灼对于朱常洛服药，本就是抱着一试的希望，方从哲开始也并不建议服用，对于朱常洛的死并不用负什么责任。后来，内阁大学士韩将进药的前后始末详细地在给熹宗的奏疏中说明，才使方从哲摆脱了困境。

从药理上说，红丸性热，正好与当初崔文升所进的大黄药性相反。本就虚弱的朱常洛，在圣体虚弱之时连遭性能相反而且猛烈的两味药物的折腾，岂能不暴毙而亡！但两派大臣激烈争论没有结果，最后，为平息事态，只好将崔文升、李可灼二人拉来做了替罪羊。判李可灼误用药剂，致使圣上大行，流戍边远。崔文升发配南京充净军，其实崔文升的罪更大，但刑罚判得却比李可灼轻。

明熹宗朱由校即位后的天启年间，魏忠贤伙同朱由校的奶母客氏当权，以编修《三朝要典》为名，把“梃击”“红丸”“移宫”三大案翻过来。史载天启五年（1625 年），魏忠贤上《三朝要典》，遂免李可灼遣戍。但此事并未就此结束，李可灼犯下的这个红丸案，之后又一直争吵了八年，成为天启朝党争的题目之一，宦官魏忠贤当权后要为“红丸案”翻案，于是声讨方从哲的礼部尚书孙慎行被开除了官籍，孙慎行在“红丸”案中出尽了风头，至此被夺去所有官阶封号，定了流戍，抨击崔文升的东林党人也受了追罚，党魁之一高攀龙投池而死。直到明熹宗死后，崇祯皇帝朱由检即位，朝廷惩办了魏忠贤，才又将此案翻了回来。

但事情至此还未结束，崇祯皇帝在李自成大军的逼近下上吊而死，明朝灭亡，清王朝入主中原，逃窜到南方的明朝遗族组建了南明王朝。不幸的是南明王朝建立后，小朝廷竟然在立足未稳之际，又一次以此为题材挑起党争，直斗到南明地方政权彻底灭亡。小小红丸惹起的党争才算彻底尘埃落定。

“红丸”一案争辩的时间虽长，但其中的疑点并没有弄清楚。后人为此曾进行过一系列考证和争论，但最后也都没有令人完全信服的结论。光宗的死是否与红丸有关，是否是谋杀，依然是一个千古之谜。

第三章　移宫案之谜

光宗驾崩乾清宫，众臣急立新皇帝

红丸案之后接着便发生了移宫案，这两个案子基本是一体的，有了红丸案，才有了移宫案，两案的处理结果也是一体的，可说密不可分。

那么“移宫案”是怎么一回事呢？“移宫”二字按照字面理解，就是从一个宫殿搬到另一个宫殿，现在看起来很简单，但在当时却是十分困难，因为是朝臣与后宫之争，是大臣们想让最不想搬离皇帝才能居住的乾清宫的人搬离这里，于是斗争曾异常激烈。

“移宫案”包括“避宫”“移宫”两个阶段。先说“避宫”，此事还是得从光宗朱常洛说起。朱常洛有“东李”“西李”两位选侍，后宫里头有皇后、皇贵妃、贵妃、嫔等等，选侍是比较低级的妃子。天启皇帝朱由校的母亲生下他之后不久就死了，朱由校及其同父异母的五弟朱由检（崇祯皇帝）被托付给西李选侍照管。西李为了控制朱由校，便要求他与自己同居一宫，但天启帝除了害怕她，对她没有一点好印象，后来天启帝曾说：“选侍凌殴圣母，因致崩逝”“选侍侮慢凌虐，朕昼夜涕泣”。

明光宗朱常洛即位后，朱由校和西李随之移居乾清宫。西李得宠于光宗，光宗打算将她由选侍封为皇贵妃，但西李要求封为皇后。不久光宗驾崩，西李封后的梦想破灭了，便勾结心腹宦官魏忠贤（原名李进忠），想利用朱由校年少，自己居乾清宫，与皇长子住在一起，进而觊觎垂帘，把持朝政。

明光宗因为进食红丸突然死去后，各位大臣惊诧之余也无话可说，只得入宫哭灵，却不得入内，大臣们见此状况，都猜到了宫中郑贵妃和李选侍的心思，于是都在心里暗暗担忧。给事中杨涟对大臣周嘉谟、李汝华说：“宗社事大，李选侍非可托少主者，急宜请见嗣王，呼万岁以定危疑……移住慈庆为是。”两人听了，均深有同感，便一起去见辅臣方从哲。群臣商量过后，又一起奔向皇宫。

谁知众大臣到了乾清宫外，竟有太监出来阻拦，有的还拿着棍棒要打，大臣们虽然气愤却不得进宫。杨涟上前抗议说："皇上驾崩竟阻止大臣哭灵，这是谁的意思，快快说来！"太监也不敢说出是谁主使，只好唯唯而退，放他们进去。

杨涟画像

大臣们入内哭灵结束后，刘一燝左右四顾，发现竟没有皇长子的身影，就问道："皇长子在哪里？"问了好几声，也没人回答。刘一燝愤愤地说："谁敢藏匿新天子？"东宫伴读王安想扶持皇长子，就急忙跑去告知李选侍。李选侍那时候正挽着皇长子，与太监魏忠贤密谈。王安料定她或有什么阴谋，就哄骗李选侍说："大臣们前来哭灵，皇长子应该出去相见，等大臣退去之后，才可以进来。"

李选侍放开皇长子，由王安双手搀扶着出了门。魏忠贤担心会出差错，暗中派小太监去追回皇长子，小太监刚刚拽住皇长子的衣角，杨涟就大声呵斥，小太监这才无可奈何地退去。

大臣们见到皇长子朱由校，就在他面前叩头，三呼万岁。朱由校立在那里，不知道是怎么回事，嘴里只是说："不敢当！不敢当！"之后刘一燝、杨涟与张维贤等人扶着皇长子仓促前行，这时，内侍魏忠贤三次奔来，传李选侍的命令，召皇长子回宫，并呵斥诸臣说，"汝辈挟之何往？"杨涟怒叱魏忠贤，拥着皇长子登舆，来到文华殿中，请朱由校西向坐定，群臣行大礼拜见，并请朱由校即日登基。

不想朱由校却不同意，只答应初六日登基。大臣进奏说："今乾清宫未净，殿下暂居此。"吏部尚书周嘉谟也说："今日殿下之身，是社稷神人托重之身，不可轻易。即诣乾清宫哭临，须臣等到乃发。"朱由校见到形势如此，也知道事态严重，就点头同意，于是朱由校接着被众臣立为国之储君，然后大臣们又安排皇长子返回慈庆宫，准备择日登基。

朱由校当上储君，李选侍坐定中宫

这时的朱由校毕竟还只是个十六岁的孩子，也没有什么主意，他不想封李选侍，但又下不了决心。朱由校身边的太监王安明白事不宜迟，就躬身跪倒说道：“皇上，可不能再这样下去，陛下可立即下诏逼迫李娘娘搬出乾清宫。”

朱由校听了不知该怎么办，只犹豫不决。太监王安答应群臣一定尽职尽责规劝皇上，众人这才退去。走之前杨涟对随行的太监们说，外事缓急有诸位大臣，调护圣躬却在诸内臣，须知责任重大。太监们点头称是，并尽心看护，李选侍与魏忠贤挟持皇长子的密谋才没有成功。

大臣们来到外面，又在一起合议，觉得储君登基绝不能耽搁，不然夜长梦多，一旦李选侍找到帮手挟持了储君，大家都将死无葬身之地，于是商定还是得让朱由校即日正位，便又返回让内官进奏大臣们的意思，不想朱由校还是不允，众人便在殿中坐等。吏部尚书周嘉谟觉得先将李选侍请出乾清宫才是上策，于是又联合众臣合疏进奏，请求李选侍移出乾清宫，迁往别宫。御使左光斗更是明白指出：殿下今已十六岁，内有忠直老成的内官辅佐，外有朝中重臣辅佐，哪里乏人，还须李选侍像照顾婴儿一般贴身相随？因此，伏请即早决断，如果李选侍借抚养之名而行专制之实，那武则天之祸就不会太远了！

给事中暴谦贞更毫无保留地说：皇长子即将登上大宝，上有百灵呵护，下有群工拥戴，何用此妇人女子！而且李选侍并非忠诚爱国，万一封典得行，专权用事，恐怕难以抑制。左光斗用武则天来比喻李选侍，一则不希望出现后宫专权的情形，二是担心朱由校血气未定，把持不住，坠入当初唐高宗纳父亲后妃武则天的事情中。他和暴谦贞说的确实都是肺腑忠言，但如此去说先皇妃嫔，还是有些犯上举动。

好在朱由校听了，觉得甚是有理，便发布上谕，说移宫已有圣旨，册封贵妃一事，尊卑难称，著礼部再议。

但李选侍那边也没闲着，她此时正听取心腹魏忠贤的主意，邀朱由校和她同宫，后来她听说左光斗将她形容为唐代武则天，气得要死，忿然宣言要逮捕左光斗等人，又让魏忠贤带几个太监要把皇长子抢入宫中，幸好锦衣帅骆思恭听了内阁大臣的命令，内外防护，才消解了一场后宫阴谋。

李选侍在侍奉光宗的时候，就住到了乾清宫。光宗归天后，她的确是想挟持皇长子，逼迫群臣，先册封自己为皇后，然后再让皇长子登基。偏偏皇长子被内阁大臣等人强行夺去，在大臣们的筹划运作下成功“避宫”，李选侍气得要死，急得没有办法，于是她下决心要霸占乾清宫，当皇帝之母。

按照明代的制度，外廷有皇极殿，内宫有乾清宫，都是属于皇帝、皇后专用的，乾清宫更是皇帝和皇后的寝宫。而李选侍先前并非皇后，现在也不是皇太后，所以她没有资格住在这里，她赖着不走，不过是想借年仅十六岁的光宗长子朱由校掌握朝政，坐镇乾清宫，进而统驭后宫，掌握天下。

朝中大臣知道李选侍的想法，都认为不妥，御史左光斗很不客气地请李选侍移宫的奏折递上去之后，李选侍气得柳眉倒竖，咬牙切齿，她马上和魏忠贤商量，想借着商议事情的名义，再邀皇长子来乾清宫，然后挟其不放。魏忠贤奉命前往，刚出宫门，就与杨涟碰上。杨涟问李选侍什么时候移宫，魏忠贤摇着手说：“李娘娘正在发怒，正欲究左御使武氏之说，让我邀请殿下前来商议，还想严厉查办左御史。”

杨涟一听，便知晓了李选侍和魏忠贤的打算，就故作惊奇地说：“错了！错了！幸好遇到我。皇长子今非昔比，李娘娘如果真能移宫，先前封号仍在，日后更有新封号。你想皇长子的年龄也不小了，岂能没有一点想法？你去转告李娘娘，凡事应该三思而后行，免得到时候后悔。”魏忠贤事不得行，只得默默退下。

乾清宫

李选侍无奈移宫，朱由校继承大统

这时科道官员惠世扬、张泼从东宫门出来，听了这件事也大惊失色，说今日选侍垂帘，下旨逮捕光斗。杨涟立即驳斥说没有这事！但宫禁一时人心惶惶。谁也弄不清楚是如何变局，皇帝是亲近李选侍对付朝臣还是倾向于朝臣疏远李选侍，大臣们一个个孤疑满腹。

皇长子朱由校要登临大位，就必须回到乾清宫，为此大臣们制定了储君登基的日期，以迫李选侍搬出乾清宫。但过了几天，李选侍还是住在乾清宫逍遥自在，根本没有移宫之意。杨涟便直言上奏朱由校，说先帝过世，人心惶危，都说选侍假借保护之名，阴图专权之实，伏请殿下暂居慈庆宫，拔别宫先迁出选侍，然后再奉驾还宫。祖宗宗社最重，宫帏恩宠为轻。如今登基已在明日，哪有天子偏处东宫之处！这移宫一事，臣等进言在今日，殿下也当实行在今日。

朱由校听了仍拿不定主意，犹豫不决。

杨涟随后又去拜见方从哲，方从哲起初认为这件事不用太着急，晚两天也没什么关系。杨涟却说太子明天就要登基了，难道登基为天子后还要回到东宫的住处吗？选侍今天不愿离开乾清宫，难道以后就会主动离开了吗？这种事情怎么能缓？刘一燝、韩爌当时也在一旁，二人对方从哲说："明天就是登基的日子，选侍理应移宫，我们不如一起去请旨吧。"方从哲最终被说服，几人统一了意见后，又带百官来到慈庆宫请求太子颁下严令。

于是，朱由校即时下令，命李选侍移出乾清宫，移住仁寿殿。他还下令收捕李选侍身边的几个亲信太监，理由是他们涉嫌偷盗大内库藏。如此情形下，势单力孤的李选侍还是敌不过皇帝的一纸命令，移宫已成定局。

当时还有乾清宫内侍太监出来传旨，说选侍指责众臣逼人太甚，方从哲问明原因后对大臣们说："难道不念先帝的旧宠了吗？"杨涟跟在后面，听到他的话急忙上前厉声训斥太监们说："国家大事怎么敢徇私？你们要是再敢来多嘴，看看等着怎么处置你们！"杨涟本来就声如洪钟，再加上焦躁已久，更是激动，声音响彻宫中，无人再敢多嘴。

最终，在外廷大臣的严词逼迫和宫中太监王安的恐吓之下，李选侍终于无奈地决定移宫。九月初五日，李选侍怀抱着皇八女，徒步从乾清宫走向宫中宫妃养老处——仁寿殿哕鸾宫。不久后，皇长子让太监传旨，说已经请李选侍移宫了，各位大臣少安毋躁。大臣们听了这话就站在那里等着。一会儿看见司礼监王安匆匆跑了出来，对大臣说："选侍娘娘已经移居到仁寿殿了，改天再迁徙到哕鸾宫。现奉殿下特旨，收押魏忠贤、田诏、刘朝等人，他们私盗宝藏，特此究办。"刘一燝等人面露喜色，先后退下。

于是，这件震动宫闱的明朝三大疑案之一的"移宫案"终于落下了帷幕，李选侍以失败而告终，皇长子朱由校进驻乾清宫，准备次日登基。

过了一天，皇长子朱由校继承皇帝位，时值公元 1620 年农历九月初六，历史上称朱由校为明熹宗，当下决定改元天启，因此又称他是天启帝。只是明神宗刚在这年七月驾崩，明光宗在九月初一驾崩，光宗在的时候曾下旨将下一年改为泰昌元年，现在又要改元，难免混乱。于是有人建议削去泰昌不要记载；有人建议去掉万历四十八年，以本年为泰昌元年；还有人建议以下一年为泰昌元年，再下一年为天启元年，大家争议不决。最后御史左光斗建议将本年八月以前称为万历，八月以后称为泰昌，下一年称为天启，如此最为合情合理。大家也都拍手赞成，熹宗随即听从。

李选侍封后的要求没有实现，做皇太后控制朝政的愿望也落了空。她赖在乾清宫不走是否是受到了郑贵妃的幕后主使，这个后人亦无从得知。但是其意图很明显，就是要通过控制皇太子朱由校来操纵整个朝政。据许熙重《宪章外史续编》记载，朱由校即位后说，李选侍命太监魏忠贤传话："每日章奏，必先奏看过，方与朕览，即要垂帘听政处分。"可见，她是有垂帘听政的野心的，后人还推测，她之所以赖在乾清宫不走，就是要同郑贵妃

天启年间的钱币

“邀封太后及太皇太后，同处分政事”。如果她的目的实现了，也许明朝就要先出一个“慈禧太后”了。

朱由校临朝执政，李选侍无奈移宫

万历、泰昌两朝，皇位的更迭，宫廷的谲变，对于万历帝的长孙、泰昌帝的长子朱由校来说，简直就是一场噩梦。在明军大败于萨尔浒的当月，朱由校的母亲王才人病逝。王才人原来是在东宫伺候皇太子朱常洛的宫女，直到生下朱由校后才封为才人，因长期遭到朱常洛宠妃西李选侍的凌辱和朱常洛的冷落，抑郁而死。她曾说：“我与西李有仇，负恨难伸。”

第二年七月，朱由校的祖父万历帝驾崩，接着朱由校的父亲泰昌帝驾崩，朱由校接连失去三位亲人，特别是他的父亲泰昌帝即位一月即崩，举国上下，乱作一团。这年他才 16 岁，这时的朱由校，还没有被祖父万历帝立为皇太孙，也没有被父亲泰昌帝立为皇太子，更没有出阁读过书。万历帝在世时，他始终不肯立这位长孙为太孙，也不肯让长孙出阁读书，直到临死前才留下遗嘱：皇长孙宜即时册立、进学。几天以后，泰昌帝即位，册立朱由校的仪式自然应该从皇太孙变为皇太子。但是泰昌帝并不热心册封太子，后来在大臣的一再请求下，才下旨：“钦定册立东宫，择九月初九日。”但人算不如天算，九月初一日，泰昌帝竟然驾崩，朱由校皇太孙未做成，皇太子还没来得及做，书本一天也没正式读，竟然要继承皇帝大位。这样的皇位继承者，明代，仅朱由校一人。

天启帝朱由校临朝执政后，大臣们皆辅佐尽力，一直没什么变故，过了几天，御史贾继春忽然给内阁大臣递上奏折，奏折中建议内阁大臣应该念及先皇旧宠，对李选侍加以优待。

方从哲等人接到这种奏折，觉得左右为难。左光斗知道这件事情后，就去见内阁大臣，说道：“这有什么难的？皇上还是住到乾清宫，李选侍也自当移宫。只是移宫以后，不要再生枝节了。现在魏忠贤、田诏等人既然已经犯法，就应该惩治他们，此外一概从宽，也算是仁孝两全了。”

方从哲等人的意见也是模棱两可，左光斗就将自己的意见写到奏折中呈给熹宗看。哪知圣旨下来，竟然痛斥李选侍的罪状，其中有：“朕年幼时，李选侍欺凌朕的母亲，致使她去世，使朕抱憾终身。父皇病重时，李选侍又威胁朕，传封她为皇后……”

方从哲等人读完圣旨，惊愕了半天，不知该不该发，又商量了半天，才由方从哲主张，封还原旨，并且上疏说陛下应该奉养先帝遗爱等等。不想熹宗却不听这些，竟然固执地将原旨颁告天下。后来熹宗又下旨将神宗皇帝、皇后葬于定陵，追谥郭氏为孝元皇太后，尊生母王氏为孝和皇太后，将光宗皇帝和皇后葬于庆陵，至此，明光宗的后事才算处理完毕。

贾继春因案遭贬，移宫案尘埃落定

李选侍移居到哕鸾宫后，不料某日夜里宫内突然失火。幸亏里面有宫侍，外面有卫兵，这才从火光熊熊中救出选侍母女。这火是夜里着的，人们正在熟睡，仓促间来不及抢救东西，于是宫中物品全部被烧成灰烬。

哕鸾宫的太监们担心会被赶出去，于是造谣说火是自己着起来的，有的说是李选侍故意烧的，母女俩都已经被烧死；有的说没有着火以前，李选侍就悬梁自尽了，她的女儿也已经投井。熹宗听说后，急忙颁下圣旨，大意说：“李选侍和皇妹均安然无恙。”

但御史贾继春却给内阁写信，指责明熹宗未行孝悌之道。贾继春，新乡（今河南新乡）人。万历三十八年（1610 年）进士，历知临汾、任丘二县，入为御史后，先前李选侍移哕鸾宫，继春听流言，上书内阁方从哲等，略言：“新君御极，首导以违忤先皇，逼逐庶母，通国痛心。昔孝宗不问昭德，先皇优遇郑妃，何不辅上取法？且先皇弥留，面以选侍谕诸臣，而玉体未寒，爱妾莫保。忝为臣子，夫独何心。”

给事中周朝瑞观此书后驳之，继春再揭，其中竟有“皇八妹入井谁怜，未亡人雉经莫诉”等话，称李选侍为未亡人，并给予很大同情。给事中周朝瑞也说贾继春造谣生事，贾继春不肯相让，于是双方打起笔墨官司来。杨涟担心这样下去会动摇朝政，就将移宫案的始末洋洋洒洒写了下来，给熹宗上“移宫始末疏”，谓：“宸宫未定，先帝之社稷为重，则平日之宠爱为轻。及宸居已安，既尽臣子防危之忠，即当体圣主如天之度。臣所以请移宫者如此。而蜚语谓选侍踉跄徒跣，屡欲自裁，皇妹失所投井。恐酿今日之疑端，流为他年之实事。”

熹宗看过之后，下旨褒奖，又特意诏谕群臣，仍然陈述李选侍的恶行，时继春出按江西，便道旋里，驰疏自明上书之故，中有“威福大权，莫听中涓旁落”语。太监王安观书大怒，就激天启皇帝收治贾继春，天启帝便对其严旨切责，令陈状，但御史张慎言、高弘图连章为贾继春求宽恕。天启帝益怒，下廷臣杂议。

后来尚书周嘉谟等言：“臣等意陛下笃念圣母，不能忘选侍。及诵敕谕，知圣心自体恤。而继春误听风闻，慎言等又连疏渎奏。然意本无他，罪当宥。”未报，御史王大年、张捷、周宗建、刘廷宣，给事中王志道、倪思辉等交章论救，给事、御史复合词为请，诸阁臣又于讲筵救之，乃停慎言、弘图、大年俸，宥志道等。既而继春回奏，词甚哀，且隐“雉经、入井”二语。帝严旨穷诘，令再陈。嘉谟等复力救，帝不许。继春益窘，惶恐引罪，言得之风闻。帝皆不纳，接着又将贾继春放归田里，永不录用。

至此，移宫案才算基本了结。

红丸案二犯伏法，方从哲洗脱罪名

移宫案虽基本了结，但红丸一案直到此时还未了结，在光宗将崩时，李可灼呈入红丸，方从哲曾赏给李可灼五十两白银。大臣们都有疑惑，说李可灼误诊没有受到惩罚也就算了，为什么还要给赏。于是御史王安舜首先上疏争论。奏折中只说李可灼误诊，即便提到推荐他的人，也没有指名道姓。但王安弹劾方从哲“轻荐狂医”“又赏之以自掩”。御史郭如楚弹劾方从哲不应该赏赐进药的李可灼。方从哲在众人攻击下，拟太子令旨，罚了李可灼一年的奉禄。

熹宗即位后，御史郑宗周参劾崔文升的罪状，方从哲拟旨命司礼监查处。于是御史冯三元、焦源溥、郭如楚，给事中魏应嘉，太常卿曹珖等人轮流参劾崔文升、李可灼的罪状，并说：“方从哲徇私枉法，国法何在？”给事中惠世扬竟然列出方从哲的十大罪状，其中有三条是杀头大罪。

方从哲到了此时，还有什么脸面在朝廷执政？当即上疏请辞，直到第六次递上去，熹宗才任他为中极殿大学士，赏了银币、蟒衣，允许他辞官。方从哲辞官之后，崔、李二人始终没有获罪。没过多久，礼部尚书孙慎行追劾李可灼进献红丸的事情，并说方从哲是弑逆大罪。

这奏折递上去之后，朝旨令大臣们前来商议。大臣到了一百一十多人，大多数认为原奏说得对，都想加罪给方从哲。只有刑部尚书黄克缵，御史王志道、徐景濂，给事中汪庆等人维护方从哲，方从哲也上疏辩驳。

十月，礼部尚书孙慎行和左都御史邹元标上了两道令人注目的奏疏，孙慎行指出：“从哲纵无弑君之心，却有弑君之罪。欲辞弑之名，难免弑之实。”

熹宗命内阁大臣再次商议。大学士韩爌、吏部尚书张问达、户部尚书汪应蛟等人详细写了红丸案的始末，大意说：“李可灼自己申请进药，由先帝召问，命他速速进上，非但方从哲不能制止，就是臣等也无法制止。方从哲坐罪，臣等也应该连坐。只是方从哲一开始赏赐李可灼，后来又罚了他的俸禄，论罪太轻，实在是无以安慰先帝。应该将方从哲削官。至于李可灼的罪还不至于杀头，崔文升先进大黄凉药，罪情比李可灼要重，应该加以重罚，以泄公愤！”熹宗就命李可灼戍边，崔文升流放南京，没有加罪方从哲。孙慎行见公论难伸，只好辞官回乡。而方从哲也上奏辩解并请辞，于十一月初卸任离京。

方从哲离京后，还是无法脱净干系，要求严查红丸案的奏折不断。一天，天启帝收到了方从哲从老家寄来的奏疏，疏中说：自己年老愚昧，未能阻止庸官进药，罪不容诛。为表示谢罪，愿乞削去官阶，以耄耋之身远流边疆，以平朝臣之怨。果然，许多大臣为他开脱，天启帝亦被方从哲的诚恳打动，但苦于真相未明，一时难以决断。

这时，一直缄默无言的阁臣韩爌终于站出来说话了。他把当时目睹的一切事实都详细地说清楚了。特别是方从哲当时左右为难的情景，被描绘得十分具体。最后，韩爌提出，“红丸”一案纠缠了一年多，但真正置先皇于死地的崔文升和李可灼到现在也没有处置，这两人虽然乱用药物，但也确实是奉旨进药，可以适当惩处，红丸一案则不宜继续深究。

韩爌在万历年间就是个有名的老成之臣，居官十余年处事公正，很受群臣景仰，入阁后又一直陪伴方从哲料理进红丸之事，说出的话是可信的。所以他的奏折报上后，很快地使一场风波平息了下来。不久，天启帝下旨问崔、李二人罪。1622年（天启二年），明廷将崔文升发遣南京，李可灼遣戍边疆。“红丸”一案由于各派的争斗总算草草了解，但其中的疑点并没有弄清楚。后人为此曾进行过一系列的考证和争论，但最后也都没有结果。光宗的死是否与红丸有关依然是一个千古之谜。

明宫三案影响大，明朝灭亡埋伏笔

“明宫三案”——梃击案、红丸案、移宫案，牵涉到万历、泰昌、天启三代皇帝，但是以朱常洛为轴心人物。“梃击案”梃击的就是太子朱常洛，“红丸案”吃了红丸的也是朱常洛，“移宫案”则是朱常洛的宠妃西李选侍居占乾清宫。大家可能会说，这三个案子就是皇帝家里头的事啊？但是，皇宫无小事，这三桩案子的意义早已超越了“宫案”本身。现在来看，这三案至少有如下三种意义：

其一，“明宫三案”影响朝廷决策。“三案”将朝廷注意力吸引到宫廷斗争。《明史·后妃传》记载：“群臣争言立储事，章奏累数千百，皆指斥宫闱，攻击执政。”因之，朝廷不能将注意力集中到国家大政、要政上，诸如关外的辽事等，致使许多重大问题或束之高阁，或拖而不决，或决策草率，或决而不行。

其二，“明宫三案”加速宦官专权。《明史·纪事本末》记载：“魏忠贤杀人则借三案，群小求富贵则借三案。”明末宦官魏忠贤专权，阉党跋扈，使本来腐败、黑暗的明末统治更加腐败、更加黑暗。

其三，“明宫三案”成为党争题目。明朝后期，有东林党、浙党、楚党、宣党、齐党等等，这些党与我们今天意义上的党不同，他们没有纲领，没有组织，是一些学人、官员组成的一个松散的群体。“明宫三案”就成为党争的题目，比如说李可灼进红丸这件事情，方从哲他们说李可灼没有罪，他给皇帝治病应当赏银；东林党人则说，泰昌帝的死主要就因为吃红丸，李可灼有不可推卸的责任。

第四章　皇太极暴死之谜

努尔哈赤建后金，军事联姻两手抓

清太宗皇太极是大清皇权的真正缔造者，在清朝建立和入主中原的过程中，他的贡献是非常巨大的。但这位英明伟略的开国帝王在由关外进军中原之前，却在某个夜晚没有任何征兆地突然暴毙，其死亡原因至今是一个谜。

皇太极，姓爱新觉罗，清太宗文皇帝，努尔哈赤第八子，明万历二十年十月廿五日申时（公元 1592 年 11 月 28 日）生于赫图阿拉（今辽宁新宾县西老城）。

皇太极的亲生母亲是叶赫那拉氏，名孟古哲哲，是叶赫贝勒布斋和纳林布禄的妹妹。孟古哲哲在明万历十六年（公元 1588 年）嫁给努尔哈赤的时候只有 14 岁。据《清史稿》评价皇太极，其长大后“仪表奇伟，聪睿绝伦，颜如渥丹，严寒不栗。长益神勇，善骑射，性耽典籍，谘览弗倦，仁孝宽惠，廓然有大度”。

清太宗皇太极

在大明朝廷因为“宫廷三案”闹得乌烟瘴气之际，正是努尔哈赤在辽东兴起之时，他在势力强大后兴兵明朝边境，攻下抚顺、清河，于萨尔浒大战中大胜明朝军队，接着又连下开原、铁岭，这时恰逢明光宗刚刚去世，朝廷无暇他顾，努尔哈赤看准了时机，继续向明朝辽东重镇沈阳与辽东首府辽阳发动进攻。

努尔哈赤是皇太极的父亲，皇太极能称汗称帝，还是得力于其父努尔哈赤的政治遗产，努尔哈赤是建州女真人，他跟 13 世纪蒙古帝国的开创人成吉思汗铁木真的遭遇很有几分相似，都是幼年丧亲，离家流浪，在艰难困苦的环境中经受磨砺，增长了见识和才干。公元 1583 年，25 岁的努尔哈赤以为祖父和父亲报仇的名义，以十三副遗甲、数十名部众起兵，只用了六年时间，就统一了建州女真各部。

努尔哈赤的过人之处，不仅在于他勇猛顽强，更在于他的聪明和才略，他并不一味求助于军事对抗。他深知通好的最牢固方式是联姻，他本人先后娶过十六位妻子，除了大福晋佟佳氏是糟糠之妻外，其余皆是“战利品”“贡物”或“交易物”。因此，他积极响应明安贝勒，遣使通好，厚加赏赐、馈赠，直至联姻。他自己就娶了科尔沁部明安贝勒之女和郡王孔果尔之女为妻，又令诸子陆续迎娶蒙古各部首领之女。

万历四十二年（1614 年）四月，蒙古扎鲁特首领钟嫩亲自送女至建州嫁与努尔哈赤次子代善为妻。努尔哈赤令代善亲自迎接，设大宴以隆重的礼节成婚。接着，该部另一首领内齐嫁女与努尔哈赤第五子莽古尔泰。同年，科尔沁部首领莽古思在古勒山之战中同明安贝勒一样被俘又没有被伤害、侮辱，而是穿上锦衣，骑着战马率部返回，可能就是在这里，他遇到了努尔哈赤第八子皇太极，史上未提皇太极用了什么惊人之举，一下折服了科尔沁部首领莽古思，至此莽古思对皇太极念念不忘。之后不久，莽古思就把心爱的女儿哲哲嫁与了皇太极。

皇太极当时只有 22 岁，此时，努尔哈赤有十五个儿子，有十二个儿子的岁数都比哲哲大，都称得上是年貌相当；论贵盛，第二子代善、第五子莽古尔泰、第十子德格类与皇太极都是嫡出，不相上下；论军功，当是的皇太极也并不特别出众，至少还赶不上已经在战场上驰骋多年的哥哥。所以推想起来，应该是具有知人之明的莽古思看出皇太极在诸兄弟中最能成大器，所以最为中意。不然，就无法解释为什么 11 年之后和 20 年之后，这位蒙古王爷又把两个心爱的孙女儿先后都嫁给了皇太极。

皇太极得封贝勒，科尔沁又送女人

公元 1616 年，即明朝的万历四十四年。这一年的正月初一日，统一了女真族各部的努尔哈赤建国了，他定国号为后金，称可汗，建元天命，国都赫图阿拉城，而他的莽古思的这位亲家翁终于登上了汗位，被尊为“覆育列国英明可汗”，成了一国之主。科尔沁蒙古派专使前往图赫阿拉祝贺，参与登基大典，每个人都感到了荣耀和自豪，因为，科尔沁博尔齐吉特氏家族从此就是名正言顺的皇亲国戚了。

努尔哈赤建国后，授其子代善、阿敏、莽古尔泰、皇太极四人为和硕贝勒，号称四大贝勒，共理国政，掌握着国家的实际权力。四大贝勒中最年轻的一位，汗王的第八子、24岁的皇太极，正是博尔齐吉特氏莽古思家的姑爷。找到这样能力过人、前途无量的靠山，实在要感谢科尔沁首领莽古思的眼光。

和硕的意思，在满语中表示“四方之方”，引申为一方或一部落。贝勒一词译成汉语是大官、高官的意思，源于女真语“勃极烈”，最初，只有女真各部中强有力的酋长可使用这个称号，一直沿用到努尔哈赤时代。那么“和硕贝勒”一词就可以理解为可汗一人之下的独领一方的王爷了。直到二十年后的1636年，后金改国号为大清、皇太极正式称皇帝的时候，颁定宗室爵号，贝勒的爵位才放在亲王、郡王之下，成为第三等。

蒙古各部酋长多各自称王称汗，归附努尔哈赤的蒙古部落，大约在天命元年以后，随之改称贝勒，莽古思王爷因为归附有功，更因为成为努尔哈赤的亲家、皇太极的岳父，在皇太极称帝的次年，得到和硕福亲王的崇高封号，这在当时的蒙古诸部中是绝无仅有的，科尔沁蒙古也因之成为蒙古诸部中最高贵的一族，后来成为蒙古四十九旗中最贵盛、最有实力的一旗。

公元1618年，努尔哈赤以七大恨誓师，率大军开始了对国力比自己大许多倍的明朝的战争，并且在当年就攻克了明朝东北重镇抚顺，第二年三月，努尔哈赤发动了萨尔浒大战，再次使用了他集中优势兵力、选择有利战场和战机、速战速决、各个击破的战略战术，以六万八旗精兵以少胜多，击败了号称四十七万大军的四路明军。并于此后挥军西进，攻破辽东、开原、铁岭，进入了辽沈地区。

此时努尔哈赤的势力已足够强大，于是他在八月里回军北上，轻而易举地拿下了扈伦四部中最强、也是坚持到最后的叶赫部，并且再次派兵收取东海女真的瑚尔哈遗民。至此，从东海库页岛到明朝的辽边，自蒙古、嫩江，至朝鲜鸭绿江，同属女真语音的地区都已被征服，诸部合而为一。努尔哈赤终于用36年漫长的血雨腥风的征战岁月，完成了统一女真各部的大业。

努尔哈赤获得萨尔浒大战的胜利并灭亡叶赫部之后，又挥军进入了辽沈地区，攻占了辽阳和沈阳，此时天启皇帝刚即位不久，北方数地已落入后金手中。

不久后，科尔沁蒙古贝勒莽古思的孙子、布木布泰的哥哥吴克善来到辽阳，代表祖父和父亲为汗王的新胜利远道致贺，并问候姑母、皇八子福晋哲哲。努尔哈赤一贯对蒙古亲戚格外优厚，这一天，杀了八旗献上的八头牛，再设大宴，尽欢而饮。这样隆重的接待，不仅是亲戚之谊，还有宣威的作用。更有一层意思，那是在吴克善见到姑母哲哲以后才领会到的，那就是希望亲上加亲。这一年哲哲二十一岁，结婚七年了，还没有生养。虽然由汗父指定了她的嫡福晋的地位，但并不十分稳固。她嫁给皇太极的时候，皇太极已经有两位福晋了。两位福晋都比她年长，都非无名之辈。

一位是钮祜禄氏，皇太极的结发妻子。另一位继妻，是继钮祜禄氏的，生育很早，在哲哲嫁过来的五年前，就为皇太极生了长子豪格，两年后又生了第二子洛格，这位侧福晋对无子无女的嫡福晋哲哲造成了可怕的压力。何况这位继妻乌拉那拉氏更非等闲，她是努尔哈赤大福晋乌拉那拉·阿巴亥的姑姑。

有钮祜禄氏这样两位对手，哲哲怎能安枕？不难想象，在皇太极的和硕贝勒府里，嫡福晋不一定能指挥得动那两位侧福晋，不一定能维持住女主人的地位。而且她势单力薄，打不破对方二人的力量，唯一可行的办法就是争取后援，于是她便出面提出了与娘家再次联姻，并让吴克善转告科尔沁首领。

吴克善回到科尔沁草原，兴奋地向祖父母和父母禀告此行的所见所闻：大金国的八旗铁骑是怎样兵强马壮、威风凛凛；新建的东京怎样完全不同于赫图阿拉、萨尔浒等早先都城，东京城里的殿堂宫室又是怎样地金碧辉煌、十足的皇家气派；汗王又怎样盛情款待，用极高的规格宴请他这位亲戚中的小辈后生。

科尔沁草原上的蒙古式建筑

于是之后不久，科尔沁又开始了蒙古格格远嫁满洲的高潮，同时努尔哈赤的女儿、后金的公主，也第一次远嫁蒙古。天命八年（公元 1623 年），科尔沁蒙古孔果尔贝勒送女儿与皇十三子阿济格为婚；天命九年（公元 1624 年），科尔沁蒙古桑噶尔寨送女儿与皇十四子多尔衮为婚；天命十年（公元 1625 年），努尔哈赤将皇八女聪古图和硕公主嫁给喀尔喀蒙古博尔齐吉特氏台吉固尔布锡。

同年，努尔哈赤又将抚养宫中的侄孙女封为和硕公主，即肫哲公主，嫁给科尔沁蒙古博尔齐吉特氏宗主奥巴汗。这一联姻，最后确立了科尔沁蒙古成为后金最忠实的盟友地位。也是这一年，科尔沁蒙古部寨桑贝勒之子吴克善送妹妹布木布泰与努尔哈赤的第八子皇太极为婚，这位名叫布木布泰的小女孩，就是清初有名的孝庄文皇后，是将来顺治皇帝的母亲，康熙皇帝的奶奶，此时她年仅十三岁，嫁给了原是自己姑父的皇太极为妻。

值得一提的是，后金天命十年的这三桩部落联姻，两桩都和皇太极有关。因为皇八女的母亲、努尔哈赤的侧福晋叶赫那拉氏，是皇太极生母的亲妹妹，是庶母又是亲姨。生母去世后，姨妈不就格外亲吗？对这个比自己小 20 岁的远嫁蒙古的小妹妹聪古图，皇太极想必怀着悲悯和怜惜之情；然而他接着又迎来一个来自蒙古、比自己小 21 岁的小妻子布木布泰。当时他不会想到，正是这个看上去羞羞答答的小女孩，将来会接过自己定鼎中原，建立大清王朝的历史重担。

更让人想不到的是，将来皇太极的暴死，或许与这个小女孩有着难以撇清的关系。

努尔哈赤归西，阿巴亥谋大位

公元 1626 年，大明天启六年，后金天命十一年正月新春，须发如银的努尔哈赤终于遇到了他平生唯一的对手，在他亲自率领号称 20 万的八旗大军征讨明朝之时，守卫锦州、松山、大凌河、小凌河、杏山、连山、塔山七城的明朝将军们，慑于八旗的军威，纷纷烧屋焚庐，丢弃多年储存的军粮军备退回关内去了。只有宁远守将袁崇焕率领他的两万守军固守不退，并发誓与宁远共存亡，宁远于是成了独居关外的一座孤城。

袁崇焕，字元素（《明史本传》），一说字自如，于万历十二年（1584年）四月二十八日出生于广西布政使司梧州府藤县北门街（一说袁崇焕出生于广东东莞，年十四随祖袁世祥，父袁子鹏迁至广西藤县）。万历四十七年（1619年）袁崇焕中三甲第四十名，赐同进士出身，后受天启帝重用，授为兵部职方司主事，旋升为山东按察司佥事、山海监军。

袁崇焕任职后，上《擢佥事监军奏方略疏》。力请练兵选将，整械造船，固守山海，远图恢复。他疏言："不但巩固山海，即已失之封疆，行将复之。"

努尔哈赤率后金军至宁远攻城，袁崇焕等宁远守军以火器拒之，"自辰至晡，杀三千人，敌少却。二十五日佟养性督阵攻西门，势更悍，先登，益众。敌俱冒死力攻，城中卫之如前，击杀更倍于昨"。"是役也，奴贼糜烂死亡者实计一万七千余人。"

这一战也给努尔哈赤带来巨大的打击，他曾对诸贝勒说："我自二十五岁征伐以来，战无不胜，攻无不克，怎么唯有这个小小的宁远城不能攻下？"（有史料说此战中努尔哈赤受了伤）为此，他长时间地闷闷不乐。连四月里征服喀尔喀蒙古巴林部的胜利，也不能消除他的忧伤。他感到疲惫、沮丧，不但是心理上，在身体上，他也感到了衰弱和病痛，便有传说认为，此战中努尔哈赤曾为明军的火炮所伤。

六月二十四日，努尔哈赤训示诸贝勒，并把训示书写下来交诸贝勒收藏，训示中重申"八家但得一物，八家均分公用，毋得分外私取；凡军中所获之物，毋隐匿而不明分于众，当重义轻财"的原则，再次确认他在天命七年所颁布的八王共治国事的政体。那就是八个儿子分别是八旗之旗主，为固山王；八固山王中，有才有德能接受不同意见者，才能继承汗位。臣子向汗王禀告请命时，八固山王要共理国政、共商国是。

七月二十三日，自觉身体不适的努尔哈赤前往清河温泉养病；八月初，病体沉重，乘舟顺太子河而下，并遣人召大福晋来迎。舟入浑河的时候，大福晋阿巴亥赶到了，衰弱的老汗王却已经进入弥留状态。八月十一日下午，舟至距沈阳城四十里的瑷鸡堡的时候，68岁的努尔哈赤走完了他的人生。

努尔哈赤靠武力杀戮结束了女真民族多年的分裂、内战和仇杀，用40余年的艰苦奋战，建立起统一的军队和统一的国家，并努力使它们日渐强大，但努尔哈赤的一些没有道理的残忍行径，特别是对汉人的屠杀，是不能用战争来为他解释和辩护的。原始的野性带给他顽强而蓬勃的生命力，而他用战争带给对手的，就是野蛮和残酷。然而若就史实考察之，则实在没有什么功德。

努尔哈赤的政治才能与综合素质，远远不如他的儿子皇太极与多尔衮。换句话说，如果没有皇太极和多尔衮，满清铁骑能否踏进山海关实在是件值得怀疑的事。如果努尔哈赤不在天命十一年死去，继续再活五年、十年，继续他的政体国策；如果他的继承人也像他一样，或全盘接受他所有的这些不懂得收拾人心、缺乏政治远见的特点，那么，后金也会成为一个短命政权，刚露脸不几年，就消失在历史的烟尘之中，大清朝是不可能出现在他手中的。

幸运的是，努尔哈赤的继承人是皇太极，一个新一代的有文化的女真人，一个杰出的有远见的政治家，他精心塑造了能问鼎中原的清王朝的雏形。

努尔哈赤崩逝的时间是天命十一年八月十一日下午两三点钟，地点是在离沈阳尚有四十里的瑷鸡堡。当时他身边除了一般侍从仆役之外，只有应召而来的大福晋乌拉那拉氏阿巴亥。后来诸贝勒大臣赶来，轮班肩抬汗王棺柩，当夜初更时分才到了沈阳。

此时最紧要、众人最关心的莫过于汗王对身后事有什么遗嘱。于是阿巴亥大福晋忍泪叙述了汗王临终的遗言：由十四子多尔衮继承汗位，由大贝勒代善辅政，待多尔衮成年后，代善归政。

众人闻言后全都惊呆了。这可能是汗王的遗嘱吗？完全违背他生前反复训示过的八王共执国政的体制，违背在八王中择贤者继汗位的原则；皇十四子多尔衮才十三岁，还是个孩子，很难说贤与不贤；而且这种安排，不就等于是大福晋企图使自己的儿子继承汗位，自己在幕后操纵吗？

四大贝勒齐抗命，阿巴亥被逼殉葬

阿巴亥生于万历十八年（1590 年），12 岁时嫁给了比她大 31 岁的努尔哈赤，两年以后就被立为大福晋。在努尔哈赤的众多后妃中，阿巴亥年轻、漂亮，又极富机智，深受努尔哈赤的宠爱。努尔哈赤的第十二子阿济格、十四子多尔衮、十五子多铎都是阿巴亥所生，此时她也才 38 岁。

虽然多尔衮与多铎最受晚年努尔哈赤的喜爱。但他当时没有尺寸武功，在皇太极跟随努尔哈赤驰骋疆场时，多尔衮还没有出生。按照努尔哈赤确定多年，且生前从无改变迹象的八旗制度根本原则来看，他没有可能被推举成继位的汗王。假如努尔哈赤要强行指定他为继承人的话，事情就会变得异常复杂，因为那将意味着八旗制度这一根本原则的改变。

现在，只凭大福晋阿巴亥口述遗嘱汗王的遗命，谁又能证实呢？于是四大贝勒进行了紧急磋商。因为这个遗嘱对四大贝勒构成了极大的威胁。此时的八旗，皇太极掌握两黄旗，代善掌握正红旗，阿敏掌握镶蓝旗，莽古尔泰掌握正蓝旗，所余镶红、正白和镶白三旗旗主，分别是阿济格、多尔衮和多铎。这三兄弟在他们分别只有 19 岁、12 岁和 10 岁的时候，就成为拥有一旗、与诸兄并驾齐驱的权势很大的旗主。诸兄得为旗主，无不在战场上出生入死，流血拼命，对幼弟恃母亲受宠而得汗王厚赐，怎能心平气和？平日碍于汗王的威严、碍于兄弟情分还都能忍耐，现在汗王去世，这样的关键时刻，大家都开始为自身利益着想了。

现在的形势明摆着：阿济格、多尔衮、多铎这三个同母兄弟所掌握的力量已经超过四大贝勒中的任一个，如果再有他们的母亲阿巴亥以国母之尊联缀其上，其他五位旗主谁不畏惧？谁又敢不服从？阿巴亥就能因此而左右八旗，左右整个国家的政局，破坏八王共执国政的均衡，这对国家和对他们每个人，尤其是对与阿巴亥有宿怨的皇太极和莽古尔泰，后果都是不堪设想的。所以大家商定：必须除掉阿巴亥。

除掉阿巴亥，就容易使她三个孩子的势力分离，不能成就对抗的力量。而当前正是多尔衮、多铎尚未成年之时，还不具备竞争能力，阿济格一人当然还难以抗拒众长兄。怎么除掉阿巴亥呢？办法也很现成，那就是殉葬。究竟谁是设计者呢？史上不见记载，但最大可能是皇太极。因为他有足够的理由和足够的智慧，并因为生母的早死和自己幼年所经受的冷遇，对阿巴亥积怨很深。而出于相似的原因，莽古尔泰也会是积极的支持者。

于是，这些努尔哈赤的成年的贝勒儿子们，以汗王对国政及子孙早有明训为名，断然否定了阿巴亥所传达的“多尔衮嗣位、代善辅政”的努尔哈赤的临终遗命。随后，他们向阿巴亥传达了他们所记下来的汗王的遗言：大福晋虽然丰姿美貌，但心怀嫉妒，常常使汗王不悦，虽有机变，终究逃不出汗王的明察，如果留下，将来恐怕会成为乱国的根由，所以，“俟吾终，必令殉之！”

阿巴亥听到让她殉葬的消息大吃一惊，她没想到生殉的命运会落到自己的头上。按当时的习俗，妻殉夫必须具备两个条件：一是爱妻，一是没有幼子，阿巴亥虽然符合前一条，但她确有两个幼子需要抚育，而且她也不相信诸贝勒掌握的这个汗王遗言，她要据理力争。但是，她面对的，是战功赫赫、虎视眈眈的四大贝勒，他们进一步威逼说：这是汗王的遗命，他们纵然不忍心、不愿意，却不敢不从。从殉的仪式都已经准备好了：按规矩，当殉者盛装坐炕上，众人对之下拜，然后以弓弦扣颈勒毙；若殉者不肯殉，则群起而扼之，至死为止。到了这一步，阿巴亥还有什么办法？她只能屈从，换上礼服，戴满珠宝饰物，虽然照规矩殉者不得哭，她还是哀告诸贝勒，请求他们照顾她的幼子多尔衮和多铎。

阿巴亥生殉而死，死在八月十二日辰时。与努尔哈赤崩逝，相距不过十八个小时。

解决了阿巴亥掌政的难题之后，后金王庭面临着一个更加棘手的难题，就是谁来承袭汗位？按理说，这时努尔哈赤手握兵权的八个儿子均有权力和可能，但或许是因为皇太极过人的智慧，或许是别人认为他太优秀，这个难题竟然迎刃而解了，那就是皇太极称汗，是为后来的清太宗。

这个过程大约是这样的：大贝勒代善的长子小贝勒岳托和三子小贝勒萨哈廉议论商量好了以后，同到父亲处禀告说：“国不可一日无君，应该及早定下承袭大事。四贝勒皇太极才德冠世，深得先汗王之心，众人也都心悦诚服，理当请四贝勒速继大位。”代善说：“这正是我的夙愿。你们的提议，上合天心，下协人意，有谁会不赞成呢？”父子议定，次日，诸贝勒大臣聚集朝会，代善便将推戴皇太极继位的意思书示二贝勒阿敏、三贝勒莽古尔泰以及小贝勒阿巴泰、德格类、济尔哈朗、阿济格、多尔

清福陵——努尔哈赤和阿巴亥等之墓

衮、多铎、杜度、硕托、豪格等，众人都欢喜称善，随即合词请皇太极即位。皇太极推辞一番后，接受了他们的建议。

皇太极登基称汗，多尔衮仇怨深藏

皇太极文武全才，萨尔浒大战以及攻取沈阳的外围战中，他不顾努尔哈赤的劝阻，冒险冲到战斗最激烈的地方，但凡与太子代善共同出战，他一定冲杀格外出色，战果也总胜代善一筹。又因为他知书读史，有计谋，善于收揽人心，早有贤明之称，所以他能够团结一大批年轻的女真贵族。他们思想相通，比父兄一辈有更大的雄心和更高的抱负，可称之为后金皇朝贵族中的精英少壮派，皇太极可说是这一批人的精神领袖。代善的儿子岳托和萨哈廉之所以首倡立皇太极继位，也正反映了这一点。

而对于代善来说，此时的他也已别无选择。连自己的儿子都不肯拥戴自己继位，还有比这更大的悲哀吗？实力不如、智勇不如、威望不如、才干不如，即使按顺序立长，自己登了汗位，如何面对汗王去世后这内外交困的险恶局面？他对自己毫无信心。既然竞争不过，还是退而求其次，无论为大金国着想还是为自己着想，都是退一步海阔天空。于是，大贝勒代善以让位之德，获取了贤明的名声。皇太极也有丰厚的回报：清代八家世袭罔替的铁帽子王中，代善和他的儿子岳托、他的孙子勒克德浑（萨哈廉之子）占其三，子子孙孙享受荣华富贵。

后金天命十一年（公元 1626 年）九月初一日，皇太极率诸贝勒大臣及文武百官在沈阳大政殿前举行了盛大的登基大典。首先，由皇太极率诸贝勒大臣焚香盟誓，以“诸兄弟子侄共议皇太极承父基业”昭告天地；其次，皇太极自誓“敬兄长、爱子弟”；而后，三大贝勒与诸贝勒共同立誓；三大贝勒与诸贝勒又分别立誓，保证全心全意辅佐皇太极。盟誓完毕，已即汗位的皇太极，竟率诸贝勒，向代善、阿敏、莽古尔泰三拜，表示不以臣礼对待。

皇太极这三拜，拜得极有特色，显示出他审时度势的政治家眼光，他聪明地在

沈阳大政殿

此时此刻维护了传统体制，维持了当时客观存在的各种力量的平衡，使得这个立国未久的后金国没有因创始人的骤死而产生政治动荡和分崩离析，皇太极对后金政权的发展来说，实在是功不可没。

皇太极登上汗位，接受了诸贝勒大臣文武百官的朝贺礼，诏命明年丁卯为天聪元年，并颁发大赦令，以慰万民。

那么，对于多尔衮而言，其生母被皇太极逼死，他会有什么想法呢？仇人已登皇位，多尔衮会怎样呢？在当时，他的仇恨是少不了的，不少人认为他的仇恨或许与皇太极后来的暴毙有关系。

但越往后，多尔衮对于皇太极的感受变得越复杂，后来变得极度复杂，因为皇太极对他和他的哥哥弟弟采取了怀柔策略。所以后来他曾经说过："太宗文皇帝（皇太极）之位，原系夺立。"另一方面，因为后来皇太极待他不薄，他也亲口对大小贝勒们说过："太宗之所以给予我特殊不同的恩情培育，超过了对于所有其他子弟，是因为他知道诸子弟只有靠我才能成就事业。我很明白他的意思。"皇太极称帝时，册封了四大亲王，他们是代善、济尔哈朗、多尔衮、豪格。应该说，皇太极的确在多尔衮身上倾注了不少心血，甚至超过了对他的亲生儿子豪格。

有证据显示，皇太极对多尔衮的同母兄弟多铎也不错。多铎有"荒唐王爷"之称，除了能打仗之外，任侠率性、渔色猎艳的名声也不小。崇德八年时，他甚至曾经将主意打到了大清朝首位汉人大学士范文程的头上，并且可能对范夫人进行过性骚扰，气得范文程范大人装病不上朝，闭门谢客在家里生闷气。假如不是多尔衮出面制止，没有人知道事情会如何结局。

二十多岁时，并无大功的多铎竟也在皇太极手中得到和硕豫亲王的爵封，还让他掌管礼部。

可能是皇太极曾逼死其母的缘故，皇太极对多铎的特殊提拔培养，他却并不买账，皇太极所喜爱的有功之人，他厌恶；皇太极所深恶痛绝的背叛之人，他反加以同情，处处跟这位汗兄唱反调。到了元旦庆贺之际，多铎竟故意用疲马进献给皇太极贺节。被指责时推说是闹着玩，哈哈一笑了事。

另外，皇太极对待多尔衮和多铎的同母哥哥阿济格也不错，这不免让人疑惑，很难想象一个主谋逼死他们母亲的人，会如此行事。特别是对多尔衮，细翻史料，皇太极主政十七年间，几乎所有王公贝勒都受到过严厉处罚。皇太极最有出息的儿子豪格曾经三次受到过降级、罚款的处分，而多尔衮只受到过一次。

综合前后事情来看，多尔衮并未因其母被害之事而过多地怨恨皇太极，也许在其母被害之初，他极其痛恨皇太极，但后来随着皇太极对他的爱护和栽培，他逐渐淡化了仇恨，这里我们不得不说皇太极在待人接物方面是极有手段的，但布木布泰是否在其中发挥了作用，因无史料可考，无从说起。

那么这到底是不是多尔衮内心的真实感受呢？他会不会表面尊崇皇太极，内心却愤恨异常呢？谁也不知道，我们能猜到的是他与皇太极的小妻子布木布泰关系很好，二人年纪相仿，相比大布木布泰许多岁的皇太极，或许多尔衮与布木布泰更有共同语言，二人更易成为知音、知己，乃至情人。

皇太极建立清朝，海兰珠入宫得宠

天聪九年（公元 1635 年）二月，皇太极授命多尔衮、豪格、岳托、萨哈廉率精兵一万西征，进入河套地区，消灭了林丹汗的残部，路上遇到前来归附的察哈尔汗的多罗大福晋囊囊太后，又说降了察哈尔汗妻苏泰太后。四月，众将班师回沈阳。皇太极亲率诸贝勒远迎至阳石木河。因为苏泰太后不但携子额哲（即林丹汗的嗣子）率部众来归，而且献上了元朝历代的传国玉玺。这实在是皇太极梦寐以求的瑞祥和喜兆。后金国上上下下，更是一片欢腾，觉得天命所归了。

此时朝鲜臣服，察哈尔蒙古灭亡，元朝传国玉玺到手，皇太极汗位汗权空前强大，沈阳皇宫建成，皇太极志满踌躇，终于在天聪十年（公元 1636 年）四月初十日正式称帝，称帝之处在沈阳皇宫。称帝大典在新建皇宫的崇政殿举行，臣下上皇太极“宽温仁圣皇帝”尊号，建国号为大清，改元崇德，改沈阳为盛京。

称帝之后，皇太极不但在事业达到了顶峰，在爱情上也达到了顶峰，就在他称帝之时，科尔沁蒙古又送来了一位身份很特殊的女子，因为察哈尔的归降，科尔沁觉得有可能不再受优待，于是再献女子嫁于皇太极。这位女子的来到隐藏着许多至今尚不可解的谜，她就是布木布泰的同胞姐姐海兰珠。

后金天聪八年十月，科尔沁蒙古贝勒吴克善第二次送妹来归嫁皇太极。这和上一次送妹归嫁已相隔九年，上一次他送的是13岁的小妹妹布木布泰，这一次他送的是26岁的大妹妹海兰珠。

亲姐妹同嫁皇太极，海兰珠比布木布泰大5岁，嫁来时间却晚了9年，这是怎么回事？照理说，一般蒙古女子很少留在闺中到26岁还不出嫁的，何况海兰珠十分美貌，不是嫁不出去的丑女，科尔沁部落既然肯将哲哲、布木布泰姑侄俩嫁给皇太极，也不会吝啬于海兰珠的。按正常的情况分析，只有一种解释，那就是海兰珠早年已经嫁给了别的人家，这人家很可能就是察哈尔林丹汗。林丹汗败亡之后，海兰珠无所归依，有哲哲和布木布泰在皇太极耳边撺掇，再加上林丹汗的女人基本都归了皇太极和他的弟兄，那么海兰珠最好也嫁过来，这样科尔沁也能对当年嫁女给察哈尔之事向皇太极做个交代，而有了哲哲和布木布泰在皇太极身边，海兰珠最好也一起嫁了皇太极，于是才会有这次亲上加亲的婚姻。

崇德元年七月初十日，皇太极在崇政殿举行大典，册封五大福晋，她们是：清宁宫中宫大福晋哲哲，为国君福晋，称皇后；东关雎宫福晋海兰珠为东宫大福晋，称宸妃；西麟趾宫福晋娜木钟，即原察哈尔多罗大福晋囊囊太后，为西宫大福晋，称贵妃；东衍庆宫福晋巴特玛，即原察哈尔窦土门福晋，为东次宫侧福晋，称淑妃；西永福宫福晋布木布泰为西次宫侧福晋，称庄妃。

这次册封也说明，海兰珠自来到皇太极身边，便极得其欢心，于是立即便占得东宫，并集三千宠爱于一身。

作为海兰珠和布木布泰的姑姑，哲哲保住了她的中宫皇后。布木布泰原是姑姑的副手，但东宫妃戴青之女的到来，使她降到第三位，如今，又被挤到了第五位。她心里不免有些悲哀，然而比上不足，比下有余，原来的东宫妃连一宫之主的地位都没能争到呢。

海兰珠的到来，布木布泰原本是很高兴的，当初也是她在皇太极面前力主姐姐嫁过来的。盛京清廷五宫的五大福晋中，她们亲姑侄就占了三位，后宫还不就是科尔沁博尔齐吉特氏蒙古格格的天下？

但包括布木布泰和哲哲在内，在海兰珠到来之前，谁也没有想到，她将能独揽皇太极对女人的全部爱恋。每当后宫的妃子们等待着迎接皇太极回后宫时，她们期待被临幸的希望注定要失望，因为皇太极只到关雎宫，只宠幸宸妃海兰珠。

沈阳皇宫

海兰珠生子早夭，庄妃生皇子福临

海兰珠在嫁过来的第三年，即崇德二年（1637 年）七月初八，在关雎宫为皇太极生下了一个儿子，这孩子虽然称皇八子（按活着的皇子排行是第六子），但却是海兰珠所生的第一个儿子。皇太极非常高兴，竟开先例在皇宫举行重大庆典的场所崇政殿，颁发了清朝的第一道大赦令，御制文中说："今蒙天眷，关雎宫宸妃诞育皇嗣"，故而大赦天下，使万民咸被恩泽。一个初生的婴儿被定为皇嗣，那么其母的地位也就不言而喻了。

史书谈到皇太极时，认为他"聪睿绝伦"，从其一生的作为来看，这种评价还是比较中肯的。但皇太极的聪明，很有可能正是他对于布木布泰没有给予过多关爱的原因之一。因为，这位庄妃的心机太多也太深。从两性心理来看，一般说来，那种心智能力极强并日理万机的男人，很难从性爱的角度喜欢一个心智能力同样强的女人。他们会因为双方太像而排斥。这种男人，渴望在女性那儿得到满足的，会是一种更加女性化的东西。就像唐代的武则天，她在李世民身边时，只能是一个低级才人，却无法再成为嫔妃，后来她回到性情柔弱的李治身边，终于成为不可一世的武则天。武则天的事例对布木布泰而言，可能就是皇太极喜欢其姐，却对她冷落的原因。

尽管海兰珠是亲侄女、亲姐姐，皇后哲哲和永福宫庄妃也不能不对她的专宠有所抱怨。哲哲怎么对待和处理，史书上不见端倪，而布木布泰应该是没有放弃努力。她已经从丈夫那里学到了不达目的决不罢休的坚强毅力。她想必是很艰难地从姐姐专宠的缝隙中找到了机会，因为在她姐姐海兰珠有六七个月身孕的时候，布木布泰第四次怀孕了。但是，这时的凤凰楼下的高台五宫，完全被宸妃海兰珠的光彩盖住了。

但是，也许上天总不想让人过得太顺利，海兰珠诞生的皇子只活了六个月，就因患天花而夭折了，这件事直接导致了海兰珠不久后的死亡，以及皇太极的一蹶不振。

说起来事情又很巧，就在海兰珠的孩子夭折两天以后，崇德三年（公元1638年）正月三十日，布木布泰生下了皇九子，这个孩子就是后来的顺治皇帝福临。

福临出生的时间很奇怪，布木布泰生得是那么恰到好处，好像刚过世的皇太子到阴间打了个转又回来似的；至少也会令迷信的人们觉得，上天送来福临意在换走太子。福临于是自然而然地成为填补太子空缺的皇子。那么此事或会让人想到，海兰珠生下的皇太子之死，会不会和布木布泰有关呢？如果有关，那布木布泰为了儿子能够继承皇位，真可以说是处心积虑、不择手段了。

不管怎样，对于痴爱海兰珠的皇太极而言，皇太子夭折和皇九子出生，两件事情几乎就是同时，这就注定了皇九子的诞生不会带来多少喜悦。皇帝和他的宠妃东宫大福晋都沉浸在悲痛中，所有的人不管心里怎么想，行动和表情都得与皇帝一致，整个宫廷内外和朝廷上下都为国家失去皇嗣而被一团悲雾所笼罩，谁还记得起永福宫有个新生儿。布木布泰当然为自己终于生了皇子而高兴，或许她心底深处也因皇太子夭亡给自己的儿子留下希望而感到庆幸，但她更不能表现出来，她一定得和大家一样显得悲痛惋惜，并且一定在月子里坐在床褥中遣人去向失去儿子的亲姐姐致以哀悼和慰问，向丈夫致以哀悼和慰问。

失去儿子，尤其是已被立为皇太子的儿子，这样残酷的打击是宸妃海兰珠难以承受的。她终日哭泣，日夜悲伤，寝食不安，一天天地消瘦了。这使得皇太极更加关怀怜爱，多方劝慰，赐珍宝锦缎，调饮食药饵，只要穿过凤凰楼回到后宫，就在关睢宫里陪伴郁郁寡欢的海兰珠，还不时带她去到郊外散心。这一切都不见效时，皇太极又请来了海兰珠的娘家人，试图由祖母和母亲的抚慰来消除爱妃心头的创伤。

海兰珠因病而逝，皇太极暴毙而亡

崇德六年（1641 年）九月，明朝蓟辽总督洪承畴，率十三万大军前来援救关外重镇锦州。皇太极御驾亲征，九日率军扎营在松山城西北十里处。十二日，从盛京来到的官员向皇上奏言关雎宫宸妃得病。时值两军对垒的严重时刻，皇太极却毫不犹豫地立刻召集诸王、贝勒、贝子、公及各固山额真，命他们固守杏山、高桥。随后的十三日一大早，皇太极就车驾起行赶往盛京。十七日，皇太极抵达旧边界驻跸。当夜一更时分，盛京遣使来奏报宸妃病危，皇太极闻讯立即拔营，连夜赶奔，并遣大学士希福、刚林及冷僧机、索尼等急驰前往候问病势来报。

几位大学士马不停蹄，五更便赶到盛京，方入大清门、至内门击云板叫门时，宫内传出一片哭声，宸妃正于此刻薨逝，没有等到与心爱的丈夫最后再见一面。终年 32 岁。

冷僧机和索尼不顾人马劳乏，汗湿淋淋，立刻回马急奔，在盛京城外遇到圣驾，便以宸妃已逝奏闻。

海兰珠所居住之关雎宫外景

皇太极闻讯，犹如五雷轰顶，登时恸哭失声，飞马驰入大清门，直扑关雎宫，直扑到海兰珠的遗体上，恸哭不止，捶胸顿足。皇后与众妃力劝、诸

清宁宫

王贝勒跪求，都不能阻止他如流泉一样的热泪。他下令宸妃丧殓之礼一切从厚，甚至元旦佳节也免去朝贺、停止筵宴乐舞，等同于国丧。他自己身离宫院，独居御幄，朝夕悲痛，竟至六天六夜不饮不食，终于导致昏迷休克，吓得后妃及诸王大臣设祭物于神前祈祷。

自从皇太极闻宸妃病的消息从前线赶回盛京后，就再也没有返回松锦战场，从而也就结束了他四十余年的戎马生涯，他的身心也受到重创。

海兰珠死后未及两年，大清国的创立者，清太宗皇太极，也走完了他的人生历程。

皇太极有着这种谋略和魄力，凭着这种谋略和魄力，如果皇太极再能多活十年，或许他会做出更多惊人的举动，但上天没有给他太多时间，崇德八年（1643年）八月初九日深夜，盛京皇宫传出哀音，大清第一任皇帝爱新觉罗·皇太极，在清宁宫突然驾崩。享年 52 岁。

皇太极不但有过人的谋略和魄力，还有豁达的胸襟和气度，且目光远大，知人善任，是既有大志，又具备雄才大略的政治家。他在位十七年，上承努尔哈赤开国之伟业，下启清代一统之宏图，大业未竟却英年而逝，让人扼腕。

皇太极死因难解，多尔衮嫌疑难逃

关于皇太极之死，各史书记载不一。《清史稿》记：（崇德八年八月）庚午，上御崇政殿。是夕，亥时，无疾崩，年五十有二，在位十七年。《清实录》记：（崇德八年）“八月庚午，是夜亥刻，上无疾，端坐而崩。”《清帝外记》记：“崇德八年八月，上御崇政殿，回宫，是夜无疾坐南榻而崩。”《盛京通志》中《神功圣德碑文》记“(皇太极)以崇德八年八月庚午崩，圣寿五十有二，在位十有七年”。《沈馆录》记：“本月初九日夜半后，皇帝暴死。”《朝鲜仁祖实录》记：二十一年九月朔壬辰，文学李移在沈阳驰启日“清汗于本月初九日夜暴逝”。《山中闻见录》记：“勺、月辛未，清太宗以痰疾殂于沈阳。”

皇太极八月初九日还到崇政殿办公，这天他像平常一样忙碌：先是接见和赏赐了土默特部落前来贡马的甲喇章京大诺尔布、小诺尔布等十五人以及他们的随从，之后他又奖励了护送格隆喇嘛来盛京的土默特部落车克车章京所属诺木习礼和从人；随后他同皇后、诸妃在崇政殿召见远嫁察哈尔、科尔沁蒙古的固伦公主，并挑选最好的绸缎赏赐固伦公主和科尔沁一同来朝的福妃、贤妃及诸福晋。

这一天，他没有表现出任何异常，身体状况良好。而就在这天夜里，皇太极端坐在正寝清宁宫东暖阁的南炕上离世，年仅五十二岁。这种情况下，是很难拿出让人完全信服的答案的。

历史上任何一个突然离世的帝王都会留下多个版本的千古之谜，几百年来，关于皇太极暴死之谜便被后人作出了无数的猜想。据当时记载的各种迹象来看，皇太极像是因脑血栓引起了脑溢血，死亡极快，没有痛苦。那么事实是这样吗？这些正史、野史所记不同，一是死的时间，二是死的原因。再加上之后孝庄下嫁多尔衮之事，于是有关皇太极的死便有了各种传说和猜测。

皇太极从小身体很好，中年以后身体发福，有些偏胖，官方史书从未记载过他有任何病史，而后有关的清代官修史书几乎都记载说皇太极死时是“无疾而终”。后世野史更将皇太极之死说成是被多尔衮或多尔衮与庄妃谋害，演绎成了一起香艳离奇的谋杀事件。武侠小说家金庸的《碧血剑》中更是活灵活现地演绎成是书中主人翁袁承志（小说描述为袁崇焕之子）亲眼见到皇太极赶到庄妃的寝宫，被正在和庄妃幽会来不及

皇太极雕像

逃走的多尔衮行刺而死。其文是这样描述的：

帐中一声惊呼之后，便即寂然无声。只听得一个威严的声音大声说起满洲话来。袁承志吃了一惊，说话之人竟然便是满清皇帝皇太极……他走向帐口，数十名侍卫前后拥卫，出帐上马。袁承志跟不到一里，便见众侍卫拥着皇太极走向一所大屋，竟进了屋子。

袁承志好生奇怪："他不回宫，到这屋里又干什么了？"当下绕到屋后，跃进墙去，见是好大一座花园，南首一间屋子窗中透出灯光，他伏身走近，从窗缝中向内张去，但见房中锦绣灿烂，大红缎帐上金线绣着一对大凤凰。迎面一张殷红的帷子掀开，皇太极正走进房来。

袁承志大喜，暗叫："天助我也！"只见一名满洲女子起身相迎。这女子衣饰华贵，帽子后面也镶了珍珠宝石。皇太极进房后，那女子回过身来，袁承志见她约莫二十八九岁年纪，容貌甚是端丽，全身珠光宝气，心想："这女子不是皇后，便是贵妃了。啊，是了，皇太极去瞧武士比武，这娘娘不爱看比武，便在这里等着，这是皇帝的行宫。"

皇太极伸手摸摸她的脸蛋，说了几句话。那女子一笑，答了几句。皇太极坐到床上，正要躺下休息，突然坐起，脸上满是怀疑之色，在房中东张西望，蓦地见到床边一对放得歪歪斜斜的男人鞋子，厉声喝问。那女子花容惨白，掩面哭了起来。

皇太极一把抓住她胸口，举手欲打，那女子双膝一曲，跪倒在地。皇太极放开了她，俯身到床底下去看。袁承志大奇，心想："瞧这模样，定是皇后娘娘乘皇帝去瞧比武之时，和情人在此幽会，想不到护国真人突然演出这么一出好戏，皇帝提前回来，以致瞧出了破绽。难道皇后娘娘也偷人，未免太不成话了吧？她情人若是尚在房中，这回可逃不走了。"

便在此时，皇太极身后的橱门突然打开，橱中跃出一人，刀光闪耀，一柄短刀向皇太极后心插去。那女子"啊"的一声惊呼，烛光晃动了几下，便即熄灭。过了好一会儿，烛火重被点燃，只见皇太极俯身倒在地下，更不动弹，背心上鲜血染红了黄袍。

袁承志这一惊当真非同小可，看那人时，正是昨天见过的睿亲王多尔衮。那女子扑入他怀里。多尔衮搂住了，低声安慰。袁承志眼见到这惊心动魄的情景，心中怦怦乱跳，寻思："想不到这多尔衮胆大包天，竟敢弑了哥哥。事情马上便要闹大，快些脱身为妙。”当即跃出墙外，回到客店。

对于多尔衮杀死皇太极的原因和结果，书中这样讲道：次日一早，（袁承志一行人）便即离开盛京南下。不一日，进山海关到了北京，才听说满清皇帝皇太极在八月庚午夜里“无疾而终”，满清立了皇太极的小儿子福临做皇帝。

小皇帝年方六岁，由睿亲王多尔衮辅政。袁承志道：“这多尔衮也当真厉害，他亲手杀了皇帝，居然一点没事，不知是怎生隐瞒的。”洪胜海道：“睿亲王向来极得皇太极的宠信，手掌兵权，满清的王公亲贵个个都怕他。他说皇太极无疾而终，谁也不敢多口。”袁承志道：“怎么他自己又不做皇帝？”洪胜海道：“这个就不知道了。或许他怕人不服，杀害皇太极的事反而暴露了出来。福临那小孩子是庄妃生的，相公那晚所见的贵妃，定然就是庄妃了。”

叔嫂合谋杀皇帝，病死之说难服人

金庸的小说对史实的描述尤为精彩，这段关于多尔衮杀死皇太极的描述合情合理，但这毕竟是小说家言，缺乏史实和考证资料，即便如此，这一说法仍有为数众多的拥护者，因为如果真是多尔衮杀死了皇太极，那么多尔衮为什么要杀皇太极，理由却是十分充足和充分的。

为什么这样说呢？前面说到了努尔哈赤的大福晋阿巴亥之死，阿巴亥是多尔衮的母亲，却是被皇太极逼死的，这样一来，皇太极对多尔衮而言便有杀母之仇，阿巴亥生殉坐死的情景恐怕早定格在多尔衮的记忆中，所以他可能对皇太极表面恭敬，心底里却恨透了他，早欲杀之而后快。再加上他与布木布泰从小情投意合，两人暗生私情进而通奸也是完全有可能的，或因通奸事泄而杀掉皇太极，也是合理的，后来的孝庄下嫁多尔衮一事，又为此说作了很好的延伸。

有野史记载的情节与《碧血剑》有所不同，其更多地体现了女人间的争风吃醋。说布木布泰与多尔衮私通，多尔衮之妻告知皇太极，皇太极正欲率军入关，大军行至途中得知消息，皇太极十分震怒，立即返回沈阳，但还宫不到一天便以暴病崩逝。于是人们都疑心是被大玉妃和多尔衮所害，但当时多尔衮党羽极盛，无人敢撄其锋。不久，多尔衮竟奉遗诏为摄政王，率师入关进燕京，从此恒居宫中，政事机密，大玉妃全权委任给多尔衮办理，于是朝廷大权由多尔衮独揽，按照满族人的婚俗规矩，身为太后的孝庄便名正言顺地下嫁了多尔衮。

但也有人根据清宫史料等史书记载，认为皇太极是病死的，真正的死因很可能是“痰疾”。

史料记载说：从崇德五年开始，清史的记载中屡次出现“圣躬违和”或“圣躬不豫”的字样。这两个词都是说皇帝的身体生了病，不能理事，主要记载有下面几条：

第一次圣躬违和：崇德五年农历七月二十七日，皇太极第一次“圣躬违和”，到安山（今鞍山）温泉疗养。

第二次圣躬违和：崇德六年农历八月，松山大战前夕，明十三万大军来势汹汹，前线告急。皇太极调集各路人马，决定亲自前往前线坐镇指挥。本来定于农历八月十一日出发，不巧他患上鼻衄（即鼻出血），血流不止，不得不将出发的日期一拖再拖。八月十四日，出血仍未缓解，而前线军情告急。皇太极抱病出征，一路急行，三天后，病情才有好转。

第三次圣躬违和：崇德七年（1642 年）农历十月二十日，“圣躬违和，肆大赦。凡重辟及械系人犯，俱令集大清门外，悉予宽释”。显然皇太极这次病得相当重，不但用大赦的方式上向天祈求康复，而且都察院的官员们还上疏建议：皇上不必事必躬亲，可让各旗、六部诸大臣处理一些日常事务，至军国大事再向皇太极奏闻，以减轻政事活动，得以静心休养。

皇太极此时应该是明显感觉力不从心，于是不得不同意了这份奏疏的建议，决定以后的政事由和硕郑亲王代善、和硕睿亲王多尔衮、和硕肃亲王豪格、多罗武英郡王阿济格合议处理。

这是一次重大的行政体制的变革。通过这次变革，皇太极基本上交出了处理日常行政事务的大权。这证明他确实病得不轻，或者是宸妃的死，促使他重新掂量生命中的轻与重。当明白死亡正在逼近之时，对生命的依恋之情就会油然而生。

第四次圣躬违和：同年农历十二月，皇太极率众往叶赫出猎，到达一个叫开库尔的地方时，又生病了，随同前往的诸王、贝勒、大臣都请求停止行猎返回盛京，

清昭陵——皇太极的陵墓

但皇太极因为此行没有收获，不愿空手而归。就在大家左右为难的时候，年仅五岁的皇九子福临射中一狍，当年一箭可射穿两只黄羊的皇太极见状，心中大喜，这才与众人启驾还宫。

第五次圣躬违和：崇德八年正月初一，因皇太极“圣躬违和”，免群臣的新春朝贺礼。命令和硕亲王以下副都统以上诸人前往堂子，代替自己向上天和历代祖先行礼祈祷。

第六次圣躬违和：农历三月十七日，因“圣躬违和”大赦，死刑犯以下的人都得到了赦免。

第七次圣躬违和：农历四月初一日，“圣躬违和”，连续两天向盛京城及境内各地的寺庙祷告，施白金。到农历四月初六日，皇太极遣人至李氏朝鲜世子馆中，要求朝鲜方面进贡一种名为竹沥的药材，并且选派名医前来会诊。而据李氏朝鲜方面的史书记载，皇太极所遣传谕诏令的人曾经告诉李朝世子说皇太极患有风眩之病。

竹沥是竹子中的汁液，入药可镇咳，祛痰。从崇德七年开始，明清处于最后争夺的关键时期，事务繁多，皇太极夙兴夜寐，宵衣旰食，加逢丧妃之痛，难免痰火上升而头晕目眩，病情加重。如果李氏朝鲜方面的史书记载无误的话，那么皇太极很可能死于“痰疾”。

从上面的记述也可以看出，从崇德八年开始，皇太极生病的次数越来越频繁，这说明皇太极的病连续发作。但是从四月开始，这种情况似乎得到了缓解，皇太极的身体状况相对平稳，所以官方史书才会有“无疾而终”的说法。

既然身体状况已经改善，变得好起来了，又怎么会无疾而终呢？况且皇太极刚过五十岁而已，所以此说无法让人信服。结合后来多尔衮大权独揽排除异己，并且孝庄太后布木布泰有下嫁多尔衮的嫌疑等情况来看，人们无法不怀疑皇太极的死与多尔衮和布木布泰有一定的关系。但这只是后人的猜测，因为史书史料上并未给出充分的证据，所以皇太极的死，至今仍是一个谜。

第五章　孝庄太后下嫁之谜

孤寂昭西陵，欲诉几多事

对清朝而言，如果皇太极能再多活十年，或许他会做出更多惊人的举动，但上天没有给他太多时间，他突然暴毙后，大清国一时无主，然后宫之中，布木布泰运筹帷幄，与极具才干的多尔衮一唱一和，演了一出双簧，将自己的儿子福临扶上了皇位，是为清世祖顺治皇帝。

福临幼年即位，朝政为多尔衮把持，多尔衮手握大权，又掌天下兵马，若想即皇帝位，实在是轻而易举，但在其有生之年，虽称号一进再进，成皇父摄政王，但终未取帝位而代之，结果死后遭到顺治皇帝的清算，身败名裂一无所有，那么他生前为什么不进取帝位呢？其中之因由，或就在孝庄太后身上，为什么会在孝庄太后身上呢？这便和清宫四案之首的太后下嫁之谜有极大关联。

位于河北唐山遵化县马兰峪的清东陵，是清王朝的帝王后妃陵墓群，也是中国现存规模最大、体系最完整的古帝陵建筑。进入陵区，人们首先看到的是昌瑞山下一座陵园，此陵名叫昭西陵，孤立于风水墙外，坐北朝南，陵寝中埋葬的就是有名的孝庄文皇后布木布泰。

孝庄文皇后，姓博尔济吉特氏，名布木布泰（亦作木布泰），是清太宗皇太极的妃子，顺治皇帝的亲生母亲，康熙皇帝的祖母，后世人多称其为“孝庄皇后”或“大玉儿”。她一生历经三朝，竭力辅佐儿孙两代幼主，助大清问鼎天下，死后累加谥号称“孝庄仁宣诚宪恭懿至德纯徽翊天启圣文皇后”，受到清室顶礼尊崇。

清东陵安葬的所有帝后中，孝庄文皇后是辈分最高的人，那她为什么被置于东陵的风水墙之外，却不与皇太极合葬在沈阳清昭陵呢？

康熙二十六年（1687 年），孝庄文皇后病逝，遗命将其葬在孝陵附近。按清朝早期葬制，皇后无论死于皇帝前后，都要与皇帝合葬，同陵同穴。可孝庄在其生前曾嘱咐康熙帝道：“太宗文皇帝（皇太极）梓宫安奉已久，卑不动尊，此时未便合

昭西陵

葬。若别起茔域，未免劳民动众，究非合葬之义。我心恋汝父子，不忍远去，务必于遵化安厝，我心无憾矣。”

康熙帝向来对祖母非常孝顺，故在孝庄归天后，没有将其入昭陵，只是在东陵边修建暂安奉殿。院内有享殿和暂安奉殿各一座，未建地宫。享殿为庑殿顶，因孝庄生前对所住紫禁城内慈宁宫东侧的一座小殿十分喜爱，所以康熙命人拆掉，移到陵区重建成享殿。享殿旁有东西配殿，院门为三座门。孝庄的棺椁被葬在暂安奉殿的宝座上，以土掩埋后永闭殿门。

终康熙一朝，未能解决孝庄文皇后的陵寝问题。到雍正三年（1725 年，皇太极与孝庄成亲 100 周年），清世宗雍正皇帝以孝庄文皇后暂安以来国家昌盛，圣祖在位历数绵长、子孙繁衍为由，认为此地颇吉，故将暂安奉殿改为昭西陵，于是孝庄太后便就此葬于此地。

太后下嫁，清初奇案

那么孝庄为什么要对康熙说不与葬在千里之外的皇太极合葬，却要另起坟穴，在清东陵陪着子孙呢？这里面其实有其难言之隐情，终生之心病，康熙知之，故照其祖母吩咐未将她与其祖父合葬，这其中之隐情，便是清初第一大疑案——太后下嫁。

作为一个历史名词，“太后下嫁”如今几乎专被用来形容孝庄下嫁多尔衮之事。“下嫁”这个词通常多用于贵女出嫁，即地位身份家境高的女子嫁到低一等或几等的男家去，因此又成为娶嫁中男方的谦词，但由于皇帝的女儿结婚都称下嫁，而普天之下，论地位身份家境，谁还能超过皇帝呢？所以后来它几乎成了公主出阁的专用语。

皇帝的女儿下嫁，不管怎样礼仪重、排场大、花团锦簇，却是朝朝代代屡见不鲜的。而皇帝的母亲皇太后，若与“下嫁”这个词联系起来，必是奇事一桩。历史上有过的唯一的事例，就是孝庄太后下嫁的故事，所以此事也可称得上独一无二了。

在封建社会，至高无上的皇帝是君父；至尊至贵的皇后是国母。那么君父国母的母亲，当是天下万民的祖母了，这样的祖母竟公然下嫁，这样的事竟发生在视改嫁为耻辱、把失贞当罪恶的素称礼仪之邦的中国历史上，这实在是太不可思议、太不成体统了，可谓千古奇闻。

太后下嫁的故事不仅流传很广，版本也有多种。自清亡以来，“太后下嫁”更是被传说得沸沸扬扬。小横香室主人的《清朝野史大观》一书中有《太后下嫁摄政王》《太后下嫁贺诏》《太后下嫁后之礼制》三条专记太后下嫁之事，并说这是“中国有史以来所未有也！”1917 年 5 月，蔡东藩的《清史通俗演义》，其第十八回目《创新仪太后联婚，报宿怨中宫易位》的上半回，说的就是“太后下嫁”。1919 年，一位作者署名“古稀老人”写了《多尔衮轶事》，书中的《太后下嫁》一条，谈到顺治皇帝在多尔衮摄政下“危如累卵”，太后认为“非有羁縻而挟持之，不足以奠宗社于泰山之安，故宁牺牲一人，以成大业”。而多尔衮“涎太后之色”，常入宫禁。太后为了“卫我母子”，“两人对天立誓，各刺臂作血书，互执一书”，以为凭证。特别是书中安排太后诈崩，在举行隆重丧礼后，再以皇帝乳母身份嫁给多尔衮，故事曲折，引人入胜。甚至还有些小说中称，早在皇太极在世时，庄妃已与多尔衮两情相悦，暗渡陈仓了，此时结婚，终使两人夙愿得偿。其他还有多人著述讲到了太后下嫁多尔衮之事。

然而，太后下嫁如此重大之事却没有官方史书史料的任何记载，这有可能是后人将相关史料在官方史书上删除，所以官方史书上没有记载不等于历史上没有发生，而据野史记载，清朝入关之初，摄政王多尔衮总揽朝纲，“出入宫禁，时与嫂侄居处，如家人父子”。而孝庄太后时当盛年，寡居无欢，认为多尔衮功高天下，又将帝位让给了她的儿子，可谓忠心辅政，除非自己以身报答，不足以安其心和赏其功，于是委身相事，借以笼络多尔衮。

不久，多尔衮的妻子亡故，于是朝中范文程等大臣乘机鼓动皇太后与摄政王合宫，这也说明二人正式结婚，双方自然都很乐意。定下婚期后，就以顺治小皇帝的名义颁诏天下，宣称："太后盛年寡居，春花秋月，悄然不怡。朕贵为天子，以天下养，乃独能养口体，而不能养志，使圣母以丧偶之故，日在愁烦抑郁之中，其何以教天下之孝？皇叔摄政王现方鳏居，其身份容貌，皆为中国第一人，太后颇愿纡尊下嫁。朕仰体慈怀，敬谨遵行。一应典礼，着所司预办。"

就这样，孝庄皇太后纡尊降贵，公然下嫁给了小叔子多尔衮，于是摄政王多尔衮成了幼帝顺治的继父，其名号称为"皇父摄政王"。诏书中说得倒也直白，年轻的皇太后终于难守空房红杏出墙，自愿下嫁给了刚刚丧妻的多尔衮。

据说，朝廷礼部为操办这次婚礼，还专门搞了一套特殊的婚礼仪规，洋洋六大册，名称为《国母大婚典礼》，婚礼极为隆重，中外文武百官都上表称贺，蔚为一时盛事。当时远在浙东海岛上的南明抗清名将张煌言也风闻此事，特意写了一首诗讽之，诗曰："上寿觞为合卺樽，慈宁宫里烂盈门。春官昨进新仪注，大礼躬逢太后婚。"意思就是说，本是祝寿的寿酒，却变成了婚宴的喜酒，慈宁宫里宾客盈门，礼官制定了一套新的礼仪，原来太后又要结婚了。

但是，两人新婚后不久，多尔衮就出意外死了，他死后旋即被人告发谋逆，遭到了无情的政治清算，但这并没连累到孝庄太后，她的地位却越来越尊崇，由皇太后而太皇太后，可能此时自己也反思起来，觉得改嫁一事太荒唐，对不起前夫皇太极，无颜相见于地下。所以，她不愿死后被送回盛京与太宗皇太极合葬，才嘱咐孙子康熙，将其葬于东陵。而该陵建于风水墙外，即寓有贬抑之意，要罚她给皇家看守门户。

昭西陵方城明楼

先皇暴毙帝位空，子弟争权暗较力

那么孝庄太后真的下嫁了自己的小叔子多尔衮了吗？我们不妨从史实进行认真的分析推理。

皇太极突然暴亡之后，死因不明，因他走得太匆忙，没有留下遗嘱，于是皇位继承再一次成为一个爆炸性问题摆在了清朝统治集团的面前。我们知道，继皇太极帝位的是顺治皇帝福临，可当时他才是五岁的孩子，皇太极的长子豪格都已经三十多岁，另外还有几个孩子都比福临大得多，那么为什么会选五岁的福临，却不选早已成年的豪格等人继位呢？其实，从认真分析福临继位的过程来看，便知太后下嫁之因由了。

皇太极在有生之年，就嗣位问题曾有过思考，并采取过措施，但令他十分失望。他从万历三十七年（1609 年）长子豪格降生，至崇德六年（1641 年，崇祯十四年）第十一子博穆博果尔降生，共有 11 个儿子，除早死的次子、三子、八子外，尚有 8 子在世。以平常人眼光观察，从中选出一个嗣子，当不成问题，但这却着实把聪明、智慧、善于谋略的皇太极难住了。

如果按长子继承制，豪格嗣位顺理成章。然而皇太极早早地排除了豪格继承皇位的机会，这大约是因为两个问题。

第一，在子以母贵时代，皇太极后宫是蒙古贵族女儿的天下，五宫并立。豪格母亲仅是乌拉贝勒博克铎之女，处于继妃地位。这位继妃是努尔哈赤大福晋阿巴亥从姑，在先汗时代扈伦四部之女曾主宰后宫，但而今已成烟云。

第二，豪格尽管身经百战，勇武异常，但在他父亲皇太极心目中，终究是曾“怀异心以事朕”的人，他们父子之间矛盾挺大，皇太极将豪格排在郑亲王和睿亲王之后，可见其不为父王所喜。

皇太极的猝然死亡，使得大清王朝的权力结构突然间就失去了平衡。受到激烈震动的统治层内部意识到，他们将要面临诸王兄弟为窥伺帝位而相争为乱的局面。当时在盛京的朝鲜使臣也看出，因为国本未定，而诸王各分其党，必有争夺之事，竟也幸灾乐祸地奏报他们的国王说："汗死，则国必乱矣！"

新立的大清国会不会乱，取决于继位问题能不能妥善解决。而妥善解决此事的关键，在于推举出一个令诸王大臣都口服心服的皇位继承人。

谁来继承皇位？这是关系到大清朝如何发展的大问题。此刻，各派政治力量都在积极活动，努力争夺自己的权益。而既有夺位实力，又有继位权利的，当属礼亲王代善、肃亲王豪格和睿亲王多尔衮。看看这三位的条件。第一位，礼亲王代善，曾经被努尔哈赤立为皇太子，努尔哈赤逝世后，本以长子当立，他却出于种种考虑让位于皇太极，如今皇太极又去了，论尊、论长，都非代善莫属；论实力，他掌握着两红旗，当初仅次于手握上三旗的皇帝本人。看来他似乎应是继位人的首选了。

然而，代善这年已经 63 岁了，多年的征战消耗了他的体力，年事渐高，也使他越来越保守，特别是政坛上的风风雨雨，更消磨掉了他对朝政的兴趣。当年他身为皇太子时，正在三十岁左右，未尝没有一番雄心壮志。天命五年（1620 年）被废，给了他极大的打击，若不是他乖巧地杀妻认错谢罪，也会像他的哥哥褚英一样被父汗所杀。由此，他深切地认识到政治的险恶、皇家的冷酷无情。他既然不是皇太极的对手，让位就是十分明智之举了。此后他以年老为由不问朝政，皇太极死后，他对皇位索然无味，不再相争。

代善退出，最有资格和能力继承皇位的，就是肃亲王豪格了。豪格生性勇武，少年从征，广有战功，随同祖父和父兄辈进行统一女真的战争，在对蒙古董夔、察哈尔、鄂尔多斯诸部的作战中屡立战功，因其功勋卓著而不断晋封，十六七岁时就得到贝勒的封号，后来又多次同代善、济尔哈朗、多尔衮等统兵出征，跟从父亲皇太极伐明，都立有军功，所以天聪六年晋升为和硕贝勒，崇德元年皇太极称帝时，更被封为肃亲王，并

豪格画像

兼理户部。他不但是皇太极的大儿子，也是皇太极在位期间有名的战将，可谓是其得力助手之一。

当时豪格亲掌正蓝旗，而在皇太极死后，他留下的正黄旗和镶黄旗以及众多大臣们都支持豪格即位，他的实力略优于有正白、镶白两旗以及多铎支持的多尔衮。

在代善和豪格之外，有能力争夺帝位的，无疑是睿亲王多尔衮了。

努尔哈赤崩逝前，大福晋阿巴亥说其曾有“以多尔衮继位、代善辅政”的遗言，虽然往事已成为泡影，却也可知多尔衮从小就聪慧过人，善于自处，在阿巴亥为努尔哈赤所生的三个幼子中，多尔衮可说是独得老汗王的钟爱。

皇太极继汗位后，为了对抗另外三大贝勒，也是他的三位兄长的势力，格外用心地笼络三位幼弟。但阿济格愚鲁、懒散、不听话，多铎更是因年幼而行为荒唐，故意与皇太极作对。只有多尔衮，从不把未能继位的不满表现出来，处处谨慎自持，深得皇太极的好感，便也有意识地培养和优待他。

多尔衮文武双全，英勇善战，立功甚多，天聪五年（1631 年）七月，皇太极初设六部，命十九岁的多尔衮掌管吏部。吏部是权力很大的一个部门，乃六部之首，掌理着官吏任命升迁等人事调动，是重要的权力机构。除了笼络的目的之外，皇太极也看中了多尔衮的聪明机敏，而且多尔衮知书达礼、通满汉文字，在当时的诸王中，这也是一项突出的优点。他任事以后，勤勉政务，才能出众，办事妥善，常得众人赞扬，吏部被皇太极称为他最放心的一个部门。此后，皇太极对多尔衮多次委以重任，使多尔衮有机会建功立业。

叔嫂暗生情，叔侄明相争

但是，皇太极并没有料到，多尔衮正利用皇帝的信任一步步成长起来，从墨勒根戴青贝勒，到睿郡王，再到睿亲王，逐渐削弱昔日曾打击他母亲之人的势力，直至有能力摆平战功显赫的皇长子豪格，等待时机，后成为辅政王，再成为摄政王，甚至觊觎皇位。

那么在多尔衮的不停升迁之中，有没有布木布泰的功劳呢？这个问题现在无人能说清，虽然后来孝庄皇太后与睿亲王多尔衮的关系是最为人津津乐道的话题，但皇太极死前，她与多尔衮的关系到底进行到了什么程度，她与多尔衮之间究竟发生了什么，怎样发生的，经过如何，结局怎么样等几乎全部笼罩在历史的重重迷雾之中。

从实际情况判断，皇太极生前，她和多尔衮的交往可能只有很短暂的一段时日，就是在她嫁给皇太极而皇太极又没有即位为汗的一年多时间里，他们兄弟叔嫂、两个家庭之间有过交往应该是十分正常的。布木布泰和多尔衮都是十多岁的孩子，天真烂漫，满洲人又没有汉族人男女授受不亲的规矩，他们在一起玩也是很正常的，至于这种交往达到了什么程度，没有人知道。这是因为，这两个年轻人当时太无足轻重，史书上全无记载。但是，诚如我们所知，青年男女相互之间要建立起深切的好感乃至产生某种情愫，常常并不需要特别长久的时间。他们很有可能就是在这段时间里，彼此之间相互吸引，建立起了很深的感情，并且相互之间产生了某种默契。

而在争取皇位这件事上，因为代善无意，关于皇位的争斗最激烈的是在睿亲王多尔衮（太宗之弟）和肃亲王豪格（太宗长子）叔侄之间展开的，这是当时清朝历史走向的焦点。这其中，布木布泰肯定是要向着多尔衮的。

另外一个因素肯定也在两大政治势力的角逐中发挥着潜在的、重大的作用，皇太极生前自领的两黄旗将士和多尔衮三兄弟所属的两白旗之间不太和睦，因此，两黄旗的八位重臣特别不愿意看到多尔衮继位。史书记载说，两黄旗八大臣的中坚人物、精兵护军首领“图尔格等人与白旗诸王素有衅隙”，遂调动三个牛录的精兵，全副武装“保护”住了宫门，致使形势变得剑拔弩张。

多尔衮朝服像

所以，多尔衮想要继位很困难，其反对的声音来自直属皇帝的上三旗，特别是正黄和镶黄两黄旗，这两旗有大清国最精锐的队伍，集中了满洲的精兵强将，更享受着高于其他各旗的荣誉和待遇。要想维护他们的既得利益，立皇帝之子继位是唯一的途径。豪格在皇子中年长且居亲王高位，久经征战，声望素著，所以两黄旗大臣一开始就把目光投向了他。

于是，两黄旗大臣鳌拜、图尔格、索尼等人同往豪格家中，议立豪格为君。豪格在两黄旗大臣的支持和怂恿下也积极展开活动，派遣何洛会、杨善往告郑亲王济尔哈朗说："两旗大臣已定立我为君，尚需商议。"济尔哈朗本是努尔哈赤之侄，与皇太极关系最远，为报其恩，也表示愿意拥立豪格为帝。

但就在豪格为继承皇位积极活动的时候，多尔衮也在秘密准备夺取皇位，两白旗都主张拥立多尔衮，多尔衮素来谨慎多谋，善于审时度势，表面上不动声色，却亲自来到三官庙，召见了两黄旗大臣中的主要人物索尼，问他继承人的问题，索尼的回答很坚决，坚持"父死子继"的原则，似乎没有商量的余地，他说："先帝有皇子在，即位者必从皇子中选出，不能立他人！"

多尔衮看到索尼的态度十分坚决，已经意识到问题不是那么简单，自己即位将面临重重困难，而豪格已是大有可能，于是他不得不另做打算。

这样一来，情势便成了原来的天子自将上三旗要拥立皇子豪格；两白旗则坚持拥立皇弟多尔衮；代善的两红旗作壁上观；济尔哈朗的镶蓝旗倾向于上三旗。

孝庄后为子谋位，多尔衮度势而为

但在议立皇子之时，还有一股力量十分重要，那就是皇太极身后的五宫妃子们，特别是来自身为大清国母的尊贵的皇后哲哲和皇妃布木布泰。

宸妃海兰珠病逝后，五大福晋只余下四位，皇太极再没有选新人来入主东关雎宫。皇太极病逝时，后宫当属科尔沁蒙古博尔齐吉特氏的天下。对于谁来继承皇位的问题，后宫当然也非常关心，其程度绝不亚于激烈对峙的两黄旗和两白旗。她们当然主张立皇子而不是皇弟。

此时由五宫后妃所生的皇子只有两个，一个是庄妃布木布泰所生的皇九子福临，这年刚刚五岁多；另一个是西麟趾宫贵妃娜木钟所生的皇十一子博穆博果尔，这年还不到两岁。因为皇后哲哲无子，按皇子贵盛的等级而言，福临和博穆博果尔是头一等，地位高于豪格，更高于其他侧妃庶妃所生之子。以贵而言，皇九子、皇十一子最有资格继位，在这两个孩子中，无论是从年岁还是从起主导作用的皇后哲哲的倾向来说，中选的必然是庄妃之子福临。

多尔衮见了索尼后的第二日，诸王和大臣在停放皇太极棺木的崇政殿召开议立嗣君会议，本来豪格是大有希望继位的，但他过于自信，在大臣们推举他的时候，他为表谦逊，说难当大位，并走出崇政殿，他本想让大家再去请他，结果却被多尔衮顺水推舟地将他排除在外，他作为皇太极的长子，最有可能继承大权的人，却未能入承大统，这让他后悔终生。

之后，经过多方势力的讨价还价，最终议定由皇九子福临继皇帝位。

多尔衮是在继位无望的情况下提出立福临为帝的，他说："当立皇九子福临为帝。只是他还年幼，由我和郑亲王左右辅政，分掌八旗军。待他年长之后，当即归政。"这一折中方案一方面否定了立豪格为帝的可能，满足两黄旗大臣欲立皇子的要求，另一方面，让济尔哈朗与己共同辅政也削弱了豪格的支持力量，同时还表明自己无嗣君之意，从而提高了他在诸王贝勒大臣中的声望，而此时福临年幼，也便于多尔衮控制大权。这样的结果，实际上对多尔衮最有利，既打击了政敌，又获得了实权。

十二天后，崇德八年（1643 年）八月二十六日，五岁的福临在沈阳皇宫大政殿正式即位，尊中宫皇后哲哲和生母西永福宫庄妃布木布泰为皇太后，由睿亲王多尔衮和郑亲王济尔哈朗辅政。第二年改元顺治，福临就是顺治皇帝。这一次，爱新觉罗氏家族的皇权之争就此结束。

此后，豪格虽仍颇多战功，但受多尔衮打压。顺治五年，豪格因隐瞒其部将冒功及起用罪人之弟的罪名被下狱，并于当年三月死去，年仅 39 岁。豪格死后，其福晋为多尔衮所纳。

那么多尔衮是如何肯舍弃皇位，去立福临为帝的呢？仅是当时形势所迫吗？其实这也与后宫的力量，特别是布木布泰的要求有关系。

多尔衮曾是皇太极最信任最重用的幼弟，还因为他的嫡福晋也是科尔沁博尔齐吉特氏家族的格格，是庄妃的堂姐、皇后哲哲的堂侄女。崇德五年（1640年）七月，皇太极又把东衍庆宫淑妃带来的，她与林丹汗所生的蒙古格格赐婚给他。所以，多尔衮与现存的四大福晋中的三位都有姻亲关系。

皇太极死后，多尔衮多次出入后宫，清宁宫中，哲哲皇太后以国母之尊，表示了立皇子的强硬态度，告诉多尔衮上三旗和镶蓝旗的退让程度，即可以扬弃豪格但决不立皇弟。她希望他为国家大局着想，不要因争位而使祖宗百战艰难而获得的宏业毁于一旦，妥善化解目前的僵局。为此，皇太后提出了立福临、设摄政王的主张。

多尔衮来到西宫永福宫探望皇太后提出的皇位继承人——皇九子福临。然而，他面对着的是孤苦零丁的母子俩：布木布泰和她五岁的儿子。

丧夫的剧变和为儿子能否继位的日夜思虑焦劳，虽然使布木布泰憔悴了许多，但无损于她的美貌，她还是那样妩媚动人。多尔衮又看了看幼小的侄儿，接着与布木布泰进行了磋商，内容无非就是立福临为帝，多尔衮辅政，这符合两个人眼下的要求。

在多尔衮答应扶植福临为帝的时候，布木布泰的所有辛苦都得到了报偿：她千方百计维持住的五大福晋之一的尊贵地位，使福临子以母贵，在继位序列中排在庶出的皇长子豪格之前；她不惜一切地多生早生，使福临比另一个大福晋之子博穆博果尔年长三岁，自然幼不敌长；她多年努力获得其信赖和依靠的皇后姑妈哲哲，更为福临投了至关重要的一票。

永福宫内孝庄后用过的床和炕

范文程教导孝庄，多尔衮摄政大清

布木布泰为什么会这么做？她从哪里学会了运筹权力，驾驭别人的呢？如果我们展开想象，不难猜出这或许是范文程的功劳。

范文程是汉族知识分子，对满清入主关内起到了至关重要的作用，他在皇太极继承汗位之后受到满清领导层高度重视。有一个未经考证、但很多人愿意相信的说法，孝庄皇太后布木布泰曾经拜范文程为老师，跟着他学习汉家文化，孝庄皇太后可能是在范文程的教导点拨下豁然开朗，从而，开始编织属于她儿子的皇帝梦。

多尔衮虽然聪明，但这时的布木布泰在范文程的教导下，以及在自己的感悟下，或许已知道如何去驾驭多尔衮，所以，她以女人的柔情打动了他。

按照满洲和蒙古兄死嫂嫁弟的传统习俗，他们两人很有可能由叔嫂变为情侣，甚至变为夫妻。但布木布泰何等聪明，她绝不会在此时匆忙地付之行动，她可以用目光、用表情，甚至用有意无意、半推半就的某些姿态表达心意，然而，那必须是在福临登上皇位以后，她才会实现以身相许的承诺。

在多尔衮被请进皇宫前后，代善、济尔哈郎，以及索尼等人，也可能被请进清宁宫，同皇后皇妃商讨过继位的人选。但后宫的所有这些活动，都是秘而不宣的，也基本都是由皇后哲哲出面的。但是从后来孝庄一手操纵大清政局的情况来看，我们有足够的理由相信，真正的策划者其实是西永福宫庄妃布木布泰。因为只有她在五宫大福晋中具有这样杰出的政治才能，因为只有她的儿子即位当皇帝，她的地位才能从第五升到第二，才能当上皇太后。

崇德八年（1643 年）八月二十六日，在沈阳清廷皇宫大政殿，五岁的福临登上了皇帝的宝座，小福临再聪明，他也才五岁，不具备治理一个大清国的能力，而孝庄又不能走向前台，所以这个时候，实际掌握大清国最高权力的，还是多尔衮。

当多尔衮率领诸王贝勒及文武群臣跪迎小皇帝登上金殿的帝王宝座时，心里一

沈阳故宫崇政殿内景

定很不是滋味。因为福临坐的那宝座曾经两次都应该属于他，但两次都因为当时的形势使大好机会从身边溜走了。就算多尔衮的能力不及皇太极，难道也不及这个五岁的孩子？同是努尔哈赤的子孙，难道多尔衮就没有当皇帝的命？

或许此时在多尔衮酸涩的心里还有几分安慰的话，那就是士为知己者死的悲壮情怀，为了他心爱的布木布泰，他作些牺牲，得到美人一世的芳心，那也算值了。

多尔衮不知道的是，在情人与儿子中间，布木布泰心里的重点绝不是情人，而是她的儿子，因为她对权力的渴望，一定超过了对爱情的渴望，我们从她对福临的栽培上便可见一斑。

明王朝内忧外患，李自成逼死崇祯

皇太极突然死亡之时，中国大地上的局势是十分复杂的，日薄西山的大明帝国，声势浩大的李自成、张献忠农民军，还有如日中天的大清朝，三支重要的政治力量逐鹿于中国大地上，已经接近最后大决战的前夜。这也致使皇太极身后的权力继承变得格外敏感并且关系重大。倘若处置不当，为争夺皇位而发生内斗的话，历史上的大清王朝或许就不存在了。

“太后下嫁”是发生在北京城里的，那么他们是如何从沈阳来到北京的呢？这里就简要交代一下满清代明的历史。

明朝末年，国家动荡，民不聊生，崇祯皇帝朱由检虽然励精图治，终究没能挽回颓局，终致国家覆亡，清朝崛起。造成这一结果的原因，固然与明朝政治腐败积重难返、清朝崛起于关外、李自成起义三条原因有很大关系，但反观崇祯治国理政、待人处事之手段，不得不说他本人更是难辞其咎。

崇祯皇帝朱由检是明朝第十六位皇帝，明光宗第五子，明熹宗异母弟，朱由检即位伊始，就大力清除阉党，一度让天下拍手称快，臣民们认为明室将有中兴之希望。但当时的明王朝危机重重，在关外有后金连连进逼，内有农民起义的烽火愈燃愈炽，而朝臣中门户之争不绝，疆场上则将骄兵惰。面对危机四伏的政局，朱由检殷殷求治，很想有所作为。但因矛盾丛集、积弊深重，无法在短期内使政局根本好转。加上他性格刚愎自用，急躁多疑，又急于求成，因此在朝政中屡铸大错，又因增加赋税，大幅增调民力防范雄居东北的后金政权，镇压李自成、张献忠领导的农民军，渐使民心离散，内忧外患之下，崇祯回天无力，终致亡国。

政治的极端腐败和残酷剥削压榨造成的民心大变，致使农民起义风起云涌，其势如燎原烈火，在明朝统治的大地上遍野烧起，渐渐的，这些大火汇集成最大最厉害的一股势力，那就是以李自成为首的数十万农民起义大军。

李自成，原名鸿基，万历三十四年（1606年）八月出生，壮年投军，后因欠饷问题杀死参将和当地县令，发动兵变造反，崇祯三年（1630年），李自成率众投农民军首领不沾泥，继投高迎祥，号八队闯将。六年，在农民军首领王自用病卒后，李自成收其遗部两万余人，开始征战天下，部众越来越多，占的地方也越来越大。崇祯十六年（1643年）一月，李自成在襄阳称“新顺王”，十月，李自成攻破潼关，杀死督师孙传庭，占领陕西全

崇祯皇帝自缢处

省。崇祯十七年（1644 年）一月，李自成在西安称帝，建国号“大顺”，随后，李自成尽起大军，向着明朝国都北京进发。

三月十七日，李自成来到北京城下，大军将北京城合围，十九日，北京城中有人打开了城门，中午，李自成军队从德胜门进入北京。崇祯皇帝朱由检听说后，来到景山寿皇亭旁，在一棵老槐树上自缢而死。至此，历时 276 年的大明王朝走到了尽头，走进了历史。

崇祯死时，陪伴他的只有一位名叫王承恩的司礼太监。据说，朱由检在自己的前衣襟上写下了如下遗言：“朕自登基十七年，逆贼直逼京师。虽朕薄德藐躬，上干天咎，然皆诸臣之误朕也。朕死，无面目见祖宗于地下，去朕冠冕，以发覆面，任贼分裂朕尸，勿伤百姓一人。”

多尔衮大权独揽，吴三桂投降清朝

而在大清国这边，顺治皇帝福临即位，多尔衮掌权清廷，代表着清朝进入了一个新时代，努尔哈赤和皇太极打下的雄厚基础已经齐备，大清国的目标只剩入主中原了，所以这个时代也是清朝统一中国的时代，但与其称这个时代为福临时代或顺治时代，还不如称其为多尔衮时代来得恰当。因为在清朝入主中原的过程中，多尔衮的作用和贡献太重要了。

多尔衮是怎么做的呢？首先，他需要加强自己的权力，而要拥有绝对权力，他必须排除异己。

福临即位后一个月，辅政王多尔衮替小皇帝发布谕旨，命令另一位辅政王济尔哈朗率军攻伐锦州与宁远。这是一次很奇怪的军事行动，其战略目标和战役战术指导都莫名其妙。谕旨本身则更为奇怪，是由排名在后的多尔衮命令排名在前的济尔哈朗去战斗，并且两天后就要出发。

济尔哈朗带兵走后，多尔衮又代小皇帝发布谕旨，晋封自己为摄政王。虽然这与辅政只是一字之差，但分量可是不轻。辅政者，辅助君主处理政事之意也；而摄政，则是代替君主处理政务，已经可以直接发号施令了。

这时的顺治小皇帝不过五六岁，是不可能做出如此决策的，那么这是谁的主意呢？只能是孝庄太后布木布泰了。那么布木布泰为什么这样册封多尔衮呢？她的幼子继承大位，孤儿寡母需要仰仗多尔衮，让其当摄政王，是想把他当靠山了，这其中，也体现了孝庄太后对多尔衮的绝对信任。

成为摄政王之后，多尔衮召集贝勒大臣们开过一个会，会议的重大决定是，从摄政王开始，所有亲王、贝勒、贝子“悉罢部务”，不再分管政府六部事务。所有政府工作全部由各部尚书负责，各部尚书直接对摄政王负责。当年，皇太极设立政府六部，本来就有削夺诸王贝勒权限的意思，并曾经有过悉罢诸王贝勒分管部务之举。后来，随着皇太极权位的巩固而渐渐放松了控制。如今，多尔衮再次祭起这一招儿，表面为了政权的巩固和国家决策实施的方便，但其意图仍然在于削夺诸王贝勒们的权限，使他们只能“议政”，而不能“干政”。

一个月后，济尔哈朗从宁锦前线返回沈阳，蓦然发现短短一个月时间，朝廷的一切已经不复如前。好在济尔哈朗深谙明哲保身之道，不久他召集大家开会，宣布今后一切政府事务都要先报告多尔衮，排名顺序也要先写多尔衮。从此，济尔哈朗成了一位挂名辅政王爷。他和代善一样，因为懂得激流勇退，遂成为前清时期最高层中能够得以善终的很少几个人之一。

之后，多尔衮又找个理由重重打击了他的主要对手豪格，将其降为庶人。就这样，曾经有过“贤王”之美誉的多尔衮终成为大清帝国的真正领袖，多尔衮如何将这一切做得这么顺利呢？我们不得不说，他一定有着后宫的全力支持，布木布泰才是隐藏在幕后最隐秘的人。

明朝尚未灭亡之时，李自成兵发北京的消息传到盛京，清王朝统治层中对是否入关还颇有分歧。但在这个时候，范文程站在清廷的立场上高瞻远瞩地作出了战略性的发展规划，建议满清立即发兵关内，逐鹿中原。他上书摄政王多尔衮，认为“如秦失其鹿，楚汉共逐之”，指出现在正是进取中原的大好时机，成基业以垂万世在此时，失机会而遗悔将来也在此时。此时的多尔衮已成为大清的实际执政者，他听取了范文程的建议，作出了大举入关的英明决策，并果断地下达了紧急动员令，征调兵马迅速集结，准备入关争雄。

顺治元年四月初七日，多尔衮举行庄严仪式，向太祖太宗神灵祭告出师。四月

山海关风景

初八日，与多尔衮的决策相配合，皇太后布木布泰奉同中宫皇太后哲哲，使六岁的皇帝福临驾临大政殿，大会诸王诸将，向摄政和硕睿亲王多尔衮颁赐“奉命大将军”敕印，授权多尔衮“代统大军，往定中原，战守方略，一切赏罚，俱便宜行事”，并赐给御用旗黄伞等物，以重事权。多尔衮得到了类同于皇帝亲征的所有权限和军事力量。由此可见后宫之主对多尔衮的信任和倚重，也可见后宫决策人的英明，而结合前后事情来看，这个决策者是孝庄太后布木布泰无疑。

四月初九日，雄壮的号炮声震动了盛京城，这是在清朝历史上最关乎国家命运的一次进军，摄政王多尔衮亲统满蒙八旗的三分之二及全部汉军，约十四万人马出发了，这是大清国的所有精英，真是出倾国之兵，志在必胜。

四月十五日，多尔衮率领的清朝大军行至翁后所地方，历史又给清朝送来了极好的机遇，明朝山海关总兵吴三桂向清军“泣血求助”借兵，请“灭流寇于宫廷”，为君父报仇！多尔衮马上意识到这是一份厚礼，于是他紧紧抓住机会，毫不迟疑率军急进，立刻奔赴山海关。

多尔衮在山海关欢喜岭上会见了吴三桂，二人攥刀为誓，决定共灭李自成的起义军。

李自成兵败石河，多尔衮入主北京

吴三桂，字长伯，一字月所，祖籍江南高邮（今江苏高邮），生于明万历四十年（1612年），靠着父辈关系晋升为负责镇守京师东北山海关一带的总兵。李自成攻破北京后，吴三桂和众将商议决定归顺李自成，但在得知其家为闯王部下行掠，爱妾陈圆圆被闯王大将刘宗敏抢占后，就改变了投降李自成的初衷，决意投降大清国。

之后，吴三桂联合清军先于农民军交战于山海关外的一片石战场。次日，爆发了决定未来中国命运的惨烈的石河大战。

在这次决战中，多尔衮见吴三桂还有点兵力，就又使吴军首先上阵和农民军对战，在双方精疲力竭之际再令八旗军冲击，结果农民军战败，迅速退回北京。可以说，在山海关以西发生的这次著名战役前后，多尔衮充分利用了汉族内部的阶级矛盾，挟制了吴三桂，使他不得不充当清军入主中原的马前卒。

石河大战时，李自成事先对清军入关毫无所知，兼之以连日作战，农民军士气也处于再而衰的境地，虽然拼命搏战，但最终还是抵挡不住清、吴两军的凶猛攻击，军队遭到严重的打击，战场上“积尸相枕，弥满大野”。农民军被击败了，李自成被迫率余众西走。决定三方命运的山海关之战以清吴联合作战的胜利和李自成农民军的失败而告结束。

在军事上异常被动的形势下，李自成被迫西撤，途中将吴三桂父吴襄及家属三十余口全部杀死，四月二十六日李自成回到北京，二十九日在紫禁城匆匆即皇帝位，然后便向陕西撤退。临走时，按照军师牛金星的主意，在凝聚了几百年民脂民膏的紫禁城中放了一把大火。这把大火烧了三天三夜，除武英殿尚完好之外，其余大体残破不堪。

而吴三桂此时已成了多尔衮砧板上的鱼肉，他接到多尔衮的命令，让他绕过北京城继续向西追赶李自成，不许他护送太子进入北京。就此，吴三桂借兵复国的算盘算是彻底落空了。他一生善于投机钻营，谁知算来算去，父亲被杀、爱妾被夺、上不能为君父报仇，下不能保家人性命，自己要活命还得看人脸色。

当时，北京城内外盛传吴三桂大将军已经夺回太子，将要拥戴太子回京登基。一批前明朝官吏准备了全套的皇家礼仪迎接，五月二日这天，他们出朝阳门五里前去迎接，结果烟尘起处，一片大军浩浩荡荡蜂拥而至，只是他们拥来的不是明朝皇太子，而是大清摄政王多尔衮。大清铁骑终于在大明皇家仪仗的迎接下，进入了北京城。随着多尔衮踏进朝阳门，中国历史进入了大清王朝的时代。

这正应了当时的一段民谣："朱家麦面李家磨，做得一个大馍馍，送给隔壁赵二哥。"这里的"朱家"是指明朝，"李家"是李自成大顺军，"赵二哥"是指清朝，这民谣说得可谓准确而深刻。

自掌权起不到一年，多尔衮便为清朝立下了两件大功：一是拥戴福临，巩固了新的统治秩序；一是山海关之战中运筹帷幄，击败了农民军，收服了吴三桂，占领了北京城，开启了清朝发展史上最辉煌的一页，清朝入主中原，也代表着其作为一个主要朝代，被载入华夏史册。

多尔衮在北京志得意满的时候，留在盛京的满清臣民们，也在为大清开国以来的最大胜利欢呼雀跃，沸腾不已。

多尔衮命人传去的一次次捷报，除了带来一次次欢庆之外，也给不少人带来一次次的不安，其中当以福临皇帝之母布木布泰为最。

紫禁城武英殿

多尔衮入居明朝大内武英殿，被京师人称作"九王"，以致关内人只知有九王，不知还有皇帝等等，这一系列消息从不同渠道传来时，疑虑更加深了，这时的布木布泰，还会相信她的情人么？

联想到多尔衮出征前紧急征兵动员，男丁70以下、10岁以上无不从军，朝鲜方面都惊异地报道说清朝前后兴师，从未有如此之大举。精兵强将、精壮男丁都被摄政王带去，留守盛京及各要地的，多属老弱病残。如果多尔衮有异心，那么首先会危及到她的皇帝儿子，此时留守盛京的人马能有什么辙？还不是干瞪眼儿？

布木布泰的心里正不停在想的是：多尔衮会不会有异心呢？

就在一年前，多尔衮本是诸王会议中提出的帝位继承人之一，除了其他原因之外，主要还是因为他的两白旗势力不敌，不得已而退让，如今他手握重兵，有谁的实力能与他相比？他想要称帝，还不轻而易举？

再说，中原繁荣昌盛，明朝宫室壮丽辉煌，皇宫深藏上万女子，皆天下绝色，哪个男人不喜欢富贵风流？身处明朝皇宫之中，就是铁石心肠也难自持，多尔衮难道就不动心？

于是布木布泰心里一直在打鼓，她除了害怕儿子的皇位受到威胁，除了害怕自己的尊贵地位丧失，还有害怕情人变心的苦闷。

以前，多尔衮和布木布泰在一起的时间并不少，他们或许曾在一起海誓山盟，共度了许多甜蜜的时光。布木布泰曾经愿意相信多尔衮，但他和她一样，都具有政治家的头脑和素质，决不会把情感放在高于政治权力的位置上。

关山阻隔，千里迢迢，布木布泰如何驾驭颇有心机的多尔衮？她想不出办法，于是又一次感到了危机降临到自己头上，却又只能听天由命。

到了农历六月，距多尔衮出征已经快两个月了，来自北京的使者驰返盛京，将多尔衮之意禀奏两宫皇太后，以“燕京势踞形胜，乃自古兴王之地，皇上迁都于此以定天下”为词，要迎请顺治皇帝南下入关进京。布木布泰闻听此言，才终于放下心来。

孝庄后通州驻跸，有情人共度良宵

从多尔衮来到北京后的所作所为来看，他还是对得起老情人布木布泰的，他清理了一切障碍，接下来就是请他的小侄子、大清顺治小皇帝福临，以及他的母亲、自己的情人前来北京城的皇宫中安居了。

布木布泰心中悬着的大石头终于落了地，不仅为了母子得到保全，更为自己没有看错人托错人而庆幸，多尔衮的过人才略、蓬勃的进取精神以及他对母子俩的一片忠诚，使布木布泰宽慰、欣喜又感激。她强自抑制着情绪，直到回到她的永福宫，抚慰着她的小皇帝儿子，才渐渐平静下来，但她也知道，多尔衮已是功高盖世，谁还会服她的小皇帝儿子呢？多尔衮会怎么看待她的小皇帝儿子呢？倘若多尔衮要立自为帝，天下又有谁能挡得住呢？

明智的布木布泰知道，此刻最要紧的，便是要稳住多尔衮，消除他的野心。

公元1644年，即大清顺治元年七月初八日，正好是福临在大政殿命多尔衮出征往定中原的整整三个月之后，小皇帝兴高采烈地前往福陵和盛京太庙，以克定中原、迁都燕京，祭告列祖列宗。

八月二十日，顺治皇帝与两宫皇太后起驾，由辅政郑亲王济尔哈朗护驾，离开了盛京，前往另一个更有魅力的帝都。九月初，孝庄后与顺治皇帝一行驾过山海关；九月十二日驾至永平府；九月十八日驾抵通州，摄政王多尔衮率诸王、贝勒、贝子、公及文武群臣至通州迎驾。这里有一个很有意思的细节，后世人读之难免要产生一些遐想。按照礼部早已经安排好的时间表，皇帝和太后一行应该在顺治元年九月十七日到达北京。在通州只是迎入行殿短暂停留一下，然后便前往北京皇宫。但实际上，摄政王多尔衮率领百官迎接至通州城外五里处时，率百官进入行殿叩拜，完毕后退出。只有摄政王留下与皇帝、皇太后叙话。不久，百官接到命令，皇帝一行旅途劳顿，决定当夜驻跸通州，次日一早起驾进京（《清世祖实录》卷八）。

第二天，也就是九月十九日午后，福临和其母亲布木布泰等一众人从正阳门进入紫禁城。

多尔衮权倾天下，孝庄后心下惴惴

顺治元年（1644 年）十月一日，多尔衮主持举行第二次登基大典，六岁的福临已定鼎燕京，来到南郊告祭天地，举行了盛大的登基典礼，即皇帝位于大内武英殿，仍用大清国号，顺治纪元。从此他成为君临整个中国的大清帝国皇帝。

此日，顺治皇帝加封多尔衮为叔父摄政王，正式给予他独秉大政的权位，赞扬他的功业超过周公，因他定鼎燕京、征伐中原功劳最高，特地为他建碑铭纪功绩。

这当然不止是幼小的福临自己的认识，这里面更饱含着后宫之主庄妃对多尔衮的推重赞赏与感激之情。

由于清军入关和平定天下，使多尔衮勋劳日多、地位日崇、威望日高，权力方面，天下已无人能撄其锋。顺治帝福临即位的最初几年还是个儿童，再聪明也无法过问朝政。接受群臣朝拜，举行各种大典，他都只不过是个傀儡，是个象征，他的母亲布木布泰，虽有谋略也无法走到台前。所以一切军国大事，都由摄政王多尔衮掌管，如果此时多尔衮谋取皇位，实在是轻而易举，但他却没有这么做，其中原因，还是在孝庄皇太后布木布泰身上，是她的柔情和手段，在多尔衮心理上发挥了作用。

为了堵上他人之口，摄政王多尔衮自然也须向小皇帝奏事，表示对皇帝至尊的承认，其实也是在向小皇帝的母亲布木布泰和姑姥姥哲哲两宫皇太后奏事。这时的摄政王对小皇帝和皇太后布木布泰，可说是外托君臣之义，内结男女之情。摄政王凡有所请，小皇帝和两宫皇太后无不允准。一些朝廷大臣的尊崇摄政王的提议奏疏，无论是出于他们自己想巴结多尔衮，还是他们受多尔衮暗示所托，小皇帝和两宫皇太后也都一概同意，并以皇帝的名义发出诏书，不断给多尔衮加尊号，为多尔衮歌功颂德。

所以，在福临即位之后，多尔衮反倒有可能经常和此时已经成为两位太后之一

多尔衮的睿亲王府

的孝庄见面了。他以小皇帝福临名义发布的那些文告与命令，应该得到过这两位太后的鼎力支持。

这个时期，是从多尔衮问鼎中原后，迎接小皇帝福临与孝庄皇太后迁都北京开始的。而来到北京以后，情形又截然不同。此时的多尔衮已经不需要遮挡。进入北京后，他曾经住在皇宫大内的武英殿里。福临来后，他搬出来住进了自己的王府，据说这王府的辉煌壮丽在当时不亚于皇宫。

当多尔衮到皇宫内院时，没有人能阻止他，在那时的中国，他名义上是摄政王，实际上，以他的功绩、威望、权势，已经没有什么人能够阻止他做他想做的任何事情。他行使的根本就是皇帝的权力。

而在多尔衮内心深处，他极深的隐痛和愤懑并没有随着功成名就、位隆权重而消退。有史料说多尔衮曾这样说："若以我为君，以今上居储位，我何以有此病症？"表明他心中的称帝之心从未止息。他对皇太极的恩怨纠葛，对豪格的严厉打击，两次与皇位失之交臂的遗憾，他对孝庄皇太后的情意，对帝国肩负的责任，问鼎中原对大清帝国毋庸置疑的丰功伟绩，一切的一切无不交相煎迫，至少在他心中可能是充满了焦虑和愤恨不平。这可能是他高度复杂矛盾和诸多犯上行为的逻辑起点。

此后，多尔衮和孝庄皇太后之间，可能有过一段时间的蜜月期。因为多尔衮不但仍尊福临为帝，还给他们母子献上了大明的万里锦绣河山，那是女真和蒙古人一代代的梦想，孝庄作为报答，当然需要拿出自己的柔情来温暖多尔衮的心。这种情形，很像那些在远方厮杀征战后满载而归的勇士们，在他们妻子或者情人怀抱中所感受到的女人的温柔。孝庄皇太后母子坐在皇宫里，居然摇身一变就成了这片大地至高无上的主人。放眼古今中外，有几个英雄，能够为女人做到这一点？而如果不是心爱的女人，谁又肯这么做？

多尔衮在孝庄这里得到的，不但有女人温柔的回报，当然也会有权力和名誉的回报，顺治元年十月一日，第二次登基的福临册封多尔衮为"叔父摄政王"；顺治二年年初，加为“皇叔父摄政王”；顺治五年十一月尊为“皇父摄政王”。这种层层升级的尊崇，必定与多尔衮威权日重有关，也无法排除他与孝庄皇太后之间感情不断升温的可能。

在开始的时候，宫中的这些举措对多尔衮是出于真心的感激之情，因为多尔衮待布木布泰和福临确实不错，但到后来，随着多尔衮权力的膨胀，褒扬多尔衮就成为不得已的事了。因为布木布泰和福临只有富贵而没有权势，他们的存在，只能仰仗摄政王。好在多尔衮与布木布泰的情分一直不薄，或者布木布泰一直在用自己的柔情温暖并稳定着多尔衮的心，所以以他们两人的特殊身份，彼此支持、互相配合，使得顺治初年的清朝统治集团能够基本上维持稳定团结和进取精神。

按照满洲人的婚俗，皇太极的离世，其妻妾或应另行嫁予其诸弟，而因为皇太极的帝王身份，这类事或许没有成行，但不可能没有人提起，所以，多尔衮与布木布泰应该商议过二人结合之事，或许已经有了娶嫁之约。但清朝入主中原以后，战事频繁，国政丛集，多尔衮一时难以顾及；而且布木布泰作为天下之母，出嫁不能不格外慎重；而多尔衮因君臣之分的限制，也不能不有所顾虑。

孝庄后下嫁小叔，有情人终成眷属

皇太极死后的大清国，多尔衮大权在握，顺治皇帝年幼，布木布泰操持后宫，孤儿寡母，行事尤为艰难，好在多尔衮对布木布泰有心，布木布泰对多尔衮有意，二人本就有感情基础，又逢30余岁的壮年之时，他们日日在一起的时间当不会少，况且多尔衮处理政事的地方和布木布泰所居住之宫非常之近，几乎顷刻即到，所以他们到北京之后，住在紫禁城中之时，二人间的幽会应该不少。

相对而言，满洲人的风俗不太在乎男女私情的产生，他们因国事、因对皇帝的教导、因自己的私情经常来往，当时也不会在满蒙八旗中引起什么非议。因为就亲族关系而言，布木布泰是寡嫂，多尔衮是小叔，按满蒙习俗原有婚姻之分。此时满洲是新来的统治者，威焰正盛，处于奴才地位的汉臣汉人，谁敢议论皇族的家事，

北京故宫紫禁城鸟瞰

谁敢对满洲的习俗说半个不字！

因为人的私欲，每个人都想比他人更有权力。在封建君主制社会，权力集中是一种不可遏制的必然趋势，而集中到顶端，就是掌握到一个人手中，这个人通常是皇帝。但在顺治皇帝还是孩子的时候，权力渐渐集合到了摄政王多尔衮手中。

为了安慰多尔衮的心，褒奖他的功劳，以及奖励他给自己母子所做的一切，布木布泰也是费尽心机，她不但奉献了自己的柔情，并且除了皇帝的名位，能够给多尔衮的已经全部都给了他。应该说，在那个时代，孝庄皇太后对于多尔衮的报答也算是至矣尽矣。但情况正在变化，敏锐的布木布泰感到：多尔衮的表现越来越不对头了。

对于多尔衮所掌握的至高权力，布木布泰开始时并未阻拦，她甚至支持多尔衮集中大权于一身，为的是处于复杂而又变化剧烈形势下的大清朝廷，能够迅速适应变化、迅速作出正确的反应和决策，她相信他的明智和才干。多尔衮打击豪格并监禁致死，她也不曾反对，因为皇长子豪格是对她的儿子皇九子福临帝位的潜在威胁，除去豪格也是除去一个后患。

但另一个威胁的阴影却笼罩到福临头上，更大也更现实。这威胁正来自她所信赖和亲近的多尔衮。多尔衮的举动越来越出格，布木布泰的不安日益强烈，她为什么不安呢？因为她很担心多尔衮踢掉她的儿子，自己做皇帝。

顺治二年（1645 年）五月，因清军攻占南京，清廷叙功之时，多尔衮由叔父摄政王加封为皇叔父摄政王。济尔哈朗于是提议说：皇叔父代天摄政，赏罚等同于朝廷，因此必须加礼，开了诸王大臣对多尔衮行跪拜礼的先例，以后便形成了制度。

顺治三年（1646 年）五月，多尔衮借口处理紧急军情需要，竟将贮存在紫禁城宫中的皇帝专用印信兵符，取回他的睿王府贮存使用。

顺治四年（1647 年）年底，新年朝贺大典即将来临，多铎领受多尔衮的示意，联合济尔哈朗上奏，说多尔衮因有风疾，不胜跪拜，请免去君前行礼，十岁的顺治皇帝当然照准。为什么多尔衮不愿在他已经跪拜了五年的小皇帝面前继续跪拜了呢？布木布泰不得不有所怀疑。

顺治四年二月时，多尔衮又以济尔哈朗修建的王府超出标准为由，下令罚款2000两白银，并罢免了他辅政王的名位。其实，这只是表面的理由，其中，有两个真实的隐情。济尔哈朗曾经对一个高级官员巩阿岱谈到："皇子福临继位是件好事，没什么可说的。唯一令人忧虑的是有人想篡位。"显然，这里针对的是多尔衮。这个巩阿岱当时如何表示不得而知。事后，他向多尔衮告了密，导致多尔衮罗织罪名，贬黜了济尔哈朗。还有一个原因是，多尔衮与同胞弟弟多铎的感情最好，打掉济尔哈朗是为了给多铎当辅政王腾出位置。

顺治五年（1648年），是多尔衮在朝廷里威风大展的一年。这年三月，摄政王以包庇部下冒功之名，将刚从四川凯旋而归的肃亲王豪格议罪削爵，下了大狱。随后又算老账，指责济尔哈朗当初在盛京时不举发两黄旗大臣谋立豪格的私议，将去年已经罢了辅政的郑亲王降为郡王。

这一切，表明这位皇叔父的野心正在日益膨胀，摄政王已经满足不了他的胃口了。

但是促使布木布泰下最后决心的，却是一条由她的耳目私下传递，却又是千真万确的消息：多尔衮卧病时，曾对他的心腹说了这样一句话："如果以我为皇帝，以现今的小皇上为皇储，我哪里会得病呢？"

这句话的中心是"以我为皇帝"，第二句话"以现今的小皇上为皇储"不过是个陪衬。他若真的达到了做皇帝的目的，皇储未必会属于福临。

情势极其危急，母子俩的前途顿时变得凶吉难卜，恐怕是凶多吉少。

也许在与多尔衮私会时，布木布泰也探过他的口气，但她不可能得到不好的回答，因为这样的篡夺大事，又与布木布泰休戚相关，就算是最亲密的情侣，也不可能透露一分一毫，何况多尔衮又如此精明、如此老谋深算。

于是布木布泰为了防止母子俩坠入厄运，思虑再三后，终于走出了决定性的一步，以国母太后之尊，下嫁摄政王多尔衮！

布木布泰此举不可谓不高明，其意味深长的潜台词是，向全国臣民公开确认了自己与多尔衮的夫妻关系，也就此界定了多尔衮与皇帝的父子关系。在漫长的帝国历史上，围绕皇位的争斗千奇百怪、血雨腥风，唯独还没有父亲抢夺儿子皇位的故事。不管多尔衮怎么想，也不管阿济格、多铎如何不甘心，如何希望多尔衮拿下皇位，这条底线划出来之后，跨过它，就意味着开了一个恶劣的先例，意味着不可能不留下骂名。

春官昨晋新仪注，大礼恭逢太后婚

屈尊下嫁多尔衮，应该是孝庄太后布木布泰主动提出来的，为了自己儿子的帝位，为了搞好和情人的关系，也为了更好地监视多尔衮的举动，她不得不出此下策。

虽然所谓的正史没有史料记载，但太后下嫁此事也应该发生过，开始的时间当在顺治五年（1648 年）十月前后。因为在这个时间之后，顺治皇帝表彰了多尔衮治国平天下的大勋劳，尊多尔衮为皇父摄政王。将皇叔改为皇父，已经表明了多尔衮与皇帝和太后关系上的质变。

而据野史记载，清朝入关之初，摄政王多尔衮总揽朝纲，“出入宫禁，时与嫂侄居处，如家人父子”。而孝庄太后时当盛年，寡居无欢，认为多尔衮功高天下，又将帝位让给了她的儿子，忠心辅政，除非自己以身报答，不足以极其功，于是委身相事，借以笼络多尔衮。不久，多尔衮的妻子亡故，于是朝中范文程等大臣乘机鼓动皇太后与摄政王合宫，正式结婚，双方自然都很乐意。定下婚期后，就以顺治小皇帝的名义颁诏天下。就这样，皇太后屈尊降贵，公然下嫁给了小叔子，摄政王多尔衮成了幼帝顺治的继父，其名号称为“皇父摄政王”。

清代描绘帝后大婚的图画

为了更有力地制约多尔衮的野心，布木布泰还要求把太后下嫁的婚礼办得格外隆重，格外豪华，格外引人注目！要办得天下人皆知！所以，命礼部为太后下嫁增添新的仪注，准备使这次婚礼成为一次国家大典礼。

如果历史上他们举行了婚礼的话，婚期应该定在了顺治六年（1649 年）的二月初八日，因为这一天是布木布泰的生日，太后诞辰称圣寿节，原是万民同庆的日子，再加上婚礼，喜上加喜，双喜临门，节庆的气氛更加热烈喜兴了。于是，太后的寿酒变成了婚宴的喜酒，清朝皇家可谓双喜临门。

张煌言雕像

婚礼欢欢喜喜、热热闹闹、轰轰烈烈，京师及天下百姓都沾到了喜气。诸王贝勒和满蒙贵族、八旗将士，都为此欢欣畅饮；汉官汉民尽管心里称奇，表面上一样称贺不已。真正了解布木布泰苦心的应该是中宫皇太后哲哲，她除了祝贺，还能说什么呢？后宫的两位太妃娜木钟和巴特玛也全力支持这一婚事，道理很清楚，对她们而言，如果多尔衮篡位，她们只能是皇嫂，论尊论贵论富，比太后和太妃就差得太远了。

这年顺治皇帝已经十二岁，还不懂汉文，不会说汉话，在满蒙额娘和嬷嬷的教养下，熟知本民族的习俗，母亲再嫁并不是什么令他觉得羞耻的事情，以他的聪颖和额娘们的提示，他应该能够理解母亲的行动意在保护他的皇位吧。

太后宫中，张灯结彩，合卺宴罢，进入洞房。一双新人，原是老相好，新郎 37 岁，新娘 36 岁，二十多年的风风雨雨，恩恩怨怨，爱爱恨恨，终于有了今天，也算如愿以偿了。

对于这件事，当时南明著名的抗清将领、诗人张煌言在他的《张苍水诗集》中写到："上寿觞为合卺樽，慈宁宫里烂盈门。春官昨晋新仪注，大礼恭逢太后婚。"又说："掖庭犹说册阏氏，妙选孀闺作母仪。椒寝梦回云雨散，错将虾子作龙儿。"

张煌言诗中讥讽和不屑的意味不言而喻。这首诗成于顺治七年（1650 年），是当世人的记载，造成了极大的轰动，在民间快速流传开来。这情形也表明，在当时的社会心理中，在满洲人看来，这是一个再正常不过的考虑了。而从汉族人那无数贞节牌坊来看，这对于太后本身和新王朝形象的杀伤力却极大。且如果清初真有太后下嫁摄政王多尔衮，封摄政王为“皇父”一事，必然有颁诏告谕之文。

围城难捱嫌隙生，爱恨纠结终难定

虽然传言众多，但一直没有关于太后下嫁的可靠史料佐证。这有可能是被皇室后人、历代帝王所隐灭造成的，因此才被弄得如此欲盖弥彰。

从太后下嫁这件事上就完全可以看出，多尔衮虽然聪睿绝伦，但还是败在了孝庄之手。分析太后下嫁这件事，其实其关键就在太后下嫁的这个“下”字上，这一个字就定下了多尔衮今后的名分和地位。

就像公主下嫁一样，驸马虽是公主的丈夫，即使其地位再高，也越不过公主的尊贵；多尔衮虽然号称皇父摄政王，其实也仅只等于是太后的“驸马”，地位总是在太后之下的。他只能是皇帝的继父、太后的后夫，仿佛此后二三百年后欧洲那些女王的“王夫”，绝不是王一样，无论是名分还是等级，他都不可能称帝。婚姻关系的羁绊、以周公相许相期的激励，使他的野心几乎化为流水。他只能做那个在历史上因辅佐侄子成就帝业而德高望重的周公了。

公主下嫁，从来都不是嫁到夫家去，而是专建公主府。布木布泰身为太后，就更不会屈居睿王府了。只有摄政王不时进宫中陪伴太后，才是正理。但这桩婚姻的特殊之处就在于，作为“驸马”的多尔衮自己还有一个妻妾成群的大家庭、一处富丽堂皇不亚于皇宫的睿王府。他只能用大多数时间在大内与太后同宫而居，间或回王府照看照看。他的妻妾们纵然不满也不能说什么，因为她们哪方面都无法与太后匹敌。这更是对多尔衮的又一重束缚了。

不过，布木布泰也给了多尔衮极大的补偿：他以皇父摄政王的身份，处理一切政事及批示本章，可以不奉皇上之命，概称诏书圣旨下发。他已经握有皇帝的权力，其实就是代理皇帝，然而终究只是个假皇帝。因为他绝不能居皇帝之宫，绝不能登皇帝之宝座，绝不能称万岁在太和殿朝会时受诸王百官朝贺等等。天下仍然是顺治的天下，大清的皇帝仍然是福临。

多尔衮虽非傻瓜，但他得娶太后，亦可谓亘古第一人，此时的他正对自己的创举而自我满足着，被"皇父摄政王"的崇高称号捧得意气洋洋，被新婚妻子的柔情蜜意迷得晕晕乎乎，等到他明白自己掉进了强势女人的婚姻罗网时，已经晚了。

两人蜜月期刚过，多尔衮忽然觉察出不爽来，因为他忽然发现，他一生成就的顶峰，已经只能止于此地了，而且做事也没以前顺手了，以前他做事都是自己拍板后再向太后和皇帝请示，他们不敢说半个不字，现在布木布泰开始过问一些政事了，而且处处都在为儿子考虑，这让多尔衮颇为厌烦。

太后下嫁的后一个月，三月十八日，多尔衮的得力助手、他的同胞弟豫亲王多铎因患天花而病死，时年 36 岁。四月十七日，布木布泰最亲近的情同姐妹的姑妈、中宫皇太后哲哲崩逝，享年 51 岁。十二月二十八日，多尔衮的嫡福晋博尔齐吉特氏又亡故了。这样下来，多尔衮失了臂膀，布木布泰成了后宫独尊。这一连串的丧事给他们都带来极大的悲痛，但在实际利害上，却是一失一得，布木布泰又胜了多尔衮一筹。

多尔衮心理开始不平衡，除了政事上许多失误失策以外，自己的贪欲也日益膨胀，出现许多不明智的举动。如他私自将他的嫡福晋加谥为敬孝忠恭正宫元妃。又如，在嫡福晋去世不到一个月的次年正月，他又将他的政敌肃亲王豪格之妻、他的嫡福晋之堂妹娶过府来。这还不算，多尔衮同时还派人去朝鲜选美女，这无疑是不为布木布泰所喜的，但多尔衮却不知收敛，且毫不避讳。

多尔衮耽于女色，他的妻妾多达十人，算上他夺得的豪格嫡福晋和下嫁的布木布泰，共十二人。尽管在一般人眼里，多尔衮是享尽了艳福，但他的最大烦恼也是尽人皆知：有十二名妻妾，却生不出一男半女。无奈只得从拥有八子九女的亲弟弟多铎家过继来一个儿子——多铎的第五子多尔博。多尔博的生母正是多尔衮五福晋的亲妹妹，血缘最近。

对于多尔衮不断纳妾的举动，孝庄应该是很反感的，可能也因此告诫过多尔衮，但二人成了夫妻关系后，平常人婚姻中面临的"围城"问题也开始困扰他们，所以孝庄后的举动恰恰又使多尔衮更加地移情别恋。

不可否认，布木布泰与多尔衮从少年时代起，就彼此倾慕，彼此怀有深切的情愫。二十多年的宫廷内外的斗争磨炼，早就使布木布泰变得处事清醒又冷静。她懂得决不可感情用事，但在必要的时候却可以用感情去做事，以达到比感情本身更高的目的。

当初两白旗与两黄旗争夺皇位时，布木布泰以情爱、婚约甚至委身的办法取得了多尔衮的谅解和退让，使儿子得践帝位；此刻，她又以感情为牢笼，下嫁为手段，笼络住多尔衮的情，限制住多尔衮的篡位野心，进一步维护儿子的皇位，保护母子俩的安全。但多尔衮的背离，也使孝庄十分伤心，为此，她应该会考虑自己该如何采取行动了。

对顺治皇帝福临而言，母亲下嫁叔父，他心里肯定是不痛快的，但他却说不出什么来，因为收继婚是满蒙藏等游牧渔猎民族的婚姻习俗，皇室从本民族之俗也很自然，福临也十分清楚：祖父努尔哈赤的第二大福晋是从族兄那里收继来的，父亲皇太极的宸妃、贵妃和淑妃原来也都是别人的妻子；叔父英亲王阿济格娶过他哥哥德格类的福晋，大哥肃亲王豪格和堂兄克勤郡王岳托娶了叔父莽古尔泰的福晋，摄政王多尔衮又娶肃亲王豪格之妻为继福晋。就是福临自己后来也把弟弟的妻子收进宫来立为贵妃。

福临虽然做事有些狂妄自大，但也很聪明，布木布泰和多尔衮成为情人之时，他已经长到11岁，怎么也能懂得母亲为保护自己而采取这一行动的苦心。但是，男子汉大丈夫不能保护母亲，不能自保，倒需要母亲用下嫁的方式来卵翼护佑，这是他的自尊心所不能忍受的！他自然迁怒于多尔衮，旧恨新仇，从此愈积愈深。

但福临没有想到，他母亲的这一举措，完全是为他考虑的，是让他的皇位坐得稳当，他却不知道母亲的良苦用心。

多尔衮病死塞外，孝庄后尊其为帝

多尔衮是摄政王，需要处理国事，但孝庄常常待在身边，仿佛是他的监护人，让他颇感不爽，便想逃出她的控制。

到了顺治六年七月，多尔衮以京师炎热为名，要在边外筑避暑城，这一行动，或可看成是他对布木布泰的婚姻束缚的反抗和示威。

顺治七年（1650 年）的十一月，多尔衮仿照他的汗兄以打猎边外来消病健身，出猎古北口外，不慎坠马，膝盖受伤，医治无效，十二月初九日戌时，也就是晚上七点到九点之间，多尔衮病死在喀喇城，时年 39 岁。

多尔衮正值壮年，因何而死？说法也是相当的多。关于他的死因，官方史书记载较为含糊。但不管怎样，多尔衮的死，也为太后下嫁画上了句号，从此大清的天下，开始真正成为顺治皇帝福临的天下。

多尔衮的死，时机真是太巧了，所以才有后世诸多猜疑，种种说法。但多尔衮的死，最大的受益者无疑是福临，因为对孝庄和福临来说，权力上最大的威胁解除了，不管怎样，布木布泰大大地松了一口气。

曾有心理学家说："一个人被谋杀，如果找不到凶手，那么只要看看那人被谋杀之后，从中得益最大的人是谁，就大致知道是谁杀的了。"从这一道理上推理，不能不说孝庄和福临都有嫌疑，但那时福临年纪才 13 岁，不可能做得这么机巧和隐秘，所以如果说多尔衮是被人谋害而死，或许布木布泰嫌疑最大。

当然，布木布泰对多尔衮也不是没有感情，两人有着 20 余年的感情，也曾经一度如胶似漆，恩爱缠绵，虽然婚后孝庄为福临考虑而使二人感情变淡，但回想与多尔衮 20 多年的情爱和波折，她应该会痛苦地大哭一场，以后每回想起，也应该不胜嘘唏。

感情常常是最折磨人的东西，所以孝庄也不想亏欠多尔衮什么，多尔衮生前的

孝庄皇太后曾经居住的慈宁宫

最大愿望不过是做皇帝，没能得到，做为他一生的情人，布木布泰决定在他死后给他一个满足，于是在十二月二十六日，她让顺治皇帝下哀诏于中外，称颂多尔衮的至德丰功，决定追尊多尔衮为义皇帝，庙号成宗。

皇权上没有了阻碍，福临对母亲也充满感激之情，亲政之始，便尊布木布泰为昭圣慈寿皇太后，并为此颁发恩诏于天下。

至此，孝庄太后不惜一切代价，护佑着儿子从清初政坛的惊涛骇浪中奋斗出来，终于把他送上了真正的皇帝宝座。

但对多尔衮而言尤为可叹的是，即使是死后尊荣，也不是容易维持的。多尔衮专擅朝政、大权独揽的时候，树敌太多，引起公愤，多尔衮死后一个月，曾经深受他信任和重用的苏克萨哈等人出面控告他心怀不轨，其实这是一种为人所不齿的投机行为，投合了福临对多尔衮的痛恨，也从而引发了大清朝廷对多尔衮的彻底清算。

至此，多尔衮被追赠的皇帝之名也不过当了四十来天，就因生前的谋逆大罪而削爵、黜宗室、毁坟、财产入官，连过继来的儿子多尔博也归宗，回到豫亲王多铎名下了。

在这一时期，为什么孝庄太后没有出来阻止呢？有人认为她是不想和儿子作对，或者有意为之，以去除多尔衮对皇权的影响，为儿子福临的顺利掌权铺路，并给敢于觊觎皇权者以警示，但有更多人认为也可能是福临违背母意强制去做的。

太后下嫁之谜的主角布木布泰，经历了一场场政治斗争的洗礼，越加成熟老练，在此后的漫长岁月里，辅佐了两代幼年皇帝——顺治帝福临和康熙帝玄烨，对清初的政治格局、对大清帝国的兴旺发展，都有着不容忽视的影响，是一位对国家、对民族有着重大历史功绩的政治家。

当布木布泰暮年回首往事的时候，一定不会忘记这一段延续了二十余年、几乎占了她生命的三分之一时间的恋情，一定不会忘记短短的一年多的第二次婚姻。这对后世人是一个谜一样的故事，对于她来说，可能更像做了一场美丽的春梦。

第六章　顺治皇帝出家之谜

福临君临天下，孝庄一手促成

顺治皇帝名福临，爱新觉罗氏，清太宗皇太极第九子，崇德三年（1638 年）戊寅正月三十日戌时出生，六岁继位，是清朝入关后的第一位皇帝，生母为孝庄文皇后博尔济吉特·布木布泰。

因为他的母亲是布木布泰，从一出生，福临就是历史上的幸运儿，上天给予福临的是一个极其特殊的机遇。在中国乃至整个世界的历史上，多少人费尽心机、要尽阴谋诡计，不惜背信弃义、骨肉相残，不在乎流血千里、伏尸百万，不在乎国家存亡、天下大乱，孜孜不倦、梦寐以求而百般得不到手的皇位，因为其母的巧妙运筹，五岁的福临不费吹灰之力就得到了！他得到的皇位，是让他拥有东北到鄂霍次克海、西北到贝加尔湖、南临万里长城和大海的至少三百万平方公里版图的大清国，小小的他高高在上地接受臣民的朝拜，他难道不是天下最幸运的人？

顺治皇帝福临

从这时开始，福临就过着和平常孩子完全不同的生活。他的衣食住行都是全国最高规格的，他的仪仗随从都是全国最庞大最气派的，他要在各种隆重的祭祀活动中，代表国家和全体人民直接和天地神灵打交道。

顺治元年（公元 1644 年），福临刚继位不久，又一块大馅饼落到了他手中，风雨飘摇的大明王朝被强大的李自成农民军推翻了！大清朝多年来积蓄力量、壮大自己，终于等到了南下中原、争夺天下的时机。摄政王多尔衮倾举国之兵，如狂风暴雨一般席卷了中原大地，取得了中国战争史上罕有其匹的辉煌战功，大清国的都城从沈阳迁到北京。福临被大人们簇拥着祭祖祭陵祭告天地，然后起驾南行入关，摄政王率诸王贝勒文武大臣到通州迎驾，簇拥着小皇帝和两宫皇太后进永定门、进正阳门、进大清门，进入了紫禁城皇宫。十月初一日，福临即皇帝位于武英殿。就这样，福临无须费心筹算策划，无须临阵冲杀，就得到了明朝的江山，成为当时世界上面积最大、人口最多的帝国的君主。

但让人不解的是，这么一个天下最幸运的孩子，拥有国家的一切，在长大成人，可以自由行驶皇帝权力的时候，宫中突然传出他要出家为僧的消息，这是真的吗？尊贵的顺治皇帝要置手中的一切，天下的臣民于不顾，却甘愿去伴守青灯古佛，这是为什么呢？

一个人长大后的性格与所作所为，与其小时候的经历和所受的教育有很大的关系。所以顺治帝长大后的出家厌世行为，还应从小时候说起。

可以说从刚出生时，福临就是天下最尊贵的人，五岁之后，权力通天的多尔衮都得向他下拜称臣，他是天下的最高得益者。他的至高无上、至尊至贵的天子意识就这样逐渐形成，再加上他先天的敏感气质和后天娇惯出来的任性，在他幼小的心里，早早就种下了狂妄和暴戾的种子，这给他短短的一生带来许多痛苦和烦恼。

对于多尔衮等人的慷慨赐予，布木布泰和福临母子俩对得到这些的感觉是不大一样的。小小的福临心安理得，因为他觉得这天下就该是他的，他是天子，是他在沈阳清宫大政殿里命将出征，是他授给摄政王奉命大将军印，是他向多尔衮亲口下谕说：因朕年幼，特令摄政王代统大军，往定中原。摄政王多尔衮的“奉命大将军”，奉的就是他这位大清皇帝的圣命！也许幼小的他会认为，如果他能亲统八旗大军征战天下，一样能得中原、得天下。

福临母亲布木布泰却心里明亮。当初多尔衮带走了大清国几乎全部军事力量入关，在短短的时间内摧枯拉朽般击败了各路对手，在北京立住了脚，那时候要想背叛他们母子，自行称帝立国，简直易如反掌。所以她心里实在为儿子，也为自己捏着把汗。多尔衮竟然主动迎请幼主迁都登基，布木布泰内心对他的感激是不言而喻的。只因为孩子太小，她还不好对小皇帝透彻明言。

母后下嫁，福临纠结

六七岁的儿童就当了大国的皇帝，福临的自尊心可说得到了巨大的满足，这种心理也让他渐渐目空一切。不过，随着福临年龄的增长，他感觉到其实他并不能左右什么，因为他的面前还有个皇父摄政王，那才是天下真正的主子，于是他天子的自尊、大清国皇帝的感觉渐渐受到遏制和压抑，稚嫩的心灵也渐渐蒙上阴影。

多尔衮手握实权，孝庄太后就不得不尽力与他搞好关系，来到北京后，孝庄甚至不惜以太后之尊下嫁，屈身安慰多尔衮，但这样一来，她和儿子便分宫而居了，常常数月不得一见。母子亲情被隔断，福临来自母亲的关怀爱护被夺走，又处在摄政王的亲信们时时刻刻的监视之中，不知何日会有性命之忧，他的恐惧、孤独、寂寞、痛苦可想而知，而且他的痛苦、他的心事无人可以倾诉，无人能够分担。对一个小孩子来说，这境遇实在是太残酷了！

其实不但是太后下嫁之后，就是没有下嫁时，福临也是不能常与母亲见面的。清朝迁都北京后，迅速向明朝学习，并很快完善了体制上的各种规章制度，按照大明祖制，皇家子女出生后，不能由亲生母亲抚养，要交由宫中女官、乳母、宫女、太监和师傅们养育辅导。于是到北京后，孝庄皇太后住进了慈宁宫，七岁的福临大约是住在位育宫，按要求他只能和母亲分开来自己单独住，不过这个要求是谁下的呢？恐怕只有多尔衮了。

多年以后，早已把死后的多尔衮批判得一文不值的顺治皇帝，仍然充满怨恨地谈到，多尔衮摄政时，自己和皇太后要分别居住在不同的宫室里，经常要几个月才能见上一面，以至于皇太后时时牵挂，特别难受。

顺治皇帝将此归罪于多尔衮，肯定有他的道理。从多尔衮的角度看，将他们母子隔开，固然有皇家制度的因素在起作用，不过，多尔衮和孝庄之间的私情，可能是更重要的原因。

如今我们已经很难知道多尔衮与孝庄皇太后之间的感情究竟是怎样的情形，但福临长大后，性情偏执强烈，形成严重的分裂型人格，和自己母亲的关系也恶化到几乎无法弥补的程度。从一般心理学规律判断，这种情形，必定和他童年与少年时期的成长经历密切相关。而多尔衮和孝庄皇太后的关系，可能使他受到过极大的刺激。这应该是他痛恨多尔衮的最重要原因。

随着年龄越来越大，身为皇帝的福临可能日益感受到了多尔衮庞大权势的威压，所以他极其讨厌多尔衮对自己的操纵。

多尔衮的名号，由摄政王而“叔父摄政王”，又“皇叔父摄政王”，后来直接是“皇父摄政王”，这样等于他成了皇帝的爹，当然是说一不二的。

顺治三年五月时，多尔衮将皇帝专用印信兵符收到自己府中管理。这是调遣全国军队的唯一凭证，本来是唯有皇帝才有权力握有，但多尔衮的却将其拿到了自己手里。多尔衮死后，这件事被当成他心怀不轨的证据之一。

其实，恰恰是这件事表明多尔衮真的没有谋夺皇位的心思，因为从他拿到调动全国军队的兵符后，一直到多尔衮死去，其间间隔了四年半时间。在这么长时间里，多尔衮要想夺位，恐怕是没有人能够拦得住他的，但没有任何有力的证据能够证明多尔衮曾经有过谋取皇位的行动。

即便多尔衮如此，对于他的专权，福临也是极为不满。他心里虽有气，但并没有过多地表现出来，他对摄政王常常是感激加恭敬，从无违逆，也许是他的戏演得不错，摄政王始终当他是长不大的孩子，始终没有看透他内心的仇恨，终摄政王执政之期，福临都得以安全无事。

福临在多尔衮摄政之下的这种心理状态，或许能为多尔衮远离其母子找到另一种解说。福临从小聪明过人，这与他母亲布木布泰的教导应该有很大的关系，而且宫廷里等级森严，使他早就懂得奴与主、君与臣是怎么回事，也早就有天潢贵胄的优越感。母亲更会不停地向他灌输皇家至尊至贵、皇子至尊至贵的信条。所以，从他开始懂事起，自尊自大就成了他主要的性格特征。

顺治帝曾居住的位育宫

让福临尤其受不了的是，多尔衮和他的母亲或明或暗的勾勾搭搭，这使他觉得他们两个都见不得人，自己更是为之羞愧难当，纠结不已。

对福临而言，多尔衮的威胁是多方面的，福临应该也曾向母亲发泄对多尔衮的不满，母亲则会向他叙述当年多尔衮让位之德和忠于幼主、征明安天下的大功劳，意在使福临感激多尔衮，平息他的情绪。结果却适得其反。福临自尊心极强，心想皇帝才不要感激别人，于是在他表面的感激下，就更深地潜藏了愤恨和对多尔衮的仇视。

那么多尔衮是如何对待小皇帝福临的呢？从摄政伊始，多尔衮对后宫和小皇帝采取了两个方面的措施，第一，规定从孝庄皇太后开始，严格执行后宫不得干政的制度；第二，对于顺治小皇帝采取顺其自然的教育办法。

在关外的时候，多尔衮就给顺治请了五位师傅，三个满人，两个汉人，五人进行教育，入关后，又给他派了三个新的师傅，结果小皇帝不满了，顺治成年以后就经常抱怨，说叔叔摄政王就怕我学习好，成天让我玩，其实满人从小在马背上长大的，所以骑马射箭就是他们的传统，这是满族的教诲啊，怎么可以说是光让他玩不让他学呢。

对于长幼关系的处理，多尔衮做得不好，他觉得顺治是自己的侄儿，自己又没儿子，自己对他的教育是应该的，可是小福临并不这么想，在母亲的教育下，他只知道皇帝是天下最大，他的老师也对他说，您生下来就是皇上，谁都得听您的，谁在您面前说话都得自称奴才，顺治皇帝也就接受了这样的思想，觉得他叔叔摄政王就应该怕他，但现实却是他叔叔一点也不怕他这个皇帝，反倒是自己有点怕叔叔。这样，小顺治就开始对多尔衮有不满的地方了，长此以往，顺治对叔叔多尔衮怨恨渐深。

因为多尔衮的影响，福临长期陷入心理矛盾中，要用外表的贪玩嬉戏、无所事事来掩盖内心的仇恨和算计；又要以高傲的天潢贵胄的优越面孔去压住内心的软弱和胆怯，他本是个敏感的孩子，复杂境遇的刺激，使他变得喜怒无常，变得神经质。他的病态自尊可以发展到刚愎自用、狂暴，常常以鞭打侍从太监来发泄仇恨和怒气；但他内心的自卑又使他脆弱到暗自落泪。这样的心理矛盾和复杂性格，给他后来的政治生涯带来灾难性的后果。

福临性格古怪，孝庄难以管束

如果没有孝庄太后替福临操持着一切，真不知他会做出什么事来，如果不是多尔衮英年早逝，结束了摄政局面，中断了福临极不正常的成长环境，也说不定他们之间会发生什么。不然，福临会变成一个孤僻、冷漠、刻忌的怪人，甚至会发疯也说不定，这也许是福临厌恶皇位的早期原因。

无论如何，多尔衮的死亡，标志着他的时代已经成为过去，孝庄又从多尔衮身边完全回到了儿子福临身上，在孝庄皇太后扶持下，13 岁的顺治帝福临开始亲政。而这个受多尔衮和孝庄皇太后双重教育影响下长大的孩子，此时终于在全天下人面前表现出了鲜明的双重人格。

在大臣们众目睽睽的朝堂上，他虽然仍然年少，但他是顺治皇帝，他雍容俨然，颇有人君气象，退朝回宫后，则骄纵易怒，异常横暴。不止一种史料里谈到这位小皇帝时常会失去控制，经常在暴怒中鞭打宦官和宫女们，可说是喜怒无常，这种性格也导致在他 11 年的执政生涯中，他将母子关系、君臣关系、夫妻关系全部搞得高度紧张，国事私情都弄得如一团乱麻。

亲政之初，福临倒也是胸怀大志，努力进取，但他的天性中又存在着浮躁易怒、任性放纵的顽症。八年二月，皇太后告诫皇帝的谕中有“惩忿戒嬉”，这是母知其子，可谓说到了病根。后来和尚木陈忞说他“龙性难撄”，茆溪森说他“生平性躁”，看法都是一致的。

从努尔哈赤开始，清廷的规矩是宫女不以汉人充当。但在太监的影响下，福临追求声色，耽于逸乐，选收汉人宫女，顺治十二年竟派内监赴江南采买女人，弄得大江南北人情惶骇，为避免灾祸临头而纷纷嫁女。七月，兵科右给事中季开生特上疏谏阻。福临览奏非常气愤，他强辩说根本无买女子之事，于是将其革职，流放尚阳堡。事后，福临又怕因此堵塞言路而一再求言，十五年五月御史李森先上奏说，

顺治通宝——清朝顺治年间的钱币

皇上屡下求言之诏，而大小臣工犹然迟疑观望的原因在于，“从前言事诸臣一经惩创则流徙永锢，遂相率以言为戒耳”。他建议要开言路，首先应将因建言被流放的李呈祥、季开生等予以恩赦。结果福临又恼火了，他斥责李森先“明系市恩徇情”，“著吏部从重议处”。于是李森先又险些遭到流放。

福临刚愎自用，对一切冒犯其尊严或不顺心者，动辄惩处，有的则是该惩而不惩。顺治十二年，他已严令不许太监干政，并立十三衙门铁牌，禁令昭昭，但十五年二月就暴露了“内监吴良辅等交通内外官员人等”“作弊纳贿，罪状显著”之事。如按十三衙门铁牌敕谕应“即行凌迟处死”。福临却另有一番言辞：“若俱按迹穷究，犯罪株连者甚多。姑从宽一概免究。”“自今以后，务须痛改前非，各供厥职。”其实这话仅用之于太监，而与太监交往勾结突出者，如大学士陈之遴以及陈维新、吴维华等人，却遭到了流放盛京或宁古塔的惩处，太监，尤其是吴良辅却仍然安然无恙。福临自坏章法，就是他偏爱太监之故。

但福临并不是将错就错到底的昏君，这位在人生道路上大胆迈进，具有鲜明个性而尚不成熟的青年君主，还不失真诚治国之心。他在坚持满洲特有权力而严厉惩处汉臣的同时，也并非没有自己的思想。当议政五大臣会议逃人法时，他曾表示：“因一罪犯牵连众人，荡家废产远徙他方，朕心不忍。且所议大小官员等罪亦属太过。”要求其“详慎定议”“另议具奏”。十三年六月在谕八旗各牛录时说逃人法中所定的株连罪“非朕本怀也。尔等亦当思家人何以轻去，必非无因。果能平日周其衣食，节其劳苦，无任情困辱，无非刑拷打，彼且感恩效力，岂有思逃之理？”这是发自肺腑的明察之言。十七年五月他更向吏部发出这样的谕旨：“朕统御寰区，焦心图治，前此屡有引咎省躬诏谕，自今追思，皆属具文，虚邀名誉，于政事未有实益。且十二、三年间时有过举。”“向因建言得罪流徙降革等官，吏部详察职名事迹，开列具奏。”他再次希望“科道各官尤当尽言无隐，即朕躬阙失，亦直言勿讳，朕不惟不加罪，并不芥蒂于心”。在此谕后，季开生复原官、归骸骨，李呈祥、魏琯等免罪。所赦言臣尽管很少，但终能自责并见诸于实际行动。

孝庄教育失策，母子斗争不断

观顺治帝之为政，无法评述褒贬，好在他的母亲孝庄在大事上能替他做主，帮他纠正了不少错误，但这也引起了他的极度反感，以致母子二人关系势如水火。

顺治八年正月十七日，福临亲政后的第五天，群臣奏请皇帝批准，要在二月份为皇帝举行大婚典礼。小皇帝却批示“所奏不准行！”

群臣尽皆吃惊，都面面相觑。这事早已由孝庄皇太后和多尔衮确定，请皇帝批准本来只是一个形式，因为新娘子是孝庄皇太后的亲侄女，皇帝的亲表妹，既有亲上加亲的意思，也有笼络蒙古贵族的含义，还有皇太后巩固自己娘家力量的深意在，但福临不同意也不行，孝庄哪里容许13岁的小皇帝“不准行”？于是经过几番波折，八个月后，大婚典礼照样举行。

谁知两年多以后的顺治十年八月，未满十六岁的顺治皇帝突然下诏宣布废后，在朝野上下又掀起了一场轩然大波。顺治皇帝明明白白地告诉全国臣民，自己和皇后有夫妻之名，无夫妻之实，结婚三年没有过夫妻生活，这个皇后根本就不具备母仪天下的能力与资格。福临直截了当地道出了自己的不满，说这个皇后是“因亲订婚，未经选择”，将矛头直指孝庄皇太后。

据福临的诏书中说，这位皇后虽然长得美艳，但心地不端，特别崇尚奢侈，极度忌妒，见到容貌漂亮一点的女孩子就感到憎恶，必欲置之死地而后快。而且对皇帝的一举一动都要猜忌防范，因此自己就尽量不见她。而在此期间，其他妃嫔为他生了两个孩子，未来的康熙皇帝也将在半年后降生。

在群臣的竭力反对浪潮中，福临停止了对皇太后的晨昏定省之礼，不接见任何人，包括孝庄皇太后的贴身侍女苏麻喇姑。这位苏麻喇姑从小把福临带大，福临称之为姐姐，可谓是他最为亲密的朋友。

耐人寻味的是，孝庄皇太后起初一言不发，后来，在势成僵局之际，她主动出面说服诸王大臣同意废后，她牺牲掉自己的亲侄女，成全了儿子福临。实际上，孝庄皇太后在对儿子作出让步的同时，也等于是在用自己的行动诏告天下，皇帝的尊严是至高无上的，任何人都不能违背皇帝的意志！于是顺治帝赢了母亲，这个16岁的青年皇帝从此将军国大政的决定权牢牢掌控到了自己手里。

顺治皇帝“龙性难撄”，与母亲斗争不断，他的一些作为也是缺乏节制，缺乏考虑的，因为他习惯了任性而为，而孝庄对已经长大的他也没有很好在办法。如在对待后妃上，孝庄基本是没有一点办法，福临废后基本是突然袭击，打了孝庄一个措手不及，孝庄太后知道再劝也没用，又因为她也看不惯皇后的一些做派，于是只好答应了儿子。

但孝庄并没有放手顺治皇帝的婚姻，可能她与儿子顺治帝进行了这样的约定：废后可以，但必须仍然娶自己娘家科尔沁蒙古一族的女子，顺治帝是孝庄看着长大的，知道自己拗不过老娘，便见好就收，答应了这样的约定。于是顺治帝的第二位皇后，也是博尔济吉特氏，是孝庄皇太后的侄孙女、福临的外甥女。她是在第一位皇后被废的一年后册立的。到顺治十五年正月初三，刚刚过完春节，皇帝便下令“停进中宫笺表”，就是虽然保留皇后名位，但中止皇后管理内宫权力的意思。一年后，皇帝因为一件小事又下旨痛责孝庄皇太后的两个同胞哥哥，也就是自己的舅舅，并准备命令有关部门严加议处。可能是因为孝庄从中作梗，这两件事情最后全都虎头蛇尾、不了了之。这些也反映了顺治帝与母亲孝庄太后势如水火的矛盾。

顺治皇帝见诸史册的后、妃、庶妃十九人，没有生育而失载的不知凡几。他有八个儿子，五个女儿。第一个儿子在他13岁时出生，生下后来的康熙皇帝玄烨时，顺治帝才15岁。在他的后妃中，有五位来自蒙古科尔沁草原的博尔济吉特部落，来自孝庄皇太后的亲族。不过，在他的13个子女中，没有一个是这些后妃所出。这事其实也曲折地表

清代绘画中皇家狩猎的情景

达出了这位皇帝对自己母亲的态度，古语说爱屋及乌，顺治帝对其母亲，可说是恨屋及乌了。

造成顺治帝做出反对母亲这些行为的原因，与其小时候的经历和所受的教育有关系。从孝庄太后一生的表现来看，她是极其爱护福临这个唯一的儿子的，为他用尽心思谋得皇位，又为保她的皇位屈尊下嫁多尔衮，其做出的牺牲不可谓不大，但在教育上，过度的宠爱往往会适得其反，导致孩子不但不懂感恩，反倒成了对手或“敌人”，孝庄与福临便是这样，福临根本不理会母亲的苦心，只认为那是对自己的干扰，而孝庄对儿子的所作所为又毫无办法。所以从对儿子的教育上来看，孝庄太后布木布泰是很失败的。

顺治属意董鄂氏，强抢弟媳入宫中

从顺治帝对待后妃的态度这件事上来看，顺治帝是以青少年特有的叛逆心理来和母亲作对的，但还有一个原因是，这时的顺治帝福临已经长大，正是少年多情的时候，他会有自己喜欢的女子，而孝庄为国家大计和母族考虑，却不让顺治帝任意而为，这也加深了母子的对抗，并使得顺治帝因身为帝王的不自由而产生厌倦，这也为其厌倦帝王生活，后来出家为僧埋下了伏笔。

那么让顺治帝为之心动，为其不惜废掉皇后，又不惜与母后作对的这个女子是谁呢？她便是曾让顺治帝福临产生刻骨铭心之爱情的董鄂氏。

从史书上看，福临对于他的后、妃、子女们的感情十分冷淡。前两位皇后在顺治面前备受视若无睹的折磨，史书记载即便在顺治帝临死时，都不许她们前来见最后一面。对于子女，顺治帝也是一样，据说临终安排接班人选时，他一度坚持要将皇位传给自己的堂兄弟，而不愿让自己的亲生儿子继位。其中，可能也有他与董鄂氏的这场爱情在起作用。

顺治帝喜欢的女子董鄂氏，满洲正白旗人，内大臣鄂硕之女，祖籍在辽宁佟佳江流域。董鄂氏原是福临的弟弟博穆博果尔的妻子。在皇太极的 11 个儿子中，博穆博果尔最小。他的母亲是麟趾宫贵妃，在皇太极的崇德五宫中，麟趾宫贵妃名位排在福临的母亲永福宫庄妃的前面，博穆博果尔本应比福临尊贵，但由于庄妃过人的机智和运筹能力，终为其儿子福临谋得了皇位，那么其他人不管以前多尊贵，现在只能靠后站了。

董鄂氏的父亲鄂硕为清初将领锡罕子，罗硕弟。天聪八年，鄂硕从贝勒多铎伐明，之后开始随清军征战四方。顺治十三年，擢为内大臣，转为清廷官员，并且可能出任过江南苏州一带的地方长官。董鄂氏从小在富庶甲天下的人文荟萃之地长大，读过不少汉家诗文典籍，深受汉文化的熏陶。因此，行为举止很有江南女子的温婉气象，据说在满族亲眷中颇为出类拔萃。

顺治九年，按照大清制度，14 岁的董鄂氏选秀入宫，被指配给博穆博果尔为妻，她的年纪比自己的丈夫可能大两岁。按照大清皇室规定，帝国勋贵们的妻子必须轮流入宫陪侍后妃。作为皇帝的弟媳妇，董鄂氏负责入侍的是孝庄皇太后。按照皇室制度，皇帝每天必须早晚两次到皇太后宫中请安，术语叫“晨昏定省”。于是，皇帝和自己的弟媳不可避免地碰了面，并一见钟情，当时，这两个年轻人的年龄大约都在 16 岁上下，正是多情怀春之际，从此陷入热恋之中。

顺治十一年四月，奉皇太后懿旨，皇帝下令废止了勋贵妻子入侍的制度。显然，这与孝庄皇太后发现皇帝的出轨恋情有关。两个月后，在孝庄皇太后的坚持下，皇帝册封了第二位博尔济吉特氏皇后。

顺治时期的瓷器

生活中有一种现象，即在陷入热恋中的年轻人面前，双方的长辈时常会显得力不从心。他们强力干预的结果，往往不是所有的人都陷入痛苦，就是以悲剧告终，所以孝庄的阻拦并没有见效。

博穆博果尔人虽小，但可能继承了蒙古人与女真人好勇斗狠的遗传基因，从小就渴望领兵打仗，在疆场血战中建功立业。顺治十二年二月，福临下令册封自己这个时年十五岁、没有尺寸之功的弟弟为和硕襄亲王，然后派他随军出征。结果，这小王爷踌躇满志之时，却由于听到妻子红杏出墙的消息，不但没能杀敌立功，反而受到了极大的羞辱，并因之自杀身死。

关于这一段历史，各种史书记载得简约含混，欲说还休，好在有些人知道其中真实情形，如著名的传教士汤若望也记载了这件事情，若将种种说法综合起来，可知情形大约如下：有一天，博穆博果尔在军营办事，他的一帮军士聚在一起侃大山，说到他们的这位和硕襄亲王上司时，这帮人颇为不屑，很是鄙夷地谈论其王妃董鄂氏红杏出墙的事，说小王爷虽然是领军统帅，却不知已被戴上了绿帽子，这些士兵兴高采烈地谈论之时，谁也没有注意到那小王爷就在边上听着呢。这天潢贵胄、骄纵无比的小王爷哪里受过这种羞辱？他操起一把利剑就向那帮士兵杀去。一时间哀声四起，惨叫连连。

但博穆博果尔杀人后仍怒气未消，随后他返回王府找董鄂妃兴师问罪，却不见董鄂妃人影，问左右仆人，有人吞吞吐吐地告诉他王妃进宫去了。博穆博果尔更加气愤，又发疯一般闯进皇宫大内，结果媳妇是找到了，但正是和他的哥哥顺治皇帝在一起，博穆博果尔怒火冲天，大骂两人为通奸的狗男女，结果顺治帝不但不觉得羞耻和对不住兄弟，反倒勃然大怒，立即起身当众打了弟弟两个耳光，让他滚回去。处于疯狂状态的博穆博果尔叫天不应，呼地不灵，不由大声号哭，回到王府便上吊自杀了。

这件事情发生在顺治十三年七月三日。但当日的大清官方史书《清实录》对此只记载了下列一行字："和硕襄亲王博穆博果尔薨，年十六。"

之后的顺治帝也并没有为弟弟的含冤而死有所愧疚，可能他从来都不觉得自己欠别人什么，因为他是皇帝，他就该拥有想得到的，于是仅在一个月后的八月二十五日，他曾经的弟媳妇董鄂氏，就被他封为皇帝之贤妃，真正地成为了他的老婆；十二月五日，顺治又以"敏慧端良、未有出董鄂氏之上者"为理由，下诏旨，正式册封她为皇贵妃，行册立礼，其父亦进为三等伯，并破格颁诏大赦天下，在有清一代近300年的历史上，因为册立皇贵妃而大赦天下的，这是绝无仅有的一次。

董鄂妃非董小宛，二人都红颜薄命

董鄂妃得封贵妃时约 18 岁，女人进入后宫得到这样快速的升迁，整个中国历史上都十分罕见。按常规，皇帝只有在册立皇后的大礼上，才会颁布诏书公告天下。董鄂妃享受到这种特殊礼遇，也表明她早就和顺治帝有着暧昧的男女关系，并深深地得到了顺治不同寻常的宠爱。同时也正是这个女子，与后来顺治帝的出家有着莫大的关系。

因为史料记载董鄂妃来到顺治身边的年龄是 18 岁，这位极度受宠的贵妃又引起了后人对她入宫前的身份的猜测。因为基本概念是：她是不可能通过报选秀女这个正常渠道直接走近顺治的。清朝相关的法规限定，报选秀女的年龄是 13 到 16 岁。如果隐瞒不报，身为满族军官的她父亲，是要依照相关法规受到处罚的。所以，她这样的年龄，是从什么渠道入宫的呢？最广泛的猜测演义，就是说她是被掳献入宫的江南名妓董小宛。这又引出了清宫谜案中著名的董鄂妃身世之谜。

董小宛像

江南名妓董小宛，名白，字小宛，一字青莲，南京人，出生于明天启四年（1624 年）。这个出生时间，是根据她的丈夫冒襄写的纪念文章《影梅庵忆语》推算的。小宛小时候因父母离异生活贫困而沦落青楼。她 16 岁时，已是芳名鹊起，与柳如是、陈圆圆、李香君等同为“秦淮八艳”。

冒襄，字辟疆，江苏如皋人，生于明万历三十九年（1611 年）三月十五日，冒辟疆与方以智、陈贞慧、侯方域合称明复社四公子。崇祯十年，乡试落第的冒襄与小宛偶尔在苏州半塘相遇。她对冒襄一见倾心，后冒辟疆在钱谦益和柳如是的帮助下为董小宛赎身，之后二人回家成亲。

由于社会动荡，二人相继害过大病，冒襄在董小宛帮助下挺了过来，董小宛却撒手尘寰，年仅 27 岁。

冒襄的《影梅庵忆语》，写于小宛去世后。文中追忆同小宛相识的时间，是明崇祯十二年（1639 年），这年小宛 16 岁。如此推知，小宛应该是在明天启四年（1624 年）出生。而顺治帝则出生于清崇德二年（1637 年），这个概念就是，小宛要比顺治大十三四岁。冒襄记录小宛死亡的时间，是顺治八年正月初二（1651 年 1 月 22 日）。这一年，顺治帝刚刚 14 岁，还没有到大婚的年龄。所以单从年龄和小宛去世的时间上推论，董鄂妃也不可能是董小宛。

况且，在《影梅庵忆语》中，冒襄详细记录了为小宛赎身、一起回家后遭遇的战乱逃亡生活，以及小宛最后病死的全过程。董小宛死去的地点，是江苏如皋叫“水绘园”的家中，也是属于她自己的那间房子里——“影梅庵”。她的死亡，还得到了当时一些著名学士的见证。所以董鄂妃不可能是董小宛。

既然董鄂妃不是董小宛，那么两人便没啥关系了，清史档案中的记载应该就是正确的。外国传教士汤若望也有关于董鄂妃的记录，说她是清廷大学士鄂硕之女，顺治异母弟襄亲王博穆博果尔妃子，满族人，姓董鄂氏。又据清纪晓岚《阅微草堂笔记》记载应为东鄂洛氏，董鄂是汉语音译，而王国维《吴梅村清凉山赞佛诗与董小宛无涉》一文考证为栋鄂氏。

无论从哪一种记载来看，这位董鄂妃都不是董小宛。但同时我们也能发现，这两个女人都是性情极好的女子。对顺治皇帝而言，自从有了董鄂妃，他也有了一段幸福时光，他所有的一切，仿佛都因为这个女人变得有意义起来。对这位已成皇贵妃的董鄂氏来说，应该也是如愿以偿了，但她的入宫，很快就分去了科尔沁蒙古一族的后宫势力，因此是不能得到孝庄太后的好脸色的，其处境之艰难之尴尬也是可以想见的。

顺治帝对董鄂氏眷恋之厚之深，使其受宠程度冠绝后宫。在顺治帝眼里，董鄂妃善解人意，姿容绝代，卓尔不群，才华出众，顺治帝对董鄂妃可谓是一见钟情，至死不渝。

董鄂妃魂断南苑，孝庄后难脱其责

进宫以后，董鄂妃在人际关系处理上如履薄冰，日子过得十分为难。除了对皇太后、皇后丝毫不敢怠慢之外，就连对她们身边的工作人员也都十分小心，对谁都要敬重几分，并想方设法增加其他妃嫔被皇帝宠幸的机会，从而化解别人异样的目光。据说，皇帝批阅公文时，有时会让她帮助参考，她一概“固辞不可”，不敢干预国政。然而，每当秋天皇帝审决刑部报上来的死刑犯名单时，董鄂氏都会恳请皇帝谨慎小心，说是“民命至重，死不可复生”，宁愿失之宽，不可失之严。这也说明这位董鄂妃若不是因为嫁过他人并闹出人命，应该是位不错的贤内助，由此，这位皇贵妃渐渐得到了人们的谅解甚至好感。

顺治帝与董鄂妃情投意合，心心相印，顺治帝集三千宠爱于董鄂妃一身，视六宫粉黛如无颜色。据顺治帝后来亲笔为董鄂妃所写《孝献皇后行状》的描述，每次顺治看奏折时，一般是草草看过后就随手扔在一边了，董鄂妃提醒他应该仔细看，不能忽视；每当顺治要和她同阅奏章时，她又连忙拜谢，并解释说：后宫不能干政。每当顺治下朝后，她总是亲自安排饮食，斟酒劝饭，问寒问暖；每当顺治批阅奏章至深夜，她总是毫无例外地为其展卷研磨，侍奉汤茶。顺治每次听翰林院的官员们讲课结束后，回到寝宫时，她一定会打听讲课的内容，他也会再给她讲一遍，顺治每次讲给她听的时候，她都非常高兴。他们的真挚感情，并非卿卿我我的小夫妻，而在于理性的相互促进。董鄂妃时常陪伴在顺治的身边。更难得的是，她时常劝说顺治，处理政务要服人心，审判案件要慎重。连宫女太监犯错误时，董鄂妃也往往为他们说情。

顺治十四年（1657 年），董鄂妃生下皇四子，顺治帝欣喜若狂，明明是第四子，顺治帝却颁诏天下说“此乃朕第一子”，为此还祭告天地，接受群臣朝贺。举行颁布皇第一子诞生诏书的隆重庆典，大有册封太子之意，当时顺治颁行天下的诏书这样写道：自古帝王继统立极，抚有四海，必永绵历祚，垂裕无疆。是以衍庆发祥，聿隆胤嗣。朕以凉德缵承大宝，十有四年。兹荷皇天眷佑，祖考贻庥，于今年十月初七日，第一子生，系皇贵妃出。上副圣母慈育之心，下慰臣民爱戴之悃，特颁肆赦，用广仁恩。

然而这个孩子生下不到三个月就夭折了，让顺治帝和董鄂妃悲痛欲绝，顺治帝下令追封其为和硕荣亲王，还为他修建了高规格园寝，并亲笔写下《皇清和硕荣亲王圹志》，抒发对皇四子的宠爱和痛惜之情。

偏偏就在董鄂妃丧子期间，孝庄皇太后身体不舒服，移驾到几十里地之外的南苑养病，并命令后妃们前去侍候。这位产后不久且痛失爱子的皇贵妃只能在数九隆冬的冰天雪地之中，前去"朝夕奉侍，废寝忘食"，其间是不是受到了孝庄的虐待，不见史册记录，但不管怎样，董鄂妃就是在伺候孝庄时身体种下病根，此后三年间缠绵于病榻之上，并于顺治十七年（1660 年）八月十九日去世，年仅 22 岁。

当时和后世都有人认为，南苑是皇家猎场，到了冬季便一派肃杀，孝庄皇太后实在没有理由在这种时候偏偏到那儿去养病，除非是她存着心想折腾什么人。因此，很难说这种情形不是她为了报复董鄂氏所故意导演的一场悲剧。

著名传教士汤若望有书记载，顺治皇帝对董鄂妃之死尤其不能接受，此事几使他精神崩溃，他"竟至寻死觅活，不顾一切"。顺治皇帝还为董鄂妃写了一篇《孝献皇后行状》的悼文，称得上字字血，声声泪，就连清朝文人都觉得此文"导扬优美，词意恳切。若非多情人，曷克臻此？"全文近五千字，但文中追思无尽，却又处处话里有话，讲董鄂妃则辛酸无比，讽刺他人则辛辣非常，此似乎就是为了讥刺他的母亲——孝庄皇太后的心机与伪善。

董鄂妃崩后，顺治帝悲恸欲绝，他以超常的丧礼来表达对爱妃的哀悼。第三天，即八月二十一日，福临谕礼部："皇贵妃董鄂氏于八月十九日薨逝，奉圣母皇太后谕旨：'皇贵妃佐理内政有年，淑德彰闻，宫闱式化。倏尔薨逝，予心深为痛悼，宜追封为皇后，以示褒崇。'朕仰承慈谕，特用追封，加之谥号，谥曰'孝献庄和至德宣仁温惠端敬皇后'。其应行典礼，尔部详察，速议具奏。"

出殡之日，顺治帝命令上至亲王，下至四品官，公主、命妇齐集哭临，不哀者议处，幸亏皇太后"力解乃已"。顺治欲将太监、宫女 30 名悉行赐死，"免得皇妃在其他世界中缺乏服侍者"，后被劝阻才作罢。

清东陵——清代皇帝和后妃们的陵墓

顺治十七年（1660年）八月二十七日，董鄂妃的梓宫从皇宫奉移到景山观德殿暂安，抬梓宫的都是满洲八旗二、三品大臣。这在有清一代，不仅皇贵妃丧事中绝无仅有，就是皇帝、皇后丧事中也未见过。

董鄂妃生前与顺治关系之好，为历来帝后中少见，董鄂妃本来不信佛教，顺治有时用一些禅宗经典来告诉她，而且为她解释《心经》的深层含义，因此成了她推崇尊敬的至宝，她专心研习禅学，参悟探究“一口气不来，向何处安身立命”一语，每次遇见顺治，就总举出这句话：顺治每次都笑而不答。因为长期患病，董鄂妃靠着桌几床榻研习。到了病渐渐加重，仍研习前面的佛说，死前其言语举动丝毫不乱，端坐念佛号，坐化后其颜色面目都很安详端整，和平日没有什么两样。

董鄂妃丧事，孝庄皇太后率领众后妃前来参加，她伤心哀痛地说：“我儿子的好媳妇儿啊，就是我的女儿啊。我希望能让他们二个人永续好合，好让我不要老得那么快，现在董鄂妃离去了，谁还能像她那样侍奉我啊？还有谁能如此顺我心意呢？我有什么话，又同谁诉说啊？又能和谁一起谋划事务呢？”

厌红尘顺治出家，得天花世宗去世

对于董鄂妃之死，最悲痛的无疑还是顺治皇帝福临，他了无生趣决心落发出家，遁入空门。顺治十七年（1660年）九月，董鄂妃死后不久，他半是请求半是强迫，让禅宗临济宗的一个和尚在万善殿中为自己落了发。然后，准备举行皈依仪式，正式出家为僧。

关于“顺治出家”是否真有此事，之后渐成为清宫一大疑案。关于该案比较流行的说法是，顺治因爱妃董鄂病死而消沉出家，出家地点多认为是五台山。后来，康熙帝又多次陪奉母后游巡五台，遂更有顺治帝出家五台山、康熙来此寻父之说。

顺治皇帝出家之事的确是真的，据说他决意出家之时，孝庄皇太后知道自己对儿子已经完全失去了影响力，聪明的她立即派遣人马火速赶往浙江湖州，召为皇帝落发的那个和尚的师傅来京。这个老和尚法名叫玉林绣，他深知这件事情处理不好后果有多么可怕，于是在来到皇宫以后并不去见皇帝，而是径直来到万善殿，命众僧徒把那个不知深浅、为皇帝落发的家伙捆绑起来，准备把他活活烧死。

老和尚在庭院里搭起一座高台，下面堆满薪柴。就在他拿着火把准备点火之际，闻讯赶来的顺治皇帝福临，从老和尚手中夺下了火把，答应蓄发，不再出家。

此事过去四个月以后，大清顺治十八年（1661 年）正月初一，皇帝没有出席百官朝贺的元旦大典。第二天，清代官方史书《清实录》记载：上不豫——皇帝龙体欠安。有众多资料显示，这一天，皇帝来到了位于宣武门外西南的悯忠寺，出席了太监吴良辅削发为僧的仪式。

这个名叫吴良辅的人，是个从小陪伴皇帝一起长大的太监，此次，他作为皇帝的替身，受命代皇帝出家为僧。后来顺治皇帝去世，他马上被孝庄皇太后下令从寺庙里抓回来处死。理由是，他勾引教唆坏了皇帝，他要为皇帝生前的所有不当举止负责。

到正月初六，《清实录》先是说皇帝身体偶尔感到不舒服，随后同一天，便说“上大渐”——皇帝进入了弥留状态。当晚，到初七日子时，即初六晚上十二点，皇帝就死在了养心殿，时年仅 24 岁，庙号世祖。

顺治皇帝，他得的什么病？怎么治的？经过如何等等全无记载。然后，就是遗诏颁于天下。就此，顺治皇帝之死成为大清朝的一个谜团。

由于顺治出家和顺治之死离得如此之近，又由于顺治皇帝的确非常想出家为僧，所以他的出家和死亡都是谜，并且人们常把这两者作为一个谜来看。有许多人坚信，顺治皇帝真的

悯忠寺天王殿

出家去了五台山，否则对佛祖并没有那么虔诚的孝庄皇太后与康熙皇帝，不会三番五次地前去五台山烧香礼佛。但也有人认为顺治皇帝应该是染上了满族人最缺少抵抗力的天花，从而一病不起最终去世的。

顺治皇帝福临在位 18 年，于国家治理上基本沿袭了多尔衮摄政时期的方针大略，其他甚少建树。据说，福临十分倾慕汉家文化，曾经废寝忘食地苦心钻研，他能诗善画，很有汉族士大夫的风致，在融洽满汉之间的关系上可能起过不小的作用。可惜的是，在他母亲和多尔衮的摆布下，这位“天生福人”生活得实在是算不上幸福，他给自己帝国臣民带来的，也甚少福祉可言。若假以时日，或许能够做得更出色一些。可惜，在时年 24 虚岁的鼎盛之年他便匆匆逝去，让人惋惜。

西方一衲子，错生帝王家

顺治帝去世时才 24 岁，这个年龄的人免疫力很高，是人最不容易因病死亡的时期，因此很多人不认为顺治帝是死去了的。他消失于人世间，很大可能是入了佛门，因此顺治出家之说让很多人信服。

那么顺治真的出家了吗？关于这件事，目前主要流行两种说法。

第一种说法是说顺治并非在 24 岁亡于天花，而是在这一年脱去龙袍换上袈裟，于五台山修身向佛，并于康熙五十年（1711 年）左右圆寂。期间，康熙皇帝曾经数次前往五台觐见父亲，但都没有得到顺治的相认，所以康熙才会写出“文殊色相在，唯愿鬼神知”的诗篇。至于顺治帝出家的原因，则是因为顺治帝梦到爱妃董鄂氏选择五台山修行。

这种说法主要存在于《顺治演义》《顺治与康熙》等野史和文学作品中。尤其是当时著名才子吴伟业（梅村）写的一组《清凉山赞佛诗》，此诗是一组长诗，诗文影射顺治在五台山修行，并用“双成”的典故和“千里草”代指“董”姓。由于吴伟业的诗素有“史诗”之称，所以信者很多。而这一切，又可以在五台山找到相关的附会。并且文人骚客们又将吴诗中的“房星竟未动，天降白玉棺”两句，附会成为董小宛与顺治帝有夫妻之名而无夫妻之实，最终思念冒辟疆忧郁而死。至此，“顺治帝为董小宛出家五台山”的传说，便成了凄惋悱恻的完整故事，流传至今。

吴伟业像

但传说毕竟是传说，传说多是由人编造的，不同于事实。王国维曾为此事专门撰文《吴梅村清凉山赞佛诗与董小宛无涉》辩驳此事。而且即便五台山有与此说相关的附会证据，也不能证明顺治帝真的就在五台山出了家，因为此说里所说的董鄂妃，乃秦淮八艳之一的董小宛，前文已证明董小宛与董鄂妃并非一人，因此此说并不可信。

第二种说法是顺治确曾出家为僧，但迫于其母孝庄太后等人的压力，后来又还俗了。这一说法来自于《大觉普济能仁国师年谱》《旅庵和尚奏录》《敕赐圆照茆溪森禅师语录》《北游集》《续指月录》等僧侣书籍的记载。这些书用语录及偈语的形式，记载顺治曾经在十七年（1660 年）十月中旬于宫中，由湖州（今浙江吴兴）报恩寺和尚茆溪森为其举行了净发仪式。但剃了光头本已出家的顺治，又在茆溪森的师父、报恩寺主持玉林琇的谆谆诱导和要烧死茆溪森的胁迫下，回心转意，蓄发还俗了。顺治帝也曾有诗作讲到“我本西方一衲子，为何生在帝王家”，表示其真诚向佛之心。

这样一来，我们首先需要搞清的，是顺治帝在 24 岁那年是不是真的去世了，问题基本就清楚了。

中国第一历史档案馆，藏有明朝、清朝遗留的原始档案一千余万件。在这些珍贵的历史资料中，最受其时皇家尊崇保护的，是《实录》《圣训》和《玉牒》。它们在漫长的清朝统治时期，被单独专门保护在皇史宬（今北京南池子）的金匮里，由专职守卫看护。其中的《实录》，是由继位的皇帝组织人员，依据各种文书档案，按照年月日的顺序，为去世的皇帝编写的事实记录。由于精心的保护，《清世祖实录》金黄色的绫面到现在还像新的一样。在该《实录》卷一百四十四这样记录着："顺治十八年，辛丑，春正月，辛亥朔，上不视朝。免诸王文武群臣行庆贺礼。孟春时享太庙，遣都统穆理玛行礼。壬子，上不豫……丙辰，谕礼部：大享殿合祀大典，朕本欲亲诣行礼，用展诚敬。兹朕躬偶尔违和，未能亲诣，应遣官恭代。著开列应遣官职名具奏。尔部即遵谕行。上大渐，遣内大臣苏克萨哈传谕：京城内，除十恶死罪外，其余死罪，及各项罪犯，悉行释放。丁巳，夜，子刻，上崩于养心殿。"

这段话的意思是：在顺治十八年正月初一，顺治帝免去群臣的朝贺礼仪，而且当日应该举行的春季第一月祭祀太庙的礼仪，也派官员前往。初二日，顺治帝身体不适。初六日，顺治帝传谕，应该由自己参加的大享殿礼仪，因为身体不适，需要派官员代祀，让礼部列出代祀官员的名单，并且因为病情迅速加剧，又传谕赦免京城内十恶死罪以外的一切罪犯。初七日的凌晨相当于现在零点到一点这段时间，顺治帝就去世了。

从以上《清世祖实录》的详细记载我们可以看到，顺治皇帝被明确记载患病，是在初二日，而初六日，则"大渐"了。"大渐"这个词在皇帝身上应用，应该是非常慎重的。因为这个词表示病情急剧加重而且很危险。至于去世的具体时间，记载是"丁巳，夜，子刻"。这里，"丁巳"是初七日的天干地支记日。"子刻"，虽然相当于现在的二十三点到一点，但在旧历的记时方法中，表示的是"开始"——记时是从"子时"开始往后按子丑寅卯的顺序推算。所以"丁巳子刻"，应该是初七这一天的凌晨零点或一点的时候。中间的"夜"字，只是表示深夜而已。但在大部分的史学研究专著中，都解释成是初七的深夜，也就是将顺治的去世时间拖延了十二小时。这样，从原始的《清世祖实录》这一史料中证明，顺治皇帝病逝于顺治十八年正月初七日子刻，但病因未述。

档案馆藏有的《玉牒》，则是清朝皇帝的家谱。它从努尔哈赤的父亲塔克世开始记录。塔克世子孙后代这一支，称"宗室"，使用黄色；塔克世兄弟的子孙各支，称"觉罗"，使用红色，而且在家谱格式上，分"横格"和"竖格"两种版式。横格玉牒只简单记录世系，竖格玉牒则不仅有世系的表述，而且还详细记录该人的生卒和婚姻。记录顺治皇帝情况的玉牒，其去世的时间，与《清世祖实录》的记载相同，但同样没有说明病因。

另外，档案馆还存有顺治皇帝的《遗诏》。该《遗诏》长 548 厘米，宽 93 厘米，黄纸墨迹，卷轴状保存。遗诏中，顺治皇帝对自己渐习汉俗、早逝无法尽孝、与亲友隔阂等事做了自责，同时宣布由八岁的儿子玄烨即皇帝位。这份遗诏，由于充满了自责，使不少人猜度它并非出自顺治帝，而是出自顺治帝的母亲孝庄皇太后，因为自责的内容，多是皇太后对顺治帝的不满之处。但仅以自责内容就判定《遗诏》并非出自顺治帝，也有些牵强。

如果沿着顺治帝的成长轨迹去摸索他的思想感情基础和思维方式，这种自责也并非解释不通。首先，顺治是一个初主中原的满族皇帝，对这片土地与人民、生活与文化充满陌生，要实施统治，就不得不尽力熟悉与适应它，并且迅速地背离自身的传统，这是一种深深的矛盾困扰，其自责也在情理之中。

另外，顺治早年曾深受德国传教士汤若望的思想影响，一度笃信基督教，形成了感恩所得、自我忏悔的性格。汤若望是对顺治皇帝影响最大的人之一，尤其受到其天主教思想影响。福临在位期间，经常把各种灾害或者动乱归于自己的“政教不修，经纶无术”，屡次下诏自责，并要求各种文书不能称自己为“圣”，所以这份《遗诏》充满自责，并不完全违背顺治皇帝的思维方式。

这份《遗诏》的撰拟，在《清圣祖实录》卷一中记录，是在初六日召原任学士麻勒吉、学士王熙到养心殿，奉完旨意后在乾清门撰拟的。这段记载，又有奉写遗诏的礼部侍郎兼翰林院学士王熙的《自撰年谱》为佐证。年谱中，王熙记述了被传旨召入养心殿、聆听完顺治帝旨意后起草诏书、三次进呈三蒙钦定的全过程。王熙在《自撰年谱》还写到，在进入养心殿之后，顺治帝对王熙说，我得了痘症，恐怕是好不了了。

汤若望像

另外，在兵部督捕主事张宸的《平圃杂记》中记录：初六日，也就是《实录》中记录皇帝“大渐”的那一天，在传谕大赦的同时，还传谕民间不得炒豆，不得点灯，不得倒垃圾。因为这种禁忌只有在皇帝“出痘”——患“天花”的情况下才会出现，所以此举也能佐证顺治帝是因为罹患天花而去世的。

但是有学者研究后提出，“天花”这种急性传染病的症状是高烧昏迷，病人在死前是不太可能神志清醒的，所以顺治帝不可能像王熙写的那样，亲自口授《遗诏》。其实这份《遗诏》是否出自顺治帝本人，还有待进一步考证，因为孝庄太后完全有可能为了安定局面而替顺治帝写一份遗诏。

从档案馆保存的《清圣祖实录》和其他文献保存单位的一些僧侣文献中可以看到，顺治帝的确是病逝了。在《清圣祖实录》卷一中可以看到，安放顺治帝遗体的梓宫（棺材），在顺治十八年（1661 年）二月初二日，被移放到景山寿皇殿。其后，继位的康熙皇帝在所有应该致祭的日期都前往致祭。卷二中又记载，在四月十七日这一天，康熙皇帝来到安放着顺治帝梓宫的景山寿皇殿，在举行了百日致祭礼以后，将顺治帝的神位奉入了乾清宫，以等待选择吉日奉入太庙。二十一日，则举行了“奉安宝宫礼”。这说明，到二十一日时，顺治帝已经被火化了，因为“宝宫”二字说的是骨灰罐。

关于顺治皇帝被火化的详细记录，在官方记载的档案里尚无记录，但《旅庵和尚奏录》中则写明，顺治帝临终前，对近身的僧侣特别嘱托，因为祖制是火葬，而且自己又信奉佛禅，所以希望如果茆溪森和尚能赶到，就由茆和尚主持火化，如果赶不到，则由位于北京的善果寺和隆安寺来主持。

旅庵和尚即本月旅庵，是宁波天童寺主持木陈忞的弟子。木陈忞在应召入京时把他带到了顺治帝的身边，同另外一些入宫的和尚一起，为顺治帝宣讲佛法。本月

北京景山公园

旅庵的奏录，记录的是自己及他人与顺治帝的奏对，真实性极强。而顺治帝提到的茆溪森和尚，是湖州报恩寺主持玉林琇的弟子。茆溪森对佛法的阐释，曾深深打动了顺治帝并由此得到他高度的信任。

据《五灯全书》记载，茆溪森和尚在接到旨意后兼程赶抵北京，于四月十七日的一百祭日，为顺治帝举行了火化仪式。这就与《清世祖实录》记录的百日祭奠、逢迎神位和安放宝宫相吻合。

所以说，顺治帝是于顺治十八年正月初七日的子刻，逝世于养心殿。病因可能是天花。他的遗体在四月十七日被火化，骨灰存于"宝宫"内。据《清圣祖实录》卷九记载，该"宝宫"在康熙二年（1663 年）四月二十四日黎明启程被移奉孝陵，在六月初六日的戌时，同孝康皇后和端敬皇后的宝宫一起，被安放在地宫的石床上，并掩上了石门。

若从这些书籍和史料的记载来看，关于顺治帝在 24 岁这年离宫出家、朝廷以其病逝为托词的猜度，不过是一个充满想象力的传奇故事而已，但是，这些事是不是有人在人为作假呢？比如，孝庄太后对顺治帝出家之事死了心，为了让继承皇位的小康熙坐稳位置，天下不至于因此事动荡，或者说为了保护出家的儿子福临，孝庄太后也是有可能这样做做样子的，但这些事现今只能靠后人的揣度了，并无直接的证据和让人信服的史料能证明顺治去五台山出家了。

清孝陵——顺治皇帝陵墓

第七章　雍正皇帝死亡之谜

雍正继位疑点多，盛世传承功绩伟

雍正皇帝名爱新觉罗·胤禛，清世宗，清朝第五位皇帝，他在位时期平定了罗卜藏丹津叛乱，设置军机处加强皇权，实行“改土归流”“火耗归公”与“打击贪腐”等一系列铁腕改革政策，对康乾盛世的延续具有关键性作用。

雍正皇帝胤禛是清圣祖康熙帝第四子，母为孝恭仁皇后，即德妃乌雅氏，生于康熙十七年十月三十日（公元 1678 年 12 月 13 日），出生于北京紫禁城景仁宫，康熙三十七年（1698 年）被封为贝勒，四十八年（1709 年）晋封雍亲王。当时的太子胤礽两立两废，康熙诸皇子争夺储位的斗争愈加激烈。与其余诸子明面上的斗争不同，胤禛善于隐忍，懂得韬光养晦。他表面沉迷释教道学，自称“天下第一闲人”，与诸兄弟维持和气，暗中与年羹尧和隆科多交往，加强自己的势力集团，同时向父亲康熙帝表现诚孝，以赢得其信任。

雍正皇帝像

康熙六十一年（1722 年）十一月十三日，康熙帝在北郊畅春园病逝，雍亲王胤禛继承了皇位，次年改年号雍正。“雍正”的意思，即雍亲王得皇帝之位是正统正当的意思。

由于康熙帝生前并未立储，且雍正即位之事中有很多疑点，所以从雍正帝即位开始，对雍正继位是否合法的谈论便不绝于耳，渐渐便有了雍正帝继位之疑案。但也有不少清史学家称雍正合法继位，因为如果没有实在的证据证明其他皇子为康熙所属意，雍正的即位是有理由的。

胤禛虽然即了帝位，但以其弟皇八子胤

禩为首的当年争夺储位的劲敌，并不甘心自己的失败，他们散布流言，制造事端，以发泄愤懑之情，动摇刚刚易主的皇权。雍正帝着手巩固皇位：他严厉打击朋党、政敌。雍正有兄弟多人，雍正重用康熙十三子胤祥，对其余部分兄弟予以坚决打击。雍正二年七月印制他的《朋党论》，发给诸王和要员。文中强调臣子要与君王同好恶，指出朋党的危害。做罢舆论后就立即处置他们：康熙皇八子胤禩先是被安抚封为亲王，后被削宗籍和圈禁，并被改名为"阿其那"，意为待宰的鱼。康熙的皇九子胤禟发往西宁，后被削宗籍和圈禁，并被改名为"塞思黑"，意为讨厌的人。皇十子胤䄉被圈禁，康熙的皇十四子胤禵先是派去守陵，再后来受圈禁。康熙皇十二子胤祹被降爵，之后康熙的皇三子胤祉也被革爵圈禁。

排除兄弟方面的威胁后，雍正帝又对倚功自傲或倚亲自矜，结党营私，企图争夺九鼎的年羹尧、隆科多开刀。年羹尧历任川、陕巡抚、总督，有平定罗卜藏丹津叛乱的功劳。骄纵揽权，用人自专，企图夺权。雍正三年（1725 年），雍正调他任杭州将军，十二月他以九十二项大罪令其自尽。隆科多是皇亲贵戚：其姑是康熙的生母孝康章皇后，其姊是雍正养母孝懿皇后。康熙在世时用为一等侍卫，临终时被任为唯一的传诏大臣。雍正登基后，隆科多被任命为总理事务大臣、吏部尚书。他恃亲自矜，招权纳贿，笼络党羽。雍正五年以四十一项大罪将他圈禁，六年死于禁所。

雍正帝在打击异己的同时，在治国理政上很是勤奋，后人收集他执政 13 年中朱批过的折子就有 360 卷。史载雍正在位期间"以勤先天下""朝乾夕惕"。

雍正帝重视吏治，他赏识执法严，作风雷厉风行，任用有开拓气魄的官员。雍正一朝宠信四位臣工：李卫（江苏人）、田文镜（福建人）、张廷玉（安徽人）、鄂尔泰。其中李卫和张廷玉为汉人，田文镜为汉军旗人，足见雍正帝对汉人知识分子的重视程度。

康熙末年财政亏空严重，雍正即位后雷厉风行地进行了一场钱粮大清查。他组织了一个得力的领导班子，由康熙十三子怡亲王胤祥总理事务，皇舅隆科多、大学士白潢、尚书朱轼会同办理。清查亏空首先在中央进行。地方上的清查也普遍进行，清查不力的官员，则予以调查处理。

军事方面，雍正帝继续执行满洲的扩张政策。康熙帝三征噶尔丹，噶尔丹之侄策妄阿拉布坦于雍正元年支持青海和硕特部首领罗卜藏丹津纠集 20 万人进攻西宁

隆科多像

反清，雍正命年羹尧、岳钟琪率兵讨伐，大胜，加强了清政府对该地的管理。

经济方面，雍正年间实行了“摊丁入亩”“耗羡归公”“官绅一体当差纳粮”和鼓励开荒等政策。但是，雍正帝过分重农抑商，又实行海禁和禁止贸易，对国家发展是极为不利的，当时西方国家正进入工业化的开端，雍正却反其道而行之，实在是大大的倒退。

鉴于康熙帝在预立太子问题上的失败，雍正帝于元年八月宣布密建储位法——将他的继承人弘历的名字写好，雍正御笔《夏日泛舟诗》轴放匣中，置于乾清宫“正大光明”匾后，驾崩后从匣中取出宣读。又以密旨藏于内府，以备核对。这个方法，避免了皇子争权而引起的激烈斗争。后世几代都效法他。改善秘密选储制度，即皇帝在位时不公开宣布继承人，而将写有继承人名单的一式两份诏书分别置于乾清宫“正大光明”匾额后和皇帝身边，待皇帝去世后，宣诏大臣共同拆启传位诏书，确立新君。这样使得皇位继承办法制度化，也在很大程度上避免了康熙帝晚年诸皇子互相倾轧的局面。

雍正帝实施的政策大部分都是很好的，但由于他急于求成，手段过严，也出了不少劳而无功，甚至倒退的事情，如河南垦荒，四川清丈，陕西挖井，直隶营田，本意为利民，却劳而无功，反成民间之累。

雍正帝性情偏急，喜怒无常，手段过于严酷，造成了许多冤假错案。他死后，乾隆继位，一反雍正苛严之治，实行“宽严相济”的方针，昭雪死者，释放囚犯，缓和了矛盾。故后人评：“纯皇帝（乾隆）即位，承宪皇帝（雍正）严肃之治，皆以宽大为政，万民欢悦，颂声如雷。”

对于雍正帝历史功绩的评价，应该还是褒扬居多，美国历史学者史景迁认为：雍正的父亲康熙帝为政宽松，执政末期受储立之争所扰且出现典型长寿帝王的统治能力退化现象，雍正即位之初的满清实已浮现官僚组织膨大腐败、农民生活水准恶化的危机；由于雍正即位时正处于政治历练、精神与人格上的成熟阶段（45岁），因此得以精准地分析问题并以铁腕魄力作出应对。他的改革同时包含力行整顿与和现实的妥协（如火耗归公与养廉银）。满清得以建立起一套继续运行百年以上仍大致有效的统治体制，而未沦为“立国百年而亡”的异族王朝，此当归功于雍正一朝的改革。

雍正死因不明，众说纷纭难断

雍正帝执政时期，为清朝政权的巩固与改革作出了巨大贡献。雍正十三年八月二十三日（1735 年 10 月 8 日）夜里，清廷皇家行宫——圆明园离宫中传出哀音，即位十三年，时年 58 岁的雍正帝胤禛夜里暴死，他的时代走到了尽头，数日后皇四子爱新觉罗・弘历即位，年号乾隆，乾隆帝的时代开始了。

雍正死亡的准确时间为雍正十三年（1735 年）阴历八月二十三日凌晨，从官方资料上看，从雍正告病至死亡仅有三天，而且是从抱病理政而至突然死亡。以最原始的历史记录——《起居注册》来看，大致情形是这样的：

八月二十一日，雍正帝发病，但属小病，仍能坚持听政办事，二十二日，病情加剧，召皇子和亲王弘昼、宝亲王弘历随侍。当晚戌时（7 至 9 时）病情告急，召诸王、内大臣及大学士等至寝宫，安排后事，宣布遗诏。二十三日子时（11—次日 1 时），雍正帝死亡。

雍正帝二十一日尚能照常办事，刚到二十三日便驾崩，可以说他这一天并无什么病症，所谓“上不豫”，或许是官方为了给人一种错觉而故意写的。而二十二日，连续召诸皇子、诸王及亲信大臣，显然是突然病重。这一段时间，实际上是从二十二日晚至二十三日凌晨之间，这样，从发病到死亡基本上都在二十二日这一天之中，其发病至驾崩时间如此之短，可以肯定，雍正是暴死无疑。

既是暴死，必有死罪，然官方记载语焉不详，且疑点甚多，于是遂成疑案。

官方史料尚且如此，野史传闻更是无风不起浪了。然而还不仅仅如此，其他可信史料中也不时透露出某些疑点，如当时著名文人袁枚为雍正临终之顾命大臣鄂尔泰写的行状，更令人生疑。根据袁枚记录，八月二十三日，雍正临终，顾命大臣仅有鄂尔泰一人，鄂尔泰为雍正最倚信的大臣之一，常常奉令夜宿禁中，随时听令。雍正皇帝突然病危时，只有他一人在身边。随后，他携带雍正遗诏从圆明园奔还内廷，深夜中仓促间找不到马，骑上一头运煤的骡子奔回，拥弘历即位。又留于宫中帮助新皇帝处理政务，七天以后才出宫。人们惊异地发现，鄂尔泰裤子上一片血迹，细看方知是当时骑骡子受的伤，而他当时竟不知道。

鄂尔泰，清满洲镶蓝旗人，西林觉罗氏，字毅庵，是雍正的知心大臣，常与雍正谈论用人之道，强调去庸重才，宁用有才而不肖，不用贤而无才之人，可谓深得雍正信任，所以雍正帝常将让他留守宫中，以便随时商量政事。

袁枚与鄂尔泰相交，应该是在乾隆年间的事，袁枚字子才，号简斋，钱塘（今浙江杭州）人，清代著名诗人、文学评论家。作为当时的文学名人，又与当朝重臣相交，袁枚所写的雍正死亡之事又涉及当时宫廷隐讳，应该不是传闻，但他所记与官方文献有很大不同。以他的记录，雍正暴卒时连召见诸子及群臣都来不及，只有住在园中的鄂尔泰一人聆听临终之语。雍正朝实行秘密建储制度，早已秘密选定了继承人，如无特殊情况，鄂尔泰根本用不着亲自骑骡狂奔回宫，只须令侍卫拥立皇子接受遗诏即可，而他却慌忙还宫，大腿受伤出血都不知道，可以想见其中必有隐情。而且，他的记录表明当时皇子并不在园中，这与官方记载又有差异。乾隆登基后，借雍正遗诏的名义令鄂尔泰将来配享太庙，给予最高荣誉，从此种情形来看，袁枚的说法又似有一定真实性。

此外，即使是极受雍正信任的张廷玉所记也不无可疑之处。张廷玉在自撰《年谱》中写道：八月二十日，圣躬违和（指雍正小疾），但听政办事如常，廷玉每天进见，未有间断。二十二日，漏将二鼓，张廷玉刚睡下，忽然宣诏甚急，疾起穿衣直奔圆明园，到达后由太监引至寝宫方知皇上病危，张廷玉不由“惊骇欲绝”，不久后诸王及亲信大臣先后到达，一齐入寝宫请安，然后退出等候，之后御医进药无效，二十三日子时，雍正皇帝驾崩。

以张廷玉的说法，之前他是天天见到皇帝，二十二日白天还见到了雍正皇帝，说他并无大病，这与官方记载说二十二日召皇子侍疾一说又有较大差别。以他的说法，雍正是在二十二日夜间发病，几个时辰后便宣告死亡。张廷玉一入圆明园就惊骇欲绝，除了惊讶雍正病情变化之快以外，是否还另有隐情呢？今人不得而知。

还有更奇怪的，就是乾隆帝弘历在距雍正之死仅仅两天的时候，在有许多紧急事务要办的情况下，却发布了一道奇怪的上谕：他命令宫廷太监们，国家大事不许妄行外传，外间消息也不准传入内廷，犯者正法。这时乾隆的正式登基仪式尚未举行，到底是什么事不许外传呢？什么消息不许传入宫内呢？此事又让人猜疑不断。

雍正帝暴死之因，官书记载语焉不详，包括他最信任的大臣都说不清原因，于是关于雍正之死的各种传说开始广泛流传，但各种说法不一，比较有影响的主要有三种推测：一是为剑客侠士所杀，多认为是为吕四娘所杀；二是死于疾病；三是死于丹药中毒。

文字狱造就冤案，吕四娘报仇雪恨

先说其被刺杀而死的传说，这是关于雍正之死的各种传说中流传最广、影响最大的，刺客多认为是吕四娘，事情的起因首先要从雍正朝的一起文字狱案件说起，这起文字狱就是“吕留良案”。

雍正六年（1728 年）时，胤禛对威胁皇位的诸兄弟进行了严厉惩处，在朝政方面，则对政治、经济各方面进行了大刀阔斧的整顿。雍正帝每天勤勤恳恳地处理日常政务，同时也享受着权力给他带来的各种快乐，他可以说是心满意足，对自己地位的稳固也充满信心。然而，也就是在这一年，发生了一件令雍正十分恼怒的事。

当时有个叫曾静的湖南知识分子，此人反对清朝统治，就让他的学生张熙给当时的川陕总督、清军名将岳钟琪送了一封信，信中充满了反清的民族主义思想，曾静在信中还说岳钟琪是著名民族英雄岳飞的后裔，而清朝则是“金人”的后代，劝岳钟琪起兵反清，恢复汉室王朝。信中还列举了雍正皇帝的种种“罪行”，说雍正“弑父篡位”“杀兄屠弟”。结果，已专心事清的岳钟琪向雍正帝告发了曾静、张熙。

雍正知道后大怒，下令将二人逮捕至京，追查幕后主使及消息来源。据曾静交代，他的反清思想，是读了吕留良的著作后产生的，“弑父篡位”等消息，是从雍正的八弟胤禩、九弟胤禟的手下人那里听来的。这个口供使雍正感到事情很严重，

吕留良像

如不认真对待，将会对自己的统治不利。于是他把打击的矛头指向吕留良的子孙门徒，以及胤禩等的余党。

吕留良是明末清初杰出的学者、思想家、诗人和时文评论家、出版家。又名光轮，一作光纶，字庄生，一字用晦，号晚村，别号耻翁、南阳布衣、吕医山人等，暮年为僧，名耐可，字不昧，号何求老人。浙江崇德县（今浙江省桐乡市崇福镇）人。生于1629年，卒于1683年，出身封建仕宦家庭，祖上在明朝世代为官。其父吕元学曾任繁昌知县，主要功绩是将繁昌县的三台山修筑完成，后因病辞官，回归故里，为人乐善好施。吕留良幼时即“颖悟绝人，读书三遍辄不忘”，八岁能文，长大后博学多艺，为时人称颂。

明亡后，吕留良与侄儿吕宣忠（长留良四岁）于顺治二年（1645年），散家财召募义勇，与入浙清军抗争，后兵败，宣忠遣散所部入山为僧，后因探父病回家被捕遇害。就义之日留良曾为其送行。国仇家恨，使留良痛心疾首，作品中颇多反清思想。

吕留良于康熙二十二年（1683年）八月去世，终年五十五岁，之后其弟子及曾静等人崇奉留良其说，为其广播，曾静策动川陕总督岳钟琪反叛之时，吕留良已死去四十多年了，但他的学生很多，门生故旧也不少，子孙也尚在，而且他的著作也很有影响。吕留良著作中反清思想强烈，并用传统的“华夷之辨”来论证满族统治的不合理，认为满族是夷狄，非我族类，因而搞清华夷区别比君臣之义更为重要。雍正觉得这种思想的传播对清廷的统治极为不利，他多次发布上谕，对这种思想进行训斥，同时也对自己“篡位”的种种说法进行“辟谣”，后来又将这些上谕合刊印制成书，称为《大义觉迷录》，其中有训骂吕留良之言说：“夫普天之下，莫非王土；率土之滨，莫非王臣。吕留良于我朝食德服畴，以有其身家，育其子孙者数十年，乃不知大一统之义！”

在此案审理过程中，吕留良被雍正皇帝钦定为“大逆”罪名，惨遭开棺戮尸枭示之刑，其子孙、亲戚、弟子广受株连，无一幸免，铸成清代震惊全国的文字冤狱。辛亥革命后，吕留良被尊为反清志士，始得昭雪翻案。近有论者以为：清初屡兴文字狱，而通盘由武力镇压转向思想统制，则是从雍正开始。这一“思想统制”的结果，是终于转移了有清一代的士风，大大加强了读书人的奴性。

对于吕留良一案，雍正十年（1732 年）判决：吕留良及其子葆中已身故，俱戮尸枭示；次子毅中改斩立决，诸孙发遣宁古塔给披甲人为奴。该案虽牵连众多，但该案的肇事者曾静却未被严究。因为雍正认为曾静、张熙是误信邪说，认罪态度很好，特予释放。这也是为了体现自己的宽仁（后来二人均为乾隆帝逮杀）。

曾静、吕留良之案是雍正朝一桩著名大案，影响极大。后来雍正帝暴死，因其中有不少使人感到蹊跷的地方，不久社会上便有了雍正是被吕留良孙女吕四娘刺死的传说。

传说大致是说，雍正帝诛杀吕氏家族时，吕留良的一个孙女在仆人的帮助下漏网逃生，之后学得一身武艺，有人说她的师父是当时有名的侠客甘凤池，此女后来成为当时有名的女侠，人称吕四娘。她决心为吕家报仇，清廷虽然竭力搜捕，仍然无法抓到她。也有传说吕四娘的师傅原是一名僧人，为雍正手下一名剑客，后来因看不惯雍正为人，愤而离去，培养了这位女徒。

曾有小说家针对此事这样写道：吕四娘短期内便练成一身绝技，而且剑法惊人，僧人认为她的功夫已到了炉火纯青的地步，就让她下山完成夙愿。

吕四娘北上京都，来到北京转了一大圈，但皇宫禁卫森严，一时无从下手，便入一古庵住下，等待着行刺的机会。

雍正十三年八月，正是秋高气爽的季节，雍正皇帝入住在圆明园内。吕四娘听说后，她白天呆在古庵中休息，夜阑人静后潜入圆明园中，找到雍

郎世宁绘《雍正圆明园行乐图》局部

正住处，换上宫女装束，进了雍正皇帝的寝宫，雍正皇帝以为是侍寝之宫女，早已等得心焦，上来欲抱。

吕四娘始见仇人，分外眼红，刷地从腰间拔出宝剑，抵住了雍正的咽喉，低声喝道："我乃吕留良之孙吕四娘，今夜特来取你人头，以祭我全家老小在天之灵！"

雍正皇帝大惊之下，只吓得身子像筛糠一样抖个不停，来不及叫喊，吕四娘的宝剑已刺入了他的喉咙，然后吕四娘又高举起宝剑，一剑砍下了雍正皇帝的头颅，将其裹在布中，夜半时趁守卫犯困，悄悄走脱。

还有一种说法，说吕四娘入宫行刺，尚有一名叫鱼姨的女子协助下手。又有说吕四娘曾混入宫中，以宫女身份侍寝，乘机行刺。这些传说越传越奇，情节也愈来愈曲折，见诸于稗官野史，后来还拍成了电影电视剧，于是吕氏杀雍正之说流传更广了。

1981 年，有考古工作者曾发掘泰陵雍正墓地宫，后被政府方面叫停，未能打开。但不久社会上即传言雍正棺材已打开，棺内只有尸身而无头。这实际上是旧有传说的一种延续，当年传说中就有说雍正头颅为吕四娘取走，清廷只好用金子造了一个假头入棺安葬的说法。

雍正死于吕四娘之手虽为野史传闻，但确也有一些学者相信此事。如 1937 年，许霁英写了一篇《雍正被刺传说》，认为这个传说之所以在社会上流传，"亦非无因"。在雍正帝朱批谕旨中，雍正曾在其亲信大臣李卫折中批道："近闻有吕氏孤儿之说，此事与卿关系非浅，尚需严为密查。"以此看来，吕氏孤儿漏网之说在雍正在世时即已传入宫中，雍正寥寥数语，既是叫李卫深入调查此事的命令，同时似乎也透露出深深的忧惧，很可能是他已经听说了吕氏孤儿将对其不利。

然而迄今为止并无充分的证据证明此说成立，再从雍正死后清廷的举动来看，若是雍正被刺杀，那么清廷势必大动干戈杀人治罪，甚至有可能对汉人大开杀戮，但乾隆帝没有动怒，相反却是努力按下此事，除非有不可告人或本就无事发生，否则乾隆帝不可能如此淡定，所以由清廷的举动来看，雍正被刺杀之说是不符合常情的。史学界对此说比较普遍的观点则是，吕四娘刺杀雍正是子虚乌有的传闻，历史上应当并无其事。

还有一种说雍正是被湖南卢氏妇人刺死的。相传卢某谋反被雍正所杀，其妻谙于剑术，为夫报仇，想办法进入圆明园后，伺机刺杀了雍正，而后卢氏妇人自刎。

这个说法与吕四娘传说有相似之处。

另外还有一说，说有雍正的仇家之女，为报仇雪恨，想办法入宫做了嫔妃，在圆明园中趁侍寝的机会将雍正刺死。据说清代后宫制度中，从雍正以后开始，但凡宫妃宫女给皇帝侍寝，都需要裸着身子裹上被子，由两个太监抱着到皇帝寝宫，目的便是防止再发生此类事件。此说分析起来，倒是比吕四娘闯入宫中执剑行刺得手更能让人信服，但也有人说此女便是吕四娘，这样说来，此说倒不能完全否定了，但却无证据能证明此说属实。

为什么雍正被刺杀这种传说在民间甚嚣尘上且数百年不衰呢？这其实是有多种原因的。

第一，民间对皇家故事存有极大的好奇心，稍有消息则添油加醋口口相传，以至于远离真相，如同清史上的许多疑案一样，雍正暴死当然也会被人猜测。

第二，康熙四十七年（1708 年），抗清义士一念和尚被清廷捕获，吕留良长子吕葆中因故被牵连其中，幸而摆脱，却忧惧而死。这使人们将吕氏与江湖上抗清义士联系起来。雍正七年（1729 年），张云起事抗清被捕，供词中提到甘凤池、周玙、陆司庵等人。其中，甘凤池是一念和尚一伙，陆同庵是吕留良私塾弟子。而当时民间传说中有江南八侠，其中就有甘凤池、周玙、吕四娘，这样便很容易把吕四娘与吕留良扯到一起了。而且，当时社会上又有“吕氏孤儿漏网”之说。所以，民间传说中就将吕氏孤儿变成武艺精湛的江南女侠吕四娘了。

第三，雍正的孙子——嘉庆帝曾在圆明园回宫途中遭遇刺客，后来民间将此事想象到雍正身上，雍正遇刺理由也就更充分了。

第四，清廷以满人统治，始终难以泯灭汉人的反抗之心，所以对满洲皇室的传说，不免搀杂某些民族情绪，由于雍正篡位和残害诸兄弟的传说曾在社会上广泛流传，又引起人们对他的恶感，所以人们希望他不得善终。

第五，雍正在争夺皇位的斗争中，树敌甚多，这些人或其余党，在社会上活动量甚大，广布谣言，也使有关雍正的传言更加纷杂。

第六，官方历史资料中，有关雍正之死的记载非常简单，完全未记载病情，而且从病至死只有三天，联系社会上关于雍正的种种传说，不免使人产生雍正遇刺而死的怀疑。

雍正服金丹，积毒终毙命

相对于雍正帝被刺杀而死之说，其服丹药而死的说法其实更有说服力。因为史料中明确记载雍正皇帝是极其迷信丹药的，应该说他是中国古代史上最后一位宠信道士迷恋丹药的皇帝。

从雍正皇帝召请道士炼丹，向内外大臣赏丹以及他自己说吃丹等情况看，雍正皇帝服丹致死的可能性的确很大。他常年服食丹药，有毒成分在体内长期积累，最终发作导致暴亡，这是极有可能的。

最早提到雍正之死与修炼丹药有关的，是金梁的《清帝外纪》，“惟世宗之崩，相传修炼饵丹所致，或出有因”云云。这里，作者也不过是将此作为一种传闻记录下来，聊备一说罢了。近若干年来，经过认真比较、考证，不少学者倾向于这种观点，并有人作过详细论证。

中国道教中流派众多，其中有人喜欢研究炼丹术，至清代，相信丹药能强身健体的人仍然很多，雍正很早就对道家丹药感兴趣，即位以前，就与道士们有来往，那时炼丹的主要目的是做给他父皇看，说明自己不谋求皇位，只一心炼丹。登基后，雍正帝在宫中蓄养了一批道士。雍正钦选的禅宗语录中，却收入了一些道士语录，他自己还自号“圆明居士”，排列在道教大师之后。

雍正常常与道士们讨论教义等，并希望把这些灌输给亲信大臣们。而且，雍正对道家修炼之功特别感兴趣，甚至还写过不少关于丹药和神仙的诗，例如：“铅砂和丹药，松柏绕云坛；炉内阴阳火，功兼内外丹。光芒冲斗耀，灵异卫龙蟠；自觉仙胎熟，天符降紫鸾。”这首诗实为炼丹的真实写照。可是胤禛成了雍正皇帝后，炼丹爱好更加浓烈。这时的雍正皇帝痴迷上了炼丹。迷到什么程度？清史学家纪连海说：“这炼丹炉一点上火，就此没有熄过。”

与其他皇帝一样，雍正也想着长生不老，开始服用丹药，他平时常服“既济丹”，认为“此方实佳”，不仅自己服用，还常常赐给亲信大臣服用。“既济丹”的丹药实际上是道士在这个丹药里除了用通常的铅砂、硫磺、水银等天然矿物材料外，还加了春药。这是炼丹人故意加的，目的是要让皇帝服了长生不老药之后，不光有延年益寿的意思，更要有提高精气神的感觉。雍正皇帝感觉到了。所以他觉得这个药不错，还赏赐了一点儿给他的三位宠臣——田文镜、鄂尔泰和李卫。雍正四年（1726 年），雍正皇帝赐鄂尔泰既济丹，君臣间还讨论服食方法等。送田文镜丹药时，还是在田文镜七十大寿时当寿礼送过去的。并特别关照说：“田老爱卿，虽然你年近七十，朕还是希望你能够老年得子。丹药这个东西特别好，朕都吃过了你怕什么。”这种情况表明，雍正的确是常常服用道家丹药的。

鄂尔泰像

雍正的身体状况一直比较好，登基后的他勤于政务，身体状况尚好，但自雍正六年（1728 年）以后，皇位稳固，政局稳定，他有所放松，私生活不免放纵，加上他这时年龄已过五十，身体状况渐渐不佳起来。

雍正七年（1729 年）起，他生病渐多，于是更加依赖道家丹药，这年雍正皇帝得了一场大病，一病就是半年，差点归了天。当时有一名外国来华使节说，雍正沉溺女色，病入膏肓，腰以下不能运动。另外从一些档案资料中也可看出，他自七年冬开始发病，八年三四月稍重，五月一度好转，至六月却又病势危急，甚至已对后事作了安排，幸而闯过了此关，渐渐痊愈。

病好之后的雍正帝又得了心病，他惧怕生病，惧怕因此而死去，于是下令遍访天下名医，搜寻知名道士，求长生不老之药。他命令内外百官大规模访求名医和精于修炼的术士。雍正还亲手写给各省总督、巡抚谕令，每份内容完全一样。为了治病，他令岳钟琪查访名为狗皮仙的道人，岳报告说那人是个疯子，又无德行，他只好作罢。雍正八年（1730 年）二月，他甚至颁发谕旨，令各地方官访求名医，以及精通炼丹术的人。四川巡抚查访到成都仁寿县一位“龚仙人”，据说极善保养，九十多岁还像年轻人一样，八十多岁时还有生育能力。后来得知，这位“龚仙人”已于雍正六年（1728 年）死了，雍正极为惋惜。不过，各地还是送来大批道士，雍正都养在宫中。

时任浙江总督的李卫接到求医谕旨后立即向雍正皇帝秘密奏报，说民间传闻河南道士贾士芳有神仙之称，特推荐此人进京为皇上治病。

贾士芳原来是北京白云观的一个道士，因不守规矩而被开除。在京城待不下去了，后来流落到了河南，变成了河南道士。正好遇上皇帝要寻找术士，被李卫发现后就推荐给了雍正皇帝。

贾士芳进宫之后，不超过一个月就让皇上感觉到舒服、满意，效果特别好。雍正皇帝说，贾士芳这个人特别棒，能让我每天都精神愉快。

可是过了一个月贾士芳就死了。在清宫档案中，有一件经雍正皇帝亲笔修改过的上谕。在这道谕旨中，雍正很直白地说，贾士芳的“按摩之术”“秘咒之法”，起初确实“见效奏功”。可是，“一月以来，朕躬虽已大愈，然起居寝食之间，伊（指贾士芳）欲令安则安，伊欲令不安则果觉不适”。“其调治朕躬也，安与不安，伊竟欲手操其柄，若不能出其范围者。”

这段谕旨说到了贾士芳获罪的真相，原来这个道士利用“按摩”“秘咒”等方术，逐渐控制了雍正皇帝的健康，让他舒适便舒适，让他难受便果然难受。雍正帝贵为天子，怎能受他人摆布？他一旦察觉到自己的安康被贾道士操纵，顿感问题严重，遂刻不容缓地处理此事，立即下令将贾道士处斩，罪名是：贾士芳在朕的面前使用妖术。

雍正皇帝虽然砍了贾士芳的头，但并没有因此失去对道士的信任，相反由于贾士芳的方法确实有效果，雍正更加相信了。据清宫档案记载，从 1730 年生病到五年之后死去，雍正皇帝参与道教活动一直十分频繁。在皇宫，除了专门进行道教活动的钦安殿外，雍正还请道士们在太和殿、乾清宫等主要宫殿安放道神符板，在他的寝宫养心殿安设斗坛，以求道神的保护。据说有一次雍正帝为做法事，还在苏州定做道士们穿的丝缎法衣，一次就是 60 件，北京故宫博物院中仍保存着雍正皇帝当年身穿道教服装的画像。

雍正皇帝甚至让人在御花园建了几间房子，专门给道士娄近垣等人住，以便随时请这些道士祈祷修炼。以往在皇宫内虽设有多处供奉佛道的场所，但除以太监身份充当的僧人、道士外，未经净身的山野僧道是不准进入的。现在雍正谕令在御花园玉翠亭东侧建房“给法官（道士）住”，实在是破天荒的举动。

皇帝炼丹，当然是绝密事件，在官书正史上不可能有记载。可是，在清宫秘档中仍透露出一些蛛丝马迹。记载皇宫日用物品的内务府账本《活计档》，就披露了雍正皇帝炼丹的一些情况。最早的有关记载是在1730年冬天的《活计档》四则。这四则档案向人们透露，1730年末，在圆明园东南角的秀清村，在内务府总管海望和太医院院使刘胜芳的主持操办下，先后运入4千余斤木柴煤炭，利用矿银等物开始为雍正皇帝炼丹。根据清宫内务府造办处档案记载，自1730年冬至1735年秋的五年间，雍正下旨向圆明园运送炼丹所需物品157次，平均每个月有两三次。累计算来，共有黑煤192吨，木炭42吨，此外还有大量的铁、铜、铅制器皿，以及矿银、红铜、黑铅、硫磺等矿产品，并有大量的衫木架黄纸牌位、糊黄绢木盘、黄布（绢）桌围等物件。所有这些物品，都是炼丹活动所必不可少的。

这期间，与雍正皇帝打得火热的道士中间，后来者居上的便是张太虚、王定乾。根据雍正帝服用丹药中毒死亡的说法，可以说直接导致雍正皇帝死亡的凶手就是主持炼丹的张太虚和王定乾等人。

在雍正突然死亡的前几天，清宫档案《雍正朝起居注册》中有这样的记录，说是在1735年10月3日（农历八月十八日），时年58岁的雍正皇帝在圆明园与大臣议事；10月5日（农历八月二十日）召见宁古塔的几位地方官员；又过了一天仍照常办公；10月7日（农历八月二十二日），雍正皇帝突然得病，当天晚上朝中重臣被匆忙召入寝宫，已是奄奄一息的雍正皇帝宣布传位给乾隆；10月8日（农历八月二十三日），雍正皇帝在圆明园咽下了最后一口气。

皇宫档案只是如此简要地记下了雍正皇帝的突然死亡，而没有说明任何原因。这就引起人们的猜测，雍正皇帝未得好死的种种说法便产生了。

雍正死后仅隔一日，即八月二十五日，乾隆谕令将宫中炼丹道士全部驱逐，令其各归本籍，对宫中及先帝的一言一行，不准在外谈起，如有违反，绝不宽贷。作为新天子，百务待理，此举大有文章，可能就是因雍正帝死于丹药，乾隆迁怒于道士们，但又不能动杀机，因为那样不免有揭父过错之嫌，只好将其驱逐。接着，他又告诫太监、宫女们，不准将宫中消息传出，外间闲话，也不许传出内廷，违者严惩不贷，如果雍正皇帝的确是因服丹药而死，那么乾隆帝的这一举动倒也合情合理了。

综合上述种种情况，不少学者认为雍正实系死于丹药中毒之症，如果雍正皇帝是死于丹药，那么主持炼丹的张太虚、王定乾等人就是直接导致雍正皇帝死亡的凶手了。这也仅仅是依据历史资料进行的一种推测，但可能性是很大的。

宫女绳毙清世宗，黛玉毒杀雍正帝

如上两说之外，还有其他不少说法，有一种雍正被宫女缢死的说法，这种说法最早出现于清末民初的稗官野史《梵天庐丛录》一书，作者是柴萼。书中记载，传说雍正九年（1731 年），宫女伙同太监吴首义、霍成，伺雍正皇帝睡熟，用绳缢杀。

与这个故事类似的是一个发生在明朝世宗嘉靖皇帝朱厚熜身上的真实故事，故事说的是 1542 年“壬寅宫变”的事情，当时的嘉靖帝希求长生，命方士炼丹，身边聚集了不少道士为他炼丹药，这些丹药中有不少属于春药，当时的春药配方很奇怪，其中一味名叫“天葵”，即少女初潮经血，此物可提炼出一种名为“红铅”的粉剂。嘉靖帝为此大量征召十三四岁宫女，后宫“饲养”了不少这种产“药”的少女，方士利用她们的处女月信来制丹药，为了大量采集她们的经血，御医、道士们强迫她们吃药，使她们经血过频过量，以供皇帝“炼丹”。另外，为保持宫女的洁净，宫女们不得进食，只能吃桑、饮露水。宫女们都不甚苦痛，为此很可能还祸害死了许多少女性命，宫女杨金英等人觉得反正是死，不如先弄死这魔头皇帝再说。

明朝皇帝的寝宫是紫禁城内的乾清宫。除了皇帝和皇后，其余人都不可以在此居住，妃嫔们也只是按次序进御，除非皇帝允许久住，否则当夜就要离开。嘉靖年间的乾清宫，暖阁设在后面，共九间。每间分上下两层，各有楼梯相通。每间设床三张，或在上，或在下，共有 27 个床位，皇上可以从中任选一张居住。因而，皇上睡在哪里，谁也不知道。这种设置使皇上的安全大大加强了。然而，谁又能防备那些守在他身边的宫女呢？就是杨金英、杨玉香、邢翠莲、姚淑皋、王槐香、苏川药、关梅秀、王秀兰、刘妙莲、陈菊花、徐秋花、张春景、邓金香等十余位宫女，演出了震惊天下的“壬寅宫变”。

当时史料曾有如下记载：嘉靖二十一年十月二十一日凌晨，十几个宫女决定趁嘉靖帝朱厚熜熟睡时把他勒死。动手时，先是杨玉香把一条粗绳递给苏川药，这条粗绳是用从仪仗上取下来的丝花绳搓成的，川药又将拴绳套递给杨金英，邢翠莲把黄绫抹布递给姚淑皋，姚淑皋蒙住朱厚熜的脸，紧紧地掐住他的脖子。邢翠莲按住他的前胸，王槐香按住他的上身，苏川药和关梅秀分把左右手。刘妙莲、陈菊花分别按着两腿。待杨金英拴上绳套，姚淑皋和关梅秀两人便用力去拉绳套。眼看她们就要得手，绳套却被杨金英拴成了死结，最终才没有将这位万岁爷送上绝路。

宫女张金莲见皇帝不死，以为杀不死，她见势不好，连忙跑出去报告方皇后。前来解救的方皇后被姚淑皋打了一拳。徐秋花、郑金香把灯扑灭，却被总牌陈芙蓉点上了，王秀兰叫陈菊花吹灭灯，这帮宫女想跑，但没有跑掉，这时管事的太监被陈芙蓉叫来了，这些宫女才被捉住。

嘉靖帝被数个宫女这么一勒，当时处于休克状态，方皇后唤来数位御医，没一个人敢用药，都怕担责任被诛九族。最后，太医院使许绅颤巍巍调了一副“峻药”（猛烈的药物），给已成死人的皇帝灌下，数个小时后，嘉靖帝有了动静，他吐淤血数升，缓过命来，静养多日，才能视朝。

此事自发生后一直为世人传诵，都称赞宫女的勇敢义举。到了雍正皇帝暴毙后，因为雍正与明朝的嘉靖皇帝的庙号都是“世宗”，两人又都好炼丹之术，所以来了个张冠李戴，有关清世宗雍正皇帝被宫女缢杀的故事，完全是明世宗嘉靖皇帝被宫女勒缢故事的翻版。所以，宫女勒死雍正之说，实属移花接木。

嘉靖帝朱厚熜像

另外，雍正是在当了十三年皇帝之后于1735年去世的，不是在他才当九年皇帝之后的1731年死的。显然，这个故事中的漏洞实在是太多了。

此说之外，还有一则关于雍正非正常死

亡的说法，是研究“红学”的人士贡献的，即雍正是被曹雪芹和竺香玉合谋毒死之说，这种说法来自霍国玲、霍纪平姐弟二人在1989年出版的《红楼解梦》一书。这姐弟二人是从喜欢读《红楼梦》、抄录俞平伯辑的《脂砚斋红楼梦辑评》开始的。据说当他们把一部500多页的“脂批”，全部抄录到《红楼梦》一书中相应位置上的时候，不由豁然开朗。从“脂批”的暗示中，他们读出了小说背后隐藏着的历史，确切地说《红楼梦》就是一部清宫秘史！

他们从书中解析出：林黛玉的真名叫竺香玉，而金陵十二钗其实全部是竺香玉的分身，换言之，竺香玉一人就是全部的十二钗；竺香玉本来是曹雪芹的恋人，原名叫竺红玉，是曹家买来的小戏子，曹家显赫时府中养有小戏班子，平时为女眷解闷，皇帝南巡时用以接驾。伶人都是六七岁的小女孩。竺红玉入曹家时年仅六岁，因人聪明，长得又美丽，八岁时作了年龄相仿的曹雪芹的伴读丫头，与她一起伴读的还有一个小丫头名叫柳蕙兰，长雪芹一岁，三人在一起，渐生情愫。此外，还有一个和他们一起读书的女子是曹雪芹祖母的侄孙女，名李香玉，她与竺红玉同岁。

雍正元年，太后驾崩后，朝廷传旨：凡贵族家养的优伶，俱着蠲免发还。竺香玉自幼父母双亡，无家可归，就留在曹府作丫环。

雍正六年，曹雪芹十四岁，元宵节前夕，曹家因犯案被抄，之后竺、柳、李三人随曹家由金陵来到北京。曹雪芹与竺香玉青梅竹马，耳鬓厮磨，早已两心相许。雍正七年，李香玉作为曹家小姐，必须去官部报到，以备第二年清宫选秀女，并选才女。但李香玉不愿参选，曹雪芹的婶娘曹王氏“为了夺回她那已经失去的天堂，便怂恿曹家将竺红玉认作义女，然后入册达部。曹家妄图以此邀宠于雍正，以便得到东山再起之机”。曹家人同意，曹雪芹的婶娘就收竺红玉为女儿，强迫竺红玉顶名备选，并改名香玉。这时曹雪芹已与竺红玉相恋，欲阻止却未成。而竺香玉以为选做秀女，三年后可放归家，所得月银能帮补家用。因此遵照曹家意图，进宫应选。雍正八年遴选秀女，被选中“才女”，是年竺红玉十五岁，进宫后做了公主和郡主们的侍读，当了“御用小尼”。当时虽长得美，只是“身量尚未长成”“未能引人注意”。

雍正九年，雍正帝的嫡配皇后薨逝。雍正十年，竺香玉在一次偶然机会下被皇帝发现，便下旨命她还俗，将其霸占，后纳为嫔妃，复立为皇后。而曹雪芹因听说雍正帝霸占了竺香玉，大怒，发誓要复仇。当时雍正帝对竺香玉一片诚挚，百依百顺，言听计从，并不时予以恩赏。

曹雪芹见与竺香玉结婚无望，于是听从家里安排与李香玉结婚，柳蕙兰则成为雪芹的侍妾。但曹雪芹仍对竺香玉念念不忘，为了能再次交好情人竺香玉，并为举家遭抄复仇，曹雪芹听说雍正帝喜欢吃丹药，征召道士为自己炼丹后，就来到宫禁，通过关系谋得宫中“管理御用和尚道士”一职，后设法与竺香玉取得联系，二人相见，感慨良多。雍正十三年仲秋时节，竺香玉与曹雪芹二人密谋用丹砂毒死了雍正皇帝，二人因计划周密，巧妙逃过了罪责。

雍正死后，其四子弘历即位为乾隆帝。竺香玉以悼念先皇为理由申请出宫，得乾隆帝允许，于是再次出家作了尼姑，到香山一带皇家寺庙中带发修行。曹雪芹知道后，也辗转来到香山一带住下，并经常以兄长的身份去庙中看望竺香玉，两人品茶、论诗，愉快自得地度过了大约九年的时间。这一时期曹雪芹开始写《红楼梦》，其中有关清宫内的秘事均由竺香玉提供。

乾隆十六年，竺香玉和曹雪芹的关系被曹雪芹的正室夫人李香玉发觉，她便往见竺香玉，并蛊惑她与曹雪芹相好，后竺香玉为曹雪芹生下一子悬梁自尽，事发后竺香玉是婢女的身份被揭发，曹家第二次被抄，有关她的全部资料被销毁或篡改。曹雪芹逃命他乡，事态平息后，他又隐居香山，将李香玉休掉，把妾室柳蕙兰扶正，并在柳蕙兰的协助下，修订百十回本《红楼梦》。

曹雪芹雕像

此故事曲折离奇，事件让人为之惊诧莫名，非小说家天马行空之想象力难成剧情。其实要驳此说倒也简单，只看雍正后宫中有没有姓竺之后妃便可知晓。

根据《清史稿》记载，在雍正皇帝生前，他的皇后只有一位：孝敬宪皇后。孝敬宪皇后姓乌喇那拉氏，是内大臣费扬古的女儿，早在雍正皇帝为皇子的时候，康熙皇帝册封她为嫡福晋。此外，乾隆皇帝的生母钮祜禄氏，档案记载是四品典仪凌柱的女儿，她的身份是熹贵妃；雍正皇帝还有一位号称敦肃皇贵妃的，姓年，是年羹尧的妹妹；除此之外，雍正皇帝还有一位活了95岁的妃子姓耿、齐妃姓李、谦妃姓刘、懋嫔姓宋。这其中没有一个是姓竺的，所以此说是缺乏史料和证据支持的。

因病死亡因素多，元凶或是“过劳死”

除比较靠谱的中毒死亡说之外，也有很多历史学者认为雍正皇帝是患病而死的。在清朝的官方记录《雍正朝起居注册》里这样记载：“雍正十三年（1735年）八月二十一日，上不豫，仍办事如常。二十二日，上不豫，子宝亲王、和亲王朝夕侍侧。戌时，上疾大渐，召诸王、内大臣及大学士至寝宫，授受遗诏。二十三日子时龙驭上宾。大学士宣读朱笔谕旨，宝亲王（即乾隆）即位。二十三日晨奉大行皇帝黄舆返大内，申刻大殓。”

由这一记载来看，雍正无疑是得急病死的，至于患什么病死的，对此有两种说法。

一种说法认为雍正皇帝是患中风而死的。最早提出这一说法的是郑天挺先生，他在其著作《清史简述》中曾提到雍正是中风而死，这属于急病，其实不但是中风，心脑血管类病症常会在短时间内致人死亡，雍正也有可能是因之而死，但是郑天挺先生针对雍正帝中风之死并没有详述得出这一结论的依据。因此，这个论断还需用史料来作进一步证明。

另一种说法认为雍正皇帝是因生活糜烂而死的。有很多研究者发现，雍正皇帝患有慢性病，这病是长期积累下来的。当时朝鲜有一本书，叫《承政院日记》，书里记载雍正皇帝的生活作风极为糜烂，说他沉淫女色，病入膏肓，“自腰以下，不能运动者久矣”。这句话的意思就是说雍正皇帝不能行动已经很长时间了。但此说法却并不可信，雍正死亡的两三天前，身体状况还不错，与常人无异，没有官方史料说雍正“自腰以下，不能运动者久矣”，这种说法等于说雍正瘫痪了很久，这是于史实相悖的，因此此说并不可信。

“冰冻三尺，非一日之寒”，雍正皇帝平时不注意节制生活，掏空了身体，再加上常年服用丹药。丹药中大多都含毒，长时间服用会造成慢性中毒，于是身体每况愈下，失去了正常的抵抗力，一旦生病，便有要命的危险，而雍正又迷信于丹药，觉得生病了更应该多吃丹药，这样只能加重病情，一种很可能是真实的情况，便是雍正帝生了病，因已年届六十，身体抵抗力差，病拖了两天不见好，便想吃丹药快速治愈，结果吃了后反而病情加重，这样雍正帝短时间内死亡也是符合常理的，但雍正帝到底是死于何病，却至今不为人知。

还有一种说法，就是雍正皇帝过于勤劳，他的死因有可能是“过劳死”。雍正帝勤于政务、生活俭朴。他刚一登基，即罢鹰犬之贡，表示自己不事游猎，这和康熙动不动就出巡或围猎几乎是判若两人。雍正当上皇帝后，不巡幸，不游猎，日理政事，从早到晚，寒暑不断，终年不息，年年如此。他除了去过河北遵化东陵数次外，十三年里就没怎么出过北京城。最开始的时候雍正是怕允禩等政敌发动变乱；后来政局稳定后，他也没有出游，主要原因还是政务繁忙，根本没时间出去享受。

而从历史资料看，雍正现存仅亲笔手写朱批奏折就达三万五千多件，满文奏折也有六千多件，多是雍正在夜间亲笔批写，从不假手于人。这样平均下来他每天都要处理上百件，每件都要认真阅读，思考如何解决，然后手批处理结果，雍正朝现存汉文奏折三万五千多件，朱批短的两三字，长的有上千字，累积起来，雍正不到十三年的时间里，光朱批就写了有三四百万字。这无疑是非常劳累的事情，他的死亡，或许也有“过劳死”的因素在里面。

所谓“过劳死”，指的是“在非生理的劳动过程中，劳动者的正常工作规律和生活规律遭到破坏，体内疲劳淤积并向过劳状态转移，使血压升高、动脉硬化加剧，进而出现致命的状态”。目前，美国疾病控制中心已正式将此病症命名为“慢性疲劳综合征”。“过劳死”的前五位直接死因是冠心病、主动脉瘤、心瓣膜病、心肌病和脑出血，但又没有明显的病症。近些年来，数学家陈景润、作家路遥等英年早逝，可能都是因“过劳而死”。

雍正“过劳而死”的可能性是非常大的。雍正帝不像他的父亲康熙懂得如何休息和放松，他也没有什么娱乐活动或者特别的爱好，每天就是接见大臣们并和奏折打交道，这都是需要极大的体力和智力的。由于他过于勤于政务，几乎没有休息的时间，每天都是从早忙到晚，有时候深夜都在阅批奏折，而第二天很早就要去

雍正帝阅书图

上朝。长年如此，身体怎么吃得消？况且雍正帝当时已年届六十，如此劳作，即便是年轻人也吃不消的。

雍正一生中最大的挥霍，就是扩建圆明园，这也主要是因为他怕热，夏天的时候可以去园林里避暑并办理公务。据记载，雍正在即位后的五六年里身体还算可以，但在雍正七年（1729 年）的时候，他得了一场大病，一病就是一年多，几乎一命呜呼。手下的官员上折让他多休息，雍正偏要逞强，只要他能动得了，什么事情都要亲力亲为，于是劳累过度。据说在雍正帝去世前的几天，他也没有得到任何的休息，反而一直在抱病工作。直到最后那天挺不住了，他才让两个儿子前来侍候，但病情未见好转反而加重，他只好交代后事了，做出安排后，便溘然而逝。

不管怎样，雍正帝的勤政，终也取得了极好的收获。清朝的康雍乾盛世，是中国两千多年封建社会中少有的辉煌时期。其间，雍正皇帝励精图治的 13 年，却是承前启后的关键 13 年，可以说是“盛世”的枢纽。正如学者杨启樵所说：“康熙宽大，乾隆疏阔，要不是雍正的整饬，清朝恐早衰亡。”

雍正夹在康熙、乾隆之间，和父亲玄烨在位 61 年、儿子弘历在位 60 年相比，胤禛在位仅仅 13 年，显得十分短暂。但是，他的政绩很可观，严禁朋党，整顿吏治，强调务实，在很多方面超过父亲。由于用人和理财有方，雍正时期进入了清朝最富庶的阶段，国库存银达到六千万两之多。

康熙帝用宽政，养出了不少贪官污吏，所以他的时代虽然天下平静富庶，但给雍正帝留下的却是一个吏治腐败的摊子，而雍正给乾隆留下的，却是充裕的物质基础、廉洁的干部队伍和清明的吏治环境。没有雍正的历史贡献，就没有乾隆时代的历史辉煌。雍正帝以其不辞辛劳的勤政，不惜累坏身体的用心治国，为乾隆帝创建清朝全盛时代奠定了坚实的基础，从这点上说，他不失为一位好皇帝。

第八章　乾隆皇帝身世之谜

功绩巍巍乾隆帝，身世之谜说法多

乾隆皇帝名爱新觉罗·弘历，是清朝第六位皇帝，雍正帝第四子，生于康熙五十年（1711 年），卒于嘉庆四年（1799 年）。他 25 岁登基，在位六十年，退位后当了三年太上皇，实际掌握最高权力长达六十三年零四个月，是中国历史上执政时间最长、年寿最高的皇帝。乾隆之年号寓意“乾坤昌隆”。

乾隆帝是清朝历史上最没有继位争议的皇帝之一，因为先前其爷爷康熙帝对他的喜爱，甚至有人认为雍正帝之所以能即位，是父因子贵，沾了弘历的光。

雍正帝于即位的雍正元年手书立储密旨，藏于锦匣之中，置于乾清宫“正大光明”匾后。雍正死后，清廷顾命大臣和总管太监取下正大光明牌匾后面的匣子，打开里面的遗诏，看到上面写着：“皇四子弘历为皇太子，继朕即皇帝位。”于是便扶持爱新觉罗·弘历为皇帝，年号乾隆。由雍正元年的时间便知，雍正帝是一上台就

乾清宫皇位与其上的“正大光明”匾额

将弘历作为储君培养的。

乾隆帝虽然执政时间很长，且功绩赫赫，但关于他的出生，却给世人留下了一个千古之谜，正史说他是满人，有很多人说他是汉人，还有不少人说他是海宁陈家人的后代，可谓众说纷纭，争论至今。

乾隆皇帝弘历像

弘历自幼聪明，五岁就学，过目成诵。据说康熙六十年的一天，康熙帝在雍亲王府（今北京雍和宫）第一次见到了孙子弘历，当时弘历十岁，一下子就为其祖父康熙帝所喜爱，预言他“有英雄气象，必封为太子”，便令养育宫中，自己亲授书课。

雍正十一年，弘历被封为和硕宝亲王，开始参与军国要务，显露出过人的才干。到弘历继位后，执政之举给人耳目一新之感，在政治上他矫正了祖父和父亲过宽与过严之弊，实行“宽严相济”之策，缓和了雍正在位时期造成的政治紧张气氛。之后又整顿吏治，厘定各项典章制度；优待士人，安抚起复雍正朝受打击之宗室；经济上奖励垦荒，兴修水利，蠲免钱粮，促进了经济的繁荣；军事上他统一西域、多次平定西部少数民族贵族的叛乱、反击廓尔喀对西藏的入侵，加强了对边疆地区的管辖，进一步巩固了封建的统一多民族国家；文化上在编修《四库全书》的同时大量焚毁文物古籍，加深了对汉人的思想统治；外交上乾隆时清朝帝国继续以“天朝上国”自居，和周边属国友好往来，而对西方则坚持“闭关锁国”。他六下江南，大修宫殿、园林；大兴文字狱加强对汉人的思想统治。后期宠信大贪官和珅，加之乾隆帝年事已高，吏治败坏，弊政丛出，激化了社会矛盾。

综合来看，乾隆帝在位期间，巩固了多民族国家的发展，国家政治安定，经济繁荣，人口大幅度增长。六次下江南，文治武功兼修。他远征回疆，一举拓土两万佘里，帝国的疆域由此巩固。此时的清朝帝国气派恢弘，威震遐迩，环顾四周，悉为属国，“通译四方，举踵来王”。甚至以前和清朝没有交往的国家也纷纷遣使来朝，“以亘古不通中国之地，悉为我大清臣仆，稽之以牒，实为未有之盛事”。并且当时文化、经济、手工业都是极盛时代，他为清朝康乾盛世局面作出了重要贡献，

鸦片战争时的海战场景

确为一代有为之君。

《清史稿》评价乾隆帝说：高宗运际至隆，励精图治，开疆拓宇，四征不庭，揆文奋武，于斯为盛。享祚之久，同符圣祖，而寿考则逾之。自三代以后，未尝有也。惟耄期倦勤，蔽于权幸，上累日月之明，为之叹息焉。

除了统治的成功之外，他在许多方面都很成功。他是一个极为孝顺的儿子，对母亲感情深挚，礼敬有加，始终不渝。另外他还有一个身份很有意思，就是他还是世界上产量最多的诗人，虽然诗作的质量难称一流，但他一生做诗 41863 首，让人叹为观止。

除了这些光辉的正面形象外，这个人的另一面也让人过目不忘：比如，他是中国历史上最大的专制者。他积六十余年努力，完成了中国历史上最缜密、最完善、最牢固的专制统治，推行“臣奉君，子遵父，妻从夫，不可倒置也”的机构制度，强调不得“越级上访”，镇压群众的聚众抗议，维护自己的权力，把皇权推到了顶点。他的乾纲独断，严重压抑了民众甚至官僚阶层的主动性和创造性，强化了同时也僵化了专制体制，给以后的社会发展制造了巨大障碍。

对中华民族的发展更具负面意义的是，乾隆帝过于故步自封，正是因为他的专制统治，中国错过了了解西方世界的最佳机会。乾隆时期，一方面是清朝入关后的发展顶峰，另一方面，也是清朝被世界甩下距离的时期。欧洲这时开始了工业革命，创造出工业化生产的各种机器，并建造了许多新式战舰，用炮火轰开了许多国家的大门，西方国家在各个领域都迅猛发展和变革之时，却正是乾隆皇帝自高自大自我陶醉之际，于是中国在这一时期被西方迅速超越。乾隆死后仅四十年，英国就对大清国发动了鸦片战争，用坚船利炮轰开了大清国的大门。

但不管怎样，乾隆皇帝都是中国封建社会后期一位赫赫有名的皇帝，而作为一位皇帝，他一生最大的谜，莫过于他的身世。直到今天，关于乾隆的身世身份和他的出生地都说法不一，争论不休。

热河行宫狮子园，或是乾隆出生地

乾隆皇帝还在位的时候，就有人对他的出生地有不同争论。争论最大的有三种，即承德热河行宫、雍和宫、陈阁老府上。

承德热河行宫即现在的承德避暑山庄，清代曾是皇帝的夏宫，是皇帝避暑和处理政务的场所。避暑山庄始建于1703年，位于承德市中心区以北，武烈河西岸一带狭长的谷地上，历经清康熙、雍正、乾隆三朝，耗时89年建成。避暑山庄占地564万平方米，环绕山庄婉蜒起伏的宫墙长达万米，是中国现存最大的古典皇家园林。

清朝的康熙、乾隆皇帝时期，每年大约有半年时间要在承德度过，清前期重要的政治、军事、民族和外交等国家大事，都在这里处理。雍正皇帝也常来这里，特别是在康熙执政时期，雍正作为皇子，常常随父来这里避暑、打猎、游玩等。但就承德热河行宫而言，有关乾隆生母的传说中就至少有三种始终围绕着丫鬟或宫女展开。

清末历史学者王闿运的《湘绮楼文集》中的《列女传》部分讲道：乾隆的母亲是热河民间女子，家道平常，没有仆人。她十三四岁时到北京入选了秀女，到雍王府做丫鬟。雍正有一段时间生了重病，她对雍正悉心照料，于是日久生情，雍正将其临幸，后女子怀孕，产下男孩，取名弘历，就是后来的乾隆皇帝。

热河都统幕僚冒鹤亭、作家周黎庵、台湾学者庄练（苏同炳）、台湾小说家高

承德避暑山庄

阳等人则认为，乾隆的母亲是热河行宫的一个李姓宫女，名叫李金桂。雍正还是皇子时，随父皇至避暑山庄，与山庄内一位丑陋的李姓宫女相恋。第二年，康熙父子又来到山庄，听说这个李姓宫女已怀上了“龙种”。康熙大为震怒，问道：“种玉者何人？”经追问，雍正承认是自己干的好事。此时这位宫女就要临产，康熙怕家丑外扬，让人将她带入草棚马厩，在草房里生下了乾隆。

民国时的国务院总理熊希龄与清宫中和仆役闲谈时得知：乾隆的母亲是江南女子“傻大姐”，她来到热河后做了雍正的丫鬟。雍正还是皇子时，随父皇至避暑山庄，与“傻大姐”发生男女关系。第二年，康熙父子又来到山庄，听说这个“傻大姐”已怀上了“龙种”。康熙大为震怒，问道：“种玉者何人？”经追问，雍正承认是自己干的好事。此时“傻大姐”就要临产，康熙怕家丑外扬，让人将她带入草棚马厩，在草房里生下了乾隆。

这个传说流传很广，是因为熊希龄把这个传闻告诉了大学问家胡适，胡适又把这件趣闻记在日记里，通过《胡适之日记》公开，这个传说又经过口口相传，被添加了许多想象的内容，与李佳氏的传说混淆在一起，从而变得街知巷闻了。再加上王闿运、冒鹤亭、熊希龄、胡适等人都是中国近代的著名人物，因而他们所说的话较寻常传言更为人所深信。

那么降生乾隆帝的草棚又位于哪里呢？有一种流传甚广的说法认为乾隆皇帝出生在热河行宫狮子园的草棚里。

狮子园位于河北省承德市清朝热河行宫即避暑山庄外西北部，它和避暑山庄园庭、南北两路行宫并列为内务府管理的热河行宫三部分之一。康熙五十一年（1712年），狮子园便被康熙赐给了皇四子雍亲王胤禛（即后来的雍正皇帝），作为他随父皇来热河时的居住之所。据记载，狮子园成为雍亲王府以后，康熙皇帝曾七次进园游览。

狮子园规模很大，有东西宫门，四华里宫墙，内有主殿五间，前殿五间，后殿五间，还有十余处殿、堂、亭、馆、书院、佛寺等。雍亲王得到赐园以后，在主殿东北面建了三间草房，以示“尚朴”之意。可这三间草房盖好后，民间却有了乾隆皇帝生于这三间“草宫”的传说。

乾隆皇帝少年时曾住在狮子园，继位后把狮子园赐给了他六弟果亲王弘瞻。据说乾隆皇帝经常在自己生日的前几天陪母亲游狮子园。

乾隆皇帝有没有可能会生于行宫狮子园呢？也是有的！应该说这点和康熙帝的生活习惯有关系。原来康熙帝天生怕热，每年夏季，京城热得受不了，康熙帝就携诸皇子到热河行宫避暑，雍亲王胤禛当然也在其中，狮子园便是雍亲王胤禛一家当时在热河的住处，胤禛来这里的时候，极有可能也带着自己的妻妾，若有怀孕的妻妾一同来到这里，那么在这里生下孩子也是很自然的事情。

乾隆皇帝生在狮子园这件事最早是谁说的呢？史上未见记载，但乾隆朝有个官员叫管世铭，他的一首诗中讲到了这件事。管世铭，字缄若，号韫山，江苏阳湖人，乾隆四十三年（1778 年）进士，授户部主事，累迁郎中，充军机章京。此人深通律令，凡谳牍多世铭主奏，他经常随乾隆去承德避暑山庄、参加木兰秋狝典礼等活动，他曾写下《扈跸秋狝纪事三十四首》，其中第四首涉及到乾隆皇帝的出生地，诗是这样写的：“庆善祥开华渚虹，降生犹忆旧时宫。年年讳日行香去，狮子园边感圣衷。”该诗后面附有管世铭的原注：“狮子园为皇上降生之地，常于宪庙忌辰临驻。”这个注脚的意思是：乾隆皇帝出生在狮子园，所以他常在先帝雍正的忌日到这里住上几日，以示纪念。

管世铭虽然说到这件事，但他应该不是最早说的，因为嘉庆皇帝从小就认为父皇是生在热河行宫狮子园的。如果认为管世铭的诗作只是阐明乾隆出生在避暑山庄的旁证，那么嘉庆的两首诗就可作为直接证据了。

乾隆退位后的嘉庆元年（1796 年）八月十三日，嘉庆皇帝跟随已成了太上皇的乾隆帝到避暑山庄庆贺他的 86 岁寿辰，并写下一首《万万寿节率王公大臣等行庆贺礼恭记》。诗中有这样两句：“肇建山庄辛卯年，寿同无量庆因缘。”诗后还附有嘉庆帝的原注：“康熙辛卯肇建山庄，皇父以是年诞生都福之庭。”一年之后，又逢乾隆寿辰，嘉庆再写《万万寿节率王公大臣等行庆贺礼恭记》诗祝寿："敬惟皇父以辛卯岁，诞生于山庄都福之庭。"

乾隆写诗证生地，自认生于雍和宫

那么，乾隆帝是否出生在避暑山庄呢？官方史料的记载却并非如此！嘉庆十二年（1807年），嘉庆帝为父亲纂修《实录》和《圣训》时，发现两部典籍中父皇乾隆帝的出生地皆为雍和宫，于是嘉庆帝命文华殿大学士刘凤诰仔细调查，刘凤诰考证了乾隆的《御制诗集》，这些诗作和注脚中，乾隆凡是讲到自己出生地点的几处，都清楚地表明是雍和宫。

这样一来，清宫官方档案便就乾隆的出生地上产生了歧异，让人莫衷一是。而在民间，相关传说就更多了。其实乾隆还在位时期，民间就已经对他的出生地众说纷纭，但乾隆帝自己认为他出生在雍和宫。

雍和宫位于北京市东城区内城的东北角，即雍和宫大街路东，是北京市内最大的藏传佛教寺院。此地原为明代内官监官房，清朝定鼎北京后将这里划为内务府官用房，康熙年间成为皇四子胤禛的府邸。《清宗人府事例》中有这样的记载："康熙三十七年（1698年）十二月谕宗人府：皇四子胤禛、皇五子允祺、皇七子允祐、皇十子允䄉……俱已分别册封分府，唯胤禛、允祐二人是贝勒，而所封府邸是亲王府邸，规模违制，着由官房租库，将前明内宫监房拨给胤禛……"胤禛这时是贝勒身份，按照贝勒府府邸的规制，他的父亲康

北京雍和宫建筑

熙皇帝将明朝时期太监们居住过的官房分给了他。康熙三十三年，胤禛搬进府邸，取名“贝勒府”。

康熙四十八年，胤禛晋升为“和硕雍亲王”，“禛贝勒府”也随之升为“雍亲王府”。这时的雍和宫从规模、建制到人员配备都与从前相比不可同日而语。然而，这座昔日的“贝勒府”真正发生历史性改变则是到了康熙皇帝驾崩之后，四子胤禛继承皇位，改年号雍正，是为雍正皇帝。他随即迁入宫中，但对曾经居住过三十余年的府邸已有了很深的感情，于是将这里改为自己的行宫，正式赐名“雍和宫”。雍和宫作为帝王行宫和“龙潜禁地”的历史便由此开始。

乾隆曾多次以诗表明自己生在雍和宫。他登基后，把父亲雍正的画像供奉在雍和宫的神御殿，派喇嘛每天念经，他在每年正月初七都要到雍和宫祭拜。一次他到雍和宫瞻仰祭拜后，作诗说：“来瞻值人日，吾亦念初生。”“人日”是古人对正月初七的叫法。乾隆诗的意思是，在正月初七那天到雍和宫祭拜，我总是念念不忘当初就是生在这里。

大概乾隆帝对自己出生地的流言有所耳闻，他在 72 岁那年正月到雍和宫拜佛后写诗作注说：我确实是在康熙辛卯年生在这雍和宫的，到 79 岁那年正月，乾隆帝到雍和宫拜完佛，又写下一首七律《雍和宫瞻礼》，在注释中他再次重申，他的确是在康熙五十年生于雍和宫，而且在那里生活了 12 年。

乾隆四十四年（1779 年）新春，乾隆作《新正雍和宫瞻礼》诗中有一句：“斋阁东厢胥熟路，忆亲唯念我初生。”“斋阁东厢”指的是雍和宫的东厢房，即今雍和宫东书院如意室、平安居、太和斋一带。由此诗可见，乾隆本人不仅承认自己诞生于雍和宫，而且还暗示了自己出生在雍和宫的具体位置。

但是关于其父出生地的这些事，早先嘉庆皇帝竟然不知道，不知怎么他以为皇父是出生于承德避暑山庄，或许是听信了出生于热河行宫的传言，直到他登基十二年后，才放弃了乾隆生于承德热河行宫这一看法。

嘉庆十二年，嘉庆皇帝命令臣工编修乾隆帝的《实录》和《圣训》。清朝每位皇帝登基后，都要为其皇父撰修《实录》和《圣训》。《实录》是专门记载每位皇帝在位时的主要活动以及重大事件的编年体史书；《圣训》则是每位皇帝所颁的诏令和谕旨的集锦。他审阅时发现，这两部文献典籍中，把乾隆的出生地都写成了雍和宫。他当即命令编修大臣认真核查。官员把乾隆当年的诗找出来送给嘉庆审阅，嘉庆感到问题的严重性，于是只好放弃承德避暑山庄狮子园的说法。

可是，乾隆出生地问题并没有因此画上句号。嘉庆二十五年七月，嘉庆皇帝到塞外打猎，突然死去。在军机大臣以嘉庆名义撰写的遗诏中说，皇父乾隆当年就生在避暑山庄，今天我死在这里，也没什么遗憾了。

起草的大臣应该是不知道嘉庆帝已改变了对皇父出生地的看法，所以才那样写。但新继位的道光皇帝显然知道这是错误的，他发现这一情况后，立即命令差官以每天六百里加急，将已发往琉球、越南、缅甸等藩属国的嘉庆遗诏从路上追回来。改写后的遗诏，把原来说乾隆生在避暑山庄，很牵强地说成乾隆的画像挂在避暑山庄。

道光帝为把爷爷乾隆生在雍和宫的说法作为结论确定下来，不得不把嘉庆当年说乾隆生在山庄的诗作都改过来。由于嘉庆的诗早已公开流行天下，这样大张旗鼓地修改，结果却是越抹越黑，使得天下人对乾隆皇帝的出生地问题愈加莫衷一是，议论纷纷。

后来，不仅乾隆帝的出生地闹不清楚，甚至连他母亲是谁，人们也产生了怀疑。那么乾隆的生母究竟是谁，只要看一看清宫《玉牒》和乾隆时期的《实录》及《圣训》，问题就一清二楚了，因为在《玉牒》和生卒记录底稿上都清楚地写着：康熙五十年辛卯八月十三日，孝圣宪皇后钮祜禄氏诞弘历于雍和宫。在《实录》和《圣训》中也有同样的记载。

史料虽这样记载，但也不代表人们肯这样去相信，况且如果乾隆帝真的是民间女子生于热河行宫草棚，在康熙不允的情况下，也有可能是雍正让某位嫔妃认作己子而养育，再骗他说生于雍和宫，也是有可能的，但这些更是猜测之外的猜测了。

海宁陈阁老，生男被换女

围绕乾隆身世问题，后来又冒出另一个说法：说乾隆帝是浙江海宁大盐商陈阁老的儿子，陈阁老名叫陈世倌，因曾官居大学士，民间俗称其为陈阁老，此人在康熙年间入朝为官，与雍亲王一家常有往来。今天的陈阁老旧宅，还保存一块九龙匾，据说是雍正亲笔书写的。

陈阁老宅爱日堂内景

相传雍亲王和陈阁老两家夫人同年同月同日分别生了孩子，雍亲王让陈家把孩子抱入王府看看。可是，等孩子再送出来时，陈家老小个个目瞪口呆，自家的胖小子竟变成了小丫头，陈阁老本打算去换回来，但转念一想，孩子岂会轻易抱错？况且是性别不同的两个孩子？陈阁老觉得其中必有深意，便不再声张。那换入皇宫的胖小子，就是后来的乾隆皇帝。而陈世倌用儿子换来的雍正之女，也便是公主了，陈世倌家养着一个公主，不敢大意，将这个女孩带回海宁，专盖一楼养之，此女长大后嫁给了当朝重臣、大学士蒋廷锡之子蒋溥。蒋溥也甚得皇上恩宠，官至大学士。当地人遂将该女少时所居之楼称为“公主楼”。

据说海宁陈家还有乾隆亲笔题写的两块堂匾，一块是“爱日堂”，一块是“春晖堂”，用的都是唐朝孟郊诗“谁言寸草心，报得三春晖”这一典故。乾隆若不是陈家之子，何必用形容父母深恩的词语来题匾呢？所以若照此说来，乾隆便是雍正朝臣陈世倌的儿子，这样他竟完全成了一个汉人皇帝了！于是有人说还是汉人拿回了大清江山。果真如此，则清朝自乾隆以后的皇室，就成了汉满混血血统了。

欲究此事，不妨先来看一下海宁陈氏家族的历史，海宁陈氏是清代江浙四大家族之首，家族历史最长久，发迹最早，从政人数最多，家族势力最显赫。特别是有清一代，海宁陈氏为海内第一望族，科名最盛，名相迭出，宠荣无比。有“一门三阁老，六部五尚书”之誉。据传，当年陈崇礼科举及第之后蒙道光帝召对，得知他是陈世倌的后人，道光帝微微一笑说：“汝固海宁陈家也。”不久，陈崇礼即被擢升为盐运使。若无雍正、乾隆和海宁陈家的这层关系，陈崇礼怎会受到如此眷顾？

所谓树大招风，清朝前期，海宁陈家尤受皇家厚待，康熙皇帝曾赐大学士陈元龙传世十六字：永世克孝，敬明其德，宜尔子孙，以匡王国。乾隆皇帝六巡江南，四来陈家，当然会被人认为陈家与皇家关系密切。

最早提出乾隆帝是一个被偷换的汉家男婴这种说法的是晚清人天嘏所著的《清代外史》，书中一个醒目标题便是“弘历非满洲种”，这本书还说，乾隆知道自己不是满族人，因此在宫中常常穿汉服，还问身边的宠臣自己是否像个汉人。

在为反清排满大造舆论的晚清时期，极力诋毁清朝皇帝，大力渲染清宫秘闻是常事，有小说家也出来凑热闹。首先登场的是名噪一时的鸳鸯蝴蝶派大家之一的许啸天。1925年在上海出版的许啸天名著《清宫十三朝演义》，从爱新觉罗始祖布库里雍顺，一直写到宣统大婚。关于乾隆家世，书中说：乾隆原是陈阁老的儿子，被雍正妻子用调包计换了来，乾隆长大后，从乳母嘴里得知隐情，便借南巡之名，去海宁探望亲生父母，但这时陈阁老夫妇早已去世，乾隆只得到墓前，用黄幔遮着，行了做儿子的大礼。随着《清宫十三朝演义》的风靡一时，乾隆是海宁陈阁老之子的说法更是不胫而走，广为人知。

还有传说讲到陈阁老死时，乾隆曾亲赐祭葬文。但祭葬文宣读之后，却没有依照惯例镌刻成墓碣，而是当场被焚烧于墓前。这一异常的举动曾引起人们的推测，有人认为或许祭文中有难言之隐，不便公开于世罢了。

近些年来，有关乾隆是海宁陈家之子的传闻仍然接连不断地被写入文艺作品，其中影响最大的便是武侠小说家金庸的《书剑恩仇录》。该小说是金庸的首部长篇武侠小说，著于1955年。小说便是围绕着乾隆帝的身世之谜展开的，主要描写清朝乾隆年间，江南武林帮会红花会为反清复明，与清廷浴血奋战的故事，也是这本小说把研究乾隆是否汉人一事，推到了高峰。

金庸出生在浙江海宁，从小听的就是有关乾隆身世的种种传说，在金庸的笔下，书中主角陈家洛被写成是乾隆帝的一母同胞，陈家洛是陈世倌的三公子，乾隆的亲弟弟，又从小跟着高人习武，文武双全，他的民族主义意识极强，立志要夺取满人江山，他的一生似乎都是围绕此事而运转的。为了完成这个使命，他“牺牲小我，完成大我”的思想极其浓厚。

小说开始时，乾隆帝并不知自己是海宁陈家的儿子。当时江湖最大的帮会——红花会的总舵主于万亭秘密入宫，将乾隆生母陈世倌夫人的一封信交给乾隆，信中详述当年经过，又说他左腿有一块朱记。待于万亭走后，乾隆便把幼时喂奶的乳母廖氏传来，秘密询问，得悉了自己的家世真情：当年，陈世倌的小孩被抱进雍亲王府，“哪知抱进去的是儿子，抱出来的却是女儿。陈世倌知是四皇子掉了包，大骇之下，一句都不敢泄漏出去”。

陈世倌故居

陈家洛继于万亭之后成为红花会会主，在知道乾隆是其哥哥后，于是期望激发哥哥乾隆帝的汉族意识，共同成就恢复汉家天下的宏伟大业，但却被其所骗。

金庸的这部小说精彩纷呈，使乾隆是海宁陈家之子的说法传得更广了。此外也有一些小说写到类似的故事。既然有这么多传说和传闻，那么乾隆究竟是不是海宁盐商陈阁老的儿子呢？要解开这个谜，首先让我们看看陈世倌其人。

陈世倌，字秉之，号莲宇，海宁盐官人，陈诜之子，生于清康熙十九年（1680年），故于清乾隆二十三年（1758年），康熙四十二年进士，改庶吉士。自编修累迁侍读学士，督顺天学政。乾隆即位之前，陈氏为相者多已谢世，陈世倌尚存，却并未得到乾隆皇帝的格外关照。史载乾隆即位，陈世倌起左副都御史。乾隆二年，授仓场侍郎，再迁工部尚书。六年，授文渊阁大学士。

而据清宫档案的有关记载，陈世倌在乾隆六年（1741年）升任内阁大学士不久，就因为起草谕旨出错被革职，不仅如此，乾隆皇帝还当面斥责他“无参赞之能，多卑琐之节，纶扉重地，实不称职”。如此一点情面不留，别说是生父，就是普通的前朝老臣也很少受到这样的呵斥奚落，乾隆为人极孝，是不可能如此对待亲生父亲的。

还有更重要的一点是，根据清朝皇室的家谱《玉牒》记载，乾隆降生前，雍正的妻妾已生过四个儿子，分别是：

1. 爱新觉罗·弘晖，雍正帝长子，幼殇。生母为孝敬宪皇后，康熙三十六年三月生，康熙四十三年殇，年八岁，乾隆帝即位后追封为端亲王。

2．爱新觉罗·弘昐，未齿序，幼殇。生母为齐妃李氏。康熙三十六年六月生，康熙三十八年二月殇，年三岁。

3．爱新觉罗·弘昀，雍正帝次子，幼殇。生母为齐妃李氏。康熙三十九年八月生，康熙四十九年殇，年十一。

4．爱新觉罗·弘时，雍正帝第三子，称三阿哥。削宗籍。生母为齐妃李氏。康熙四十三年二月生。雍正五年八月六日卒，年二十四。

雍正帝的弘晖、弘昐、弘昀三个儿子虽然已幼年早死，但三阿哥弘时已经八岁，另一个王妃过了三个月又生下了一个儿子。而且，这时的雍正才三十四岁，正当壮年，他怎会在已经有一个八岁的儿子，另一个王妃又即将临产的情况下，急急忙忙偷偷摸摸地用自己的女儿去换陈家的儿子呢？这于情于理都是说不通的。再退一步讲，那时的雍正连自己都不知道能不能登上未来的皇位，又怎么知道陈家的儿子就是个有大福的人？

那么把乾隆是海宁陈家之子的故事写得天下皆知的金庸先生针对乾隆身世这件事是怎么说的呢？他曾这样告诉读者们：《书剑恩仇录》中所谓的乾隆的弟弟“陈家洛这人物是我的杜撰”。并且声明：“历史学家孟森作过考据，认为乾隆是海宁陈家后人的传说靠不住。”

历史学家孟森在乾隆身世方面有着翔实的考证，他认为乾隆是“以女易男”的说法根本靠不住，所谓的陈家公主应为陈家之亲女，“公主楼”根本就不存在。陈家“公主”所嫁的蒋溥，字质甫，号恒轩，江苏常熟人，善画花卉，得家传。雍正八年科考，蒋溥为二甲第一名进士，后改庶吉士，入南书房，受封为一等轻车都尉。后先后担任翰林院编修、侍讲、左春坊庶子和侍讲学士等职。乾隆四年（1739年），蒋溥担任会试同考官，不久后出任内阁学士，接着又升为吏部侍郎兼刑部侍郎，乾隆二十四年正月，蒋溥晋升东阁大学士兼户部尚书，次年又担任会试总裁。当时他已抱病在身，并日渐加剧，乾隆皇帝十分关心他的健康状况，曾经多次亲临探视。乾隆二十六年四月，病逝于任上。

蒋溥性情宽厚而警敏，任职后，精心奉职，勤于政事，是乾隆时期的重臣，亦是蒋派花鸟画艺术的重要代表。关于蒋溥的妻室，考证说蒋溥有王姓妻子，也是一名画家，且小有名气，也许蒋溥有陈氏妻子，但并不出名。

蒋溥去世前，乾隆曾两次亲往视疾，蒋溥去世后，乾隆皇帝又亲临祭奠，十分哀恸，悲感万分，加赠蒋溥太子太保，入祀贤良祠并礼乡贤祠，谥曰“文恪”。

待到乾隆皇帝南巡时，又追念蒋溥，多次派人到其墓地祭奠。有学者以此作为蒋溥之妻为“公主”的证据。但孟森先生认为，蒋溥久居相位，得了重病，皇帝去探望，死后亲自去祭奠，这只是常例，此证据不足为信，但也有学者认为蒋溥虽是大学士，但乾隆朝大学士尤多，有二十余位，蒋溥并不十分出色，乾隆皇帝对蒋溥的连番举动十分出格，因此认为其中必有缘故。

乾隆帝四赴海宁，住陈家或有玄机

浙江海宁陈家的房舍中有“爱日堂”“春晖堂”两块皇帝御书的匾额，这虽然确有其事，但孟森说考证的结果是，两块匾额都是康熙御书赏赐的，分别是康熙三十九年（1700 年）和五十二年（1713 年）根据陈家在朝中做官的侍读学士陈元龙、陈邦彦的奏请，题写后赏赐其父母的，而不是乾隆写的。

那么乾隆帝为什么六下江南，有四次到海宁，而且每次都住在陈家私园呢？史载乾隆驻跸的陈家私园名叫“隅园”，是一座著名的古代江南私家园林，位于海宁县域的西北角，有着上千年历史。这个宅子最早本是著名学者王国维的先祖、宋朝的王沆所建，明朝时，此园为太守陈与郊所有，开始起名“隅园”。

安澜园风景

明朝晚期时，陈元龙的曾祖陈与相得此园，至陈元龙拜相后，将它改建扩大，始有皇宫内院之气派，占地

古图绘圆明园中的安澜园

有数百亩之广，初名“遂初园”，入门水阔云宽，风景宜人，时称江南四大名园之一。当时著名诗人袁枚咏该园诗有：“百亩池塘十亩花，擎天老树绿槎枒。调羹梅也如松古，想见三朝宰相家。”清代陈卿在《安澜园记》中也记载：“庭广数亩，宽平如坻，栏俯清流，縠纹渺远，望隔湖山色，在烟光杳霭之中。夏日荷翠翻风，花红绚日，虽西湖三十里，无以过之。”可见此园盛况。

再说下此园子的主人陈元龙，其字广陵，号乾斋，浙江海宁人，生于顺治九年（1652年），康熙二十四年一甲二名进士，官途顺利，为康雍两朝高官。雍正七年，因年近八旬，精力尚健，定为“优眷老臣”，乾隆元年，陈元龙去世，年85岁，以太子太傅、大学士致仕，祭如制，谥文简。

无论是清廷中央还是海宁地方，以陈元龙为代表的海宁陈氏家族都是名声在外，其家族名人历任康、雍、乾三朝宰辅，其私家园林又面积广大而美丽，在海宁这一带，实在是找不到另外一个比这“三朝宰相家”的私家园林更为体面的地方来迎接乾隆皇帝了。而且这个园林不但面积很大，景色可人，离海塘也很近，据说在园中就可以听到海潮的声音。难怪乾隆皇帝六下江南，要四度驻跸此园了。

乾隆自己也说十分喜爱此园，说其驻跸陈氏隅园是“喜其结构至佳”，在他初幸隅园之后，便赐其名为“安澜园”，以志此行在使海水永安其波澜。乾隆74岁时最后一次来到陈园，知道自己年岁已大不易再来，于是回京之后在圆明园也仿造了一个安澜园。该园位于福海西北，因修葺四宜书屋之便按陈氏隅园的布局全部仿建，巧妙的结构颇得乾隆皇帝喜爱，还为之写了一篇《安澜园记》。晚清诗人王闿运有诗云，“谁道江南风景佳？移天缩地在君怀”，说的正是乾隆喜江南园林，南巡时携画工将风景尤佳者绘图以归，在御园或行宫中仿建，以便随时游观。

由乾隆所题的“安澜园”之名的意思也可知道，乾隆真正关心的还是钱塘江海塘修筑工程。据历史档案记载，乾隆四次南巡到海宁，也主要是视察耗资巨大的钱塘江海塘工程。钱塘江海塘又名浙江海塘，是浙江省古代伟大水利工程之一，为钱塘江河口防洪、防潮江堤的习称，它与长城、大运河被称为我国古代三大最著名的建筑工程。

当年，康熙也曾六次南巡，但只是到杭州，重点也是视察钱塘江海塘工程。雍正初年，动用正项钱粮之举逐步增多，在海塘经费问题上，雍正帝屡屡提醒浙省官员，“务要工程坚固，一劳永逸，不可吝惜钱粮”。到乾隆时，海潮北趋，海宁一带潮患告急，而海宁大堤一旦冲破，苏州、杭州、嘉兴、湖州这一带全国最富庶的地区势必被淹，到那时将会严重影响国家的税收和漕粮的征收。乾隆从“海塘为越中第一保障”的认识出发，四次亲临海宁，检查海塘工程，终于建起海潮屏障鱼鳞石塘，其中有的地段至今完好，仍然起着挡潮防患的作用。而在当年乾隆巡视时，在偏僻的小县海宁，实在找不出比陈家私园更体面的接驾的地方。乾隆在陈氏家园住过四次，但对陈家子孙却一次也没有召见过，更谈不上传说中“升堂垂询家世”的事了。

熹妃生下乾隆帝，钱氏改姓钮祜禄

关于乾隆帝身世，近些年来又出现的一说，是研究《红楼梦》的红说人士得出来的，说乾隆帝乃林黛玉和曹雪芹的私生子，此说承接了上篇雍正之死中其被曹雪芹和林黛玉化身毒死之说，但由于此说完全是凭空臆测，毫无历史根据，多被人当作笑料，这里不再赘述。

综合以上所讲，结合所有的正史、野史与传闻，可以得出有关乾隆的身世有如下几种说法：

1. 乾隆生于雍和宫，母亲是熹妃钮钴禄氏，父亲是雍正皇帝。
2. 乾隆生于雍和宫，母亲是热河民间女子，父亲是雍正皇帝。
3. 乾隆生于避暑山庄，母亲是热河行宫宫女李佳氏，父亲是雍正皇帝。
4. 乾隆生于避暑山庄，母亲是江南女子“傻大姐”，父亲是雍正皇帝。
5. 乾隆生于海宁陈家，母亲是陈夫人，父亲是陈世倌。

这几种说法中，既有正史记载，也有传说传闻，还有搞笑的评说。但事实上只第一条是比较靠谱的正史，其他皆是传闻或笑话式的猜测。为什么会这样呢？是因为乾隆身世之谜的传播历时已久，它是清朝最有趣、传闻最多的历史疑案。朝野上下，京城内外，官方文献，御制诗文均被搬出来考证，而在清末民初排满情绪的推波助澜下，野史笔记、民间评说、戏曲小说，都在尽情地演绎这段故事，因此即便是假话，也有很多人开始相信了。

由以上论述可知，在传闻和野史都被证明是伪说之后，穿过层层的历史迷雾，只需要找到乾隆帝的生母便可以了。那么绕过热河女子、李佳氏、傻大姐、陈夫人等各形各色的女人，只着重于第一条，便知唯一的真相只能锁定在乾隆生于雍和宫，母亲是熹妃钮钴禄氏。于是，乾隆真正的母亲终于和世人见面了，她就是熹妃，钮钴禄氏，崇庆皇太后，属满洲贵族血统。

说到这里，好像所有有关乾隆身世的诸多传闻都被考证推翻了，真相被正史揭开了，但其实不然，因为我们还不知熹妃为何人，必须再翻开有关于这位熹妃的档案，才能知道乾隆真正的身世之谜。

成书于乾隆十七年的，署名萧奭的《永宪录》卷二有这样的记载：（雍正元年）冬十有二月丁卯。午刻上御太和殿。遣使册立中宫那拉氏为皇后。诏告天下，恩赦有差。封年氏为贵妃，李氏为齐妃，钱氏为熹妃，宋氏为裕嫔，耿氏为懋嫔。

孝圣宪皇后（乾隆生母熹妃）像

清宫档案《雍正朝汉文谕旨汇编》雍正元年（1723 年）记载：雍正元年二月十四日奉上谕：尊太后圣母谕旨：侧福晋年氏封为贵妃，侧福晋李氏封为齐妃，格格钱氏封为熹妃，格格宋氏封为裕嫔，格格耿氏封为懋嫔。

《清世宗宪皇帝实录》雍正元年（1723 年）二月甲子（十四日）记载，谕礼部：奉皇太后圣母懿旨：侧妃年氏，封为贵妃；侧妃李氏，封为齐妃；格格钮祜禄氏，封为熹妃；格格宋氏，封为懋嫔；格格耿氏，封为裕嫔。尔部察例具奏。

上面的记载中，前两条档案是完全吻合的：

“封……钱氏为熹妃”“钱氏封为熹妃”。而第三条档案则显示：“格格钮祜禄氏，封为熹妃”。三条历史档案中存在着矛盾，但可是肯定的是：“熹妃钱氏”和“熹妃钮祜禄氏”在同一天奉皇太后的懿旨受封，她们必然是同一个人。因为按照清宫的规制，册封皇妃不能有重名，不仅同一天不会有，整个清王朝都不可能有两个熹妃。萧奭的《永宪录》与清宫档案《雍正朝汉文谕旨汇编》互为证据，不可能同时出错，更不可能错误相同。这两条档案都是最有力的证据，它所提供的信息比任何传闻都更具颠覆性，因为它昭示出的是如下事实：乾隆的母亲姓钱。

既然乾隆的母亲姓钱，那么就让人怀疑她是不是满族人了。因为满族原本没有钱氏之姓，清代之前满族又称女真，是居住于东北长白山一带的少数民族，所用姓氏自然也都是本民族所固有的，明末清太祖努尔哈赤举兵反明时，出于战略上的需要，他创制兵民一体、军政合一的八族制度以统辖女真各部。以后随着统治地域与人口的扩大，清太宗皇太极又以境内汉人和蒙古族为基础创建汉军八旗和蒙古八旗。清军入关后，汉军八旗大量吸纳中原汉人，规模不断壮大，钱姓也相应出现于其中，但他们仍是汉人，而由于经过清代的长期融合，汉军八旗中的汉人大多满化成为满族，而不少满族人户则因汉化开始采用汉姓，这样便有了满族钱姓，但在乾隆之前，满族钱姓即便是有，也是极少的。

既然乾隆之前的清朝满族人不大可能姓钱，那么乾隆的母亲便有极大可能是汉族人，如果是的话，这样一来，乾隆就是满汉混血儿。但是，钱氏在《清世宗宪皇帝实录》中为什么成为了钮祜禄氏呢？钱氏家族的后人钱治冰经过考证认为，雍正元年二月十四日册封熹妃钱氏的时候，雍正还没有秘密立储，也就是说，这时候弘历（乾隆帝）是作为普通皇子养育的，其母亲钱氏也和其他普通皇子的母亲一样都是可以保留汉姓的。而到了雍正元年八月十七日，雍正正式设立秘密立储制，才指定弘历为皇太子。这也就是说，熹妃由钱氏变成钮祜禄氏就是在雍正秘密立储之时或之后的事了。

那么熹妃为什么要将钱姓改成满族的钮祜禄氏呢？唯一合理的解释就是：因为皇太子的母亲需要有一个高贵的满族出身，这样皇储宝亲王弘历才能血统纯正，因此必须要将熹妃姓氏篡改为满族贵姓。而钮祜禄氏是满族最高贵的姓氏之一，其先祖巴图鲁额亦都曾帮助努尔哈赤以十三兵甲起家，是奠定清代开国基业的第一功臣，钱氏熹妃改成钮祜禄氏是很好的选择。

出于这种考虑，但不知是在谁的安排下，熹妃钱氏便拜巴图鲁额亦都之后四品典仪凌柱为义父，从而便改汉姓钱氏为满姓钮祜禄氏了。

于是，在乾隆朝修订的《清世宗宪皇帝实录》中，钱氏就成为了钮祜禄氏，清代皇室的《玉牒》中也更详细地表明：世宗宪皇帝（雍正）第四子高宗纯皇帝（乾隆），于康熙五十年辛卯八月十三日，由孝圣宪皇后钮祜禄氏凌柱之女诞生于雍和宫。

史料对于凌柱的记载是，钮祜禄氏，满洲镶黄旗人，孝圣宪皇后钮祜禄氏父，1664 年生人，曾在礼部任职，后官至四品典仪。其女钮祜禄氏于康熙五十年（1711 年）八月十三日生乾隆帝。凌柱长子伊通阿，任散秩大臣兼佐领。次子伊松阿和三子伊三泰，都任三等侍卫。四子伊绅泰，任蓝翎侍卫。乾隆即位后，凌柱被封一等公，凌柱妻子封一品夫人。世袭罔替。

凌柱的姓氏钮祜禄氏家族历史功绩虽然不错，但凌柱家庭并不显赫，很适合钱氏认作干亲，这样不至于太招摇。

嘉兴钱氏生皇帝，皇恩眷顾钱家人

如果乾隆的母亲钮祜禄氏原本姓钱。那么，这位生下一代帝王的钱氏是生于谁家的女子呢？根据钱治冰的最新考证："乾隆之母钱氏（1692 年—1777 年）是浙江嘉兴钱纶光与书画家陈书（1660 年—1736 年）之幼女，是刑部尚书钱陈群（1686 年—1774 年）的妹妹。"由此来看，乾隆之母钱氏的确是江浙一带的汉族钱氏人家。

钱纶光乃海盐钱氏之后，明清之际，钱家也为嘉兴望族，钱纶光之父名钱瑞徵，康熙举人，官西安教谕。钱纶光曾是太学生，工书，有诗名，长大后游学全国，来到嘉兴后，入嘉兴陈家为婿，但子女仍姓钱，钱纶光曾任海监一职，诗书上与妻子陈书唱和，颇为和谐。

钱纶光夫人陈书，字南楼，号上元弟子，晚号南楼老人，秀水（今浙江嘉兴）人，生于清顺治十七年（1660 年），卒于清乾隆元年（1736 年），清代女画家，善画花鸟、草虫，其用笔类陈道复而遒逸过之。山水人物亦擅长，间绘观音、佛像等，诗文颇为精通。

钱纶光死得较早，使得家道中落，陈书只能勤俭持家，白日卖画贴补家用，夜来纺纱织布，苦度岁月，好在家里以前比较富裕，又有陈氏同宗亲戚接济，生活还能过下去，陈书对于子女的教育从不放松，教子读经吟诗至深夜。其子钱陈群在她的精心培育下，在清康熙六十年中了进士，进入朝廷担任侍读学士等官职。

陈书在书画方面的造诣很高，笔墨娴雅，结构严谨。当时书画家评论她画的人物称得上逸品，画的山水、花卉称为神品，可见对她的评价相当高。陈书的子孙受她的影响也能书画，在笔墨技法上很像她，可以说一门数代继承家风。她的作品曾为清代皇室珍藏，流传民间也不少，嘉兴博物馆藏有她的花卉真迹，其画清内府所藏甚多，卒年 77 岁，著有《复庵吟稿》。其诗作也为人们所重视，《复庵吟稿》收集了她诗作的精华，流传至今。

现在能考证到的是，陈书至少育有三子一女，长子即钱陈群，是熹妃钱氏的哥哥，也就是乾隆的舅舅了。钱陈群字主敬，生于清康熙二十五年（1686 年），卒于清乾隆三十九年（1774 年），康熙四十四年，圣祖南巡，钱陈群迎驾吴江，献诗。上（康熙皇帝）命俟回跸召试，因其母陈书有病未赴。康熙六十年，钱陈群成为进士，康熙召见，上谕及前事，改庶吉士，授编修。雍正七年，世宗（雍正皇帝）命钱陈群跟从史贻直、杭奕禄赴陕西宣谕化导，陈群周历诸府县，集诸生就公廨讲经，讲解非常深切，竟有闻讲解而流涕者。回来后，上谕奖钱陈群为“安分读书人”。五迁右通政，督顺天学政。

石刻《夜纺授经图》

乾隆元年，钱陈群以服母丧去官。服除，高宗（乾隆皇帝）命仍督顺天学政，除原官。陈群以母亲陈书所绘《夜纺授经图》奏上，上（乾隆皇帝）为题词。

这是陈书教子成名后，自己画了一幅《夜纺授经图》，此图描绘夜深人静时，她一边纺纱，一边教子读经的情景，其慈母神态毕俱。

这幅画深得乾隆皇帝的赞赏，并题诗二首在画上，其中的一首七律是这样写的：篝灯课子澹安贫，义纺锄经乐苦辛。家学白扬谙绘事，成图底事待他人。五鼎儿诚慰母贫，唯诗不觉鼻含辛。嘉禾影读贤媛传，不愧当年画荻人。乾隆题完诗后，并在陈书所画《夜纺授经图》上御题“清芬世守”四字。后来钱氏后人将其刻在石上，嵌在嘉兴中山路钱氏故居壁间。

乾隆三十一年，陈群复进其母陈书画册，册有纶光题句。上题诗以赵孟頫、管道升为比。从此举亦可见，钱陈群能将其母画册进献乾隆帝，乾隆帝又对其大加夸赞，说明其家与乾隆皇帝的关系实非一般，或者乾隆帝因是其外祖母之作，又有外祖父诗，才以“赵孟頫、管道升为比”夸赞之。

乾隆三十五年，上六十大寿，命德潜至嘉兴劝陈群毋诣京师，因为此时钱陈群已八十五岁，走动不便，乾隆皇帝为了照顾舅舅，特命沈德潜去劝说钱陈群不必再来京城祝贺，钱陈群便献竹根如意，上批札云：“未颁僧绍之赐，恰致公远之贡，文而有节，把玩良怡！今赐卿木兰所获鹿，服食延年，以俟清晤。”

乾隆三十六年，上东巡，陈群迎驾平原，进登岱祝釐颂。是冬，复诣京师祝皇太后（钱陈群之妹钱氏）八十大寿，命紫禁城骑马，屡蒙奖许。

乾隆三十九年，钱陈群病死，年八十九岁。乾隆帝闻讣深感痛惜，赐银千两，御笔亲书悼文，上谕谓：“儒臣老辈中能以诗文结恩遇、备商榷者，沈德潜卒后惟陈群。”加太傅，谥文端，令入贤良祠受奉祀。四十四年，上制怀旧诗，列五词臣中。

清代绘画中描绘皇家出巡盛况的情景

钱陈群为官历事康熙、雍正、乾隆三朝，尤得乾隆帝的尊宠，倚为元老大臣，二人之间既有君臣之谊，又似知己朋友，乾隆称其为“故人”，可见其关系的确不一般。钱陈群每有诗作，总喜欢向乾隆帝进呈，乾隆帝也必亲笔题诗回赠。钱陈群退休后，仍屡次被乾隆加官升迁，如加尚书衔、太子太保，帝赐之以“食全俸”等，还常寄自己的诗作，请钱陈群和作。

钱陈群还曾数次去北京，为皇太后和乾隆帝祝寿，并同乾隆帝到塞外围场行猎，并参加“香山九老会”。乾隆十六年（1751 年），钱陈群首次扈从高宗圣驾南巡，并随驾钱王祠陪祭。乾隆二十二年（1757 年），钱陈群二次扈从高宗圣驾南巡，再次随驾钱王祠，乾隆帝又赐御诗褒扬钱氏先烈。乾隆二十七年（1762 年），高宗第三次南巡时，钱陈群已告归在籍，即赴常州恭迎圣驾，并扈从无锡、苏州、嘉兴、杭州等地，再次随驾钱王祠，并携台州族孙钱选，以传世唐赐铁卷晋呈御览，乾隆帝观后，还特赐御制铁卷歌一首。

由上可见，钱陈群的确与乾隆母子的关系非同寻常，别说是普通君臣关系，恐怕连一般亲戚关系都是无法做到这一步的。而反观凌柱一家，除乾隆即位后凌柱得封一等公外，其三子虽为乾隆舅舅，却未深得皇恩眷顾，只长子得封散秩大臣这样的从二品警卫之职，二子和三子也不过仅为三等侍卫而已。

不但是钱陈群享受到浩荡皇恩，就连他的学生阿桂、刘墉、纪昀等也备受乾隆重用……钱陈群的世代子孙包括女婿、族人有不少都成为朝廷重臣。钱陈群的两个弟弟钱峰、钱界均为举人，钱陈群长子钱汝诚，乾隆年间进士，官至内阁学士，刑部左侍郎，《四库全书》副总纂。其余三子钱汝丰、钱汝器、钱汝恭均为举人。其孙辈钱臻官江西巡抚（正二品），钱开仕进士、翰林院编修侍读，钱福祚进士、翰林院编侍读，钱复举人、大兴县知县，钱载二甲一名进士、内阁学士礼部左侍郎（正二品）。清史文苑所记“钱氏二石”就是钱陈群曾孙钱仪吉和钱泰吉，都是善诗富著的文坛名士。

钱陈群后人一支也以钱陈群为始祖，世称“嘉兴文端集斋尚书派”，是嘉兴六支钱氏后裔的兴旺一支，也是嘉兴望族之首，其子孙在有清一朝科第连连，直至民国，各代都有名臣廉儒，文人学士。

钱陈群一家受皇家如此厚恩，一门子弟又皆得皇家眷顾，不得不让人怀疑其与乾隆帝身世有某种亲密的关联，或者正是因为熹妃钱氏乃乾隆帝之母才会如此，这样乾隆帝实有汉家血脉，回头再看天嘏的《满清外史》中曾经提到的“乾隆知道自己不是满洲人，因此经常在宫中身着汉服，还问身边的宠臣自己是否像个汉人”这些话，倒也合情合理了。虽然这本书中“乾隆生于陈家”的说法是错误的，但这个“身着汉服”

钱塘江海塘石彻堤岸

细节并非杜撰，乾隆的确喜欢穿前朝明代的服饰，并且经常请画师为他作身穿汉服的画像，这些画像至今仍保存着。

同时，前文提到的乾隆极其关心钱塘江海塘工程，这可能也与他的真正身世有关。乾隆皇帝继钱镠之后大力修筑浙江海塘，有力地保护了富庶的吴越地区，此举受到后世的高度评价。而钱陈群这个可能是乾隆舅舅的人，正是在五代时期兴修水利、造福百姓的吴越王钱镠的直系子孙，乾隆帝之母亦如是，且乾隆帝之所以下那么大功夫修筑海塘，或许为造福外亲之故。

兴修水利，造福天下是帝王的职责，但钱塘江海塘不过是面积辽阔的中国的一个水利工程，其他地方也有规模相若甚至更大的工程，比如修筑黄河大堤，九江大堤，疏通大运河等等，而乾隆帝却六下江南、四赴海宁，住在偏远集镇中的陈家府邸，他为什么要这样做呢？这让人不得不怀疑乾隆帝与浙江嘉兴的钱家与陈家是否真的有某种血脉关联。

在没有充分证据的情况下，我们只能进行某些推论。目前已有的证据是，熹妃钱氏与钮祜禄氏同时出现在萧奭的《永宪录》与清宫档案《雍正朝汉文谕旨汇编》中，必定隐藏着历史的重大秘密，而对这一课题的研究将揭示乾隆真正身世的重大历史发现。

钱氏偷梁换柱，乾隆或真姓陈

讲到这里，乾隆的身世之谜渐渐显露出本来的样貌，虽然还不能成为定论，但所解析已比较深入，所谓乾隆是山庄丑女所生，是丑女生在草棚里，是出生于狮子园、或者本是陈阁老儿子的民间说法，都是站不住脚的。作为野史，这些说法都很传奇，很有吸引力；作为戏说，也可以写进小说拍成电视剧。但可惜的是，都没有史实根据，都不能当成历史事实来相信。关于乾隆究竟生在哪里的问题，是在北京的雍和宫，还是承德的避暑山庄？档案文献向我们披露，乾隆帝自己一直强调是生在雍和宫，嘉庆和道光虽然一开始曾持避暑山庄说，但后来又都坚定地改为雍和宫说。而持避暑山庄说的人也没能提出强有力的证据。这样，是否可以说，从乾隆到嘉庆再到道光这三朝的档案最终证实：乾隆皇帝生在北京的雍和宫，乾隆的母亲很可能是汉族人。

但由前面所述情况来分析，我们也能联想到：嘉兴钱氏与海宁陈氏关系是非常紧密的，海宁本属嘉兴，是以熹妃钱氏和钱陈群之母陈书，可能也是海宁陈氏之一脉，因嫁于嘉兴钱氏钱纶光，便与钱家成为至亲，这样我们不妨畅想一下——陈书之子钱陈群结交了还是雍亲王的胤禛，胤禛娶了钱陈群的妹妹钱氏。而作为嘉兴同乡，钱陈群很可能也与此时海宁陈家在京城做大官的人（可能是陈世倌，但也可能是其他陈氏族人）关系密切，那么钱陈群的妹妹、雍亲王的夫人钱氏也极有可能与陈氏官员的夫人关系密切（因为与陈家同乡，且极有可能有亲属关系），在京城常有来往，钱氏嫁到雍亲王府后，先生下一子，但早亡，为了自己在雍亲王妻妾中的名分地位，心中急切地期盼再生一子，不想却生下一女，假设此时雍亲王胤禛不在府上（作为康熙之子，胤禛每日应该有很多事处理，况且他又是个很勤奋的人，经日不在府中应该很是自然的事），钱氏是日听说陈家生下一儿子，为捞名分，她偷偷派人将陈家生子抱入府中，以女换之，是为弘历，钱氏以女换子后，这时知道其生下女孩的人还不多，她再以金钱打赏，嘱咐知情者不要声张，另嘱咐陈家人不可声张和造次，日后有谢，便能瞒过胤禛，进而也就能瞒过康

乾隆皇帝戎装骑马像

熙等其他人。

后来在机缘巧合之下，弘历为康熙所喜，又被蒙在鼓里的雍正立为皇储，雍正死后，乾隆即位，其母钱氏告知乾隆帝其真实身份，或者陈家人偷偷告知乾隆帝的真实身份，那么有关乾隆身份的一系列疑案，便迎刃而解了。

如乾隆六下江南，四次入住海宁陈家，虽为视察海塘工程，实也为探亲认祖，其所住之陈家，实为其外祖母同族之家。而且乾隆帝的六次南巡，前四次其母都曾参与，这说明熹妃至少有两次来到嘉兴，入住陈家，她来这里只为陪儿子游玩吗？不然的话又是为了什么呢？显然海塘工程并不是她所关心的事情，所以或有探亲之举。乾隆帝后于圆明园所建之安澜园，也是将母亲家乡风景搬得近些，乾隆是极孝之人，那么所建之园，是不是为母亲所造，为让母亲于中重拾幼时欢乐时光呢？

再如乾隆在宫中穿汉族衣服，并想让满族人穿汉服，便是很自然的事了，他本为汉人，当然想对满人做些汉化的举动，而受到阻挠后随即停止，也是怕引起猜疑罢了。

再如乾隆帝厚待蒋溥，蒋溥即为公主之夫，也算与乾隆亲近，乾隆因是公主被换才得以成为皇帝，他当然要对公主分外感激，而亲赴蒋溥家，亲祭蒋溥，实也是探望公主去了。

再如乾隆帝厚待钱陈群，钱陈群乃其养母（因从小养育，钱氏一如亲母）钱氏之兄，即乾隆帝之舅舅，他如何会不爱戴？而钱陈群和钱氏之母陈书，乃乾隆帝之外祖母，乾隆帝于百忙中在其画作上亲笔题诗，倒也很自然了。

再如乾隆帝训斥陈世倌，一种可能的原因是陈世倌并非其亲父，另一种可能是，陈世倌是其亲父。但由于乾隆此时已为皇帝，深怕陈世倌将其身世透露出去，所以故意对其严加训斥，让其远离京城，回到海宁。或许此时有人风言乾隆身世有异，而陈世倌做为皇帝亲父的嫌疑最大，乾隆为避嫌疑，故意训斥陈世倌，以堵人之口，并将其除官令其回乡，远离是非之地，也是很有可能的。

虽然上述所述情节有些复杂，但却是合情合理的，且如此一来便能解释许多疑点，而这样的事谁又能保证不会真的发生呢？如是此般，那么关于乾隆身世，其谜虽还需要进一步揭秘，但我们也能猜到大概了。

第九章　慈禧太后身世之谜

太后慈禧，身世成谜

大名鼎鼎的慈禧太后，姓叶赫那拉，名杏贞，清朝孝钦显皇后，咸丰帝的妃子，同治帝的生母，光绪帝的姨母兼养母，史载生于清道光十五年十月初十（1835年11月29日），卒于清光绪三十四年十月廿二日（1908年11月15日）。她本是咸丰皇帝的次妃，咸丰皇帝死后，她发动辛酉政变，掌握了国家最高权力，开始玩弄权术于股掌之间，并以皇太后身份两次垂帘听政，为1861年至1908年间大清王朝的实际统治者。

慈禧太后统治中国长达近五十年，其在统治期间倒行逆施，逆世界潮流的种种举措使中国错失了发展的良机，一手把中国送进了内忧并起，外患连连的半殖民地半封建社会的深渊之中，给近代中国造了难以形容的巨大灾难，因之被称为一代妖后，那么她是如何成长起来的，却并不为人所熟知，因为关于她的身世，百年以来众说纷纭，渐成近代一大谜案。

慈禧像

慈禧身世扑朔迷离，有人说慈禧是满人，有人说慈禧是汉人，而关于慈禧的出生地则说法更多，主要的说法就有北京说、山西长治说、甘肃兰州说、安徽芜湖说、浙江乍浦说、内蒙古呼和浩特说等六种。那么慈禧到底出生在哪里呢？她到底是满人还是汉人？她的身世到底是什么样的？她的一生都有哪些谜团呢？我们不妨从惊人的“叶赫灭清”的传说开始，拨开重重迷雾，一探慈禧的真正面目和身份。

先说“北京说”，这也是正史上记载的说法，并为多数史学家所认同的说法。

史书记载慈禧太后姓叶赫那拉，当为女真叶赫部后裔，属满洲人。而统观慈禧的一生，其先是进宫为妃，又因生子而贵，终在咸丰帝死后掌握大权，左右大清天下，在她的昏庸统治下，本有着雄厚根基和庞大国力的清王朝一步步走向衰落，终至灭亡，可以说，清朝也是毁在慈禧的手里的，这样的话，就不得不让人回忆起自清朝开国时便流传的一个预言——“叶赫灭清”之谶语。

叶赫灭清，慈禧应谶

20 世纪八十年代中期，电影《火烧圆明园》风靡中国大陆。这部电影摄制于 1983 年，由香港导演李翰祥执导，中国电影合作制片公司、香港新昆仑影业有限公司联合摄制。该影片以宿命论的观点，将大清的衰亡，特别是列强入侵和圆明园被焚，归咎于慈禧的专权及腐败；而又将慈禧的专权源于慈禧的叶赫那拉家族与大清的爱新觉罗家族的历史宿怨。电影的开场白，便推出这样一段话：“她（慈禧）的祖姓叶赫那拉。那拉的原意是太阳，叶赫的原意是河边。这个家族的祖先布扬古和金台石同清太祖努尔哈赤曾经有过一场会战，在被努尔哈赤杀死之前，他们曾经对天发誓：‘即使叶赫那拉家族只剩下一个女人，都要报仇雪恨。叶赫那拉同努尔哈赤不共戴天！’”

清朝的历史至今仍有许多未解之谜，“叶赫灭清”预言便是其中之一。电影中的这个片段说的就是贯穿整个清朝的“叶赫灭清”谶言之谜。

明万历四十四年（1616 年），努尔哈赤割据辽东，称大汗，国号金，历史上称为后金。后金天命三年（1618 年，明万历四十六年）七月，努尔哈赤集中力量进攻叶赫部。为求自保，叶赫部奋起反抗，八月，努尔哈赤发下誓言：“不克叶赫，誓不回师！”之后努尔哈赤疯狂杀戮，叶赫部损失惨重，出战不利的叶赫首领金台石和布扬古分别固守东、西二城。努尔哈赤命后金军掘地为穴，城墙倒塌，后金军攻入城中。金台石拒不投降，自焚而死。布扬古见东城已破，孤城无援，在得到降后不杀的保证后，才盟毕出降。

但努尔哈赤为防止叶赫部东山再起，却食言杀了布扬古，叶赫部遂告灭亡。努尔哈赤将叶赫的平民迁到建州，入籍编旗，变成了自己的臣民。

据说，叶赫部首领布扬古临死前曾对天发誓："我叶赫那拉就算只剩下一个女人，也要灭建州女真。"

关于这个预言，曾有多部文学和史学作品提及，只是出自谁之口有所差异，有的说是金台石，有的说是布扬古。

有清一代，民间一直流传着叶赫那拉与爱新觉罗世代为仇，清廷宫中后妃不选叶赫的祖制。但史实并非如此，清朝的历代皇帝都有姓叶赫那拉氏的嫔妃，叶赫部族的子孙更有不少在清朝廷位居要职。金台石的儿子德尔格勒，授佐领，予三等男爵；其弟尼雅哈，授佐领，予骑都尉世职；孙子南楚，任护军统领，袭三等男爵。南楚的儿子穆占率兵征湖南，平云南，后授正黄旗都统，列议政大臣。

尼雅哈的儿子明珠是康熙朝有名的权臣，由侍卫授銮仪卫治仪正，迁内务府郎中，后擢升为内务府总管，再授弘文院学士，又历任刑部尚书、都察院左都御使、兵部尚书、武英殿大学士，后赠太子太傅，晋太子太师，可谓是权倾一时。明珠的儿子纳兰性德更被誉为"清初第一才子"。

不过不可思议的是，清朝最终确实亡于叶赫那拉氏之手。慈禧太后姓叶赫那拉氏，由于她的保守和固执加速了清朝的灭亡，慈禧死后两年，开国延祚三百余年的大清王朝也走到了尽头，被辛亥革命的大火焚毁在了历史的时空中。而最终签署清帝退位条约的人，正是慈禧太后的侄女——隆裕皇太后，当然也姓叶赫那拉。

"叶赫灭清"这一预言和传说，以及跟随这一传说的史料都有力地证明，咸丰朝的大臣和咸丰皇帝本人，都认为慈禧是满人，属叶赫那拉部，且根红苗正。

而史学界也大都认为慈禧为满洲镶蓝旗人，后抬旗入镶黄旗，其先祖属叶赫部（今吉林省四平市附近），《玉牒》明确记载是"叶赫那拉氏惠徵之女"，母富察氏。

《清宫档案》也记载：慈禧太后为叶赫那拉氏，满洲镶黄旗人。生于 1835 年，死于 1908 年，安徽宁池太广道惠徵之女。咸丰元年大选秀女的时候，被选入后宫，封为兰贵人。因得宠于咸丰帝，四年后又被封为懿嫔。咸丰六年三月二十三日未时，叶赫那拉氏生了同治帝载淳。母因子贵，那拉氏也因此被晋封为懿妃。咸丰七年正月又被加封为懿贵妃。1861 年，咸丰帝驾崩承德行宫，同治帝继位，尊封她为圣母皇太后，徽号慈禧。1908 年 10 月 22 日，慈禧因疾病去世，卒年 74 岁。

《清史稿·后妃传》上的记载则说："孝钦显皇后，叶赫那拉氏，安徽徽宁池太广道惠徵女，咸丰元年，被选入宫，号懿贵人，四年封懿嫔，六年三月庚辰，穆宗生，进懿妃。七年，进懿贵妃，十年，从幸热河。十一年七月，文宗崩，穆宗即位，尚孝贞皇后并尊为皇太后。"

但从这些史料的记载中，我们也仅可以看出，慈禧名为叶赫那拉氏，镶黄旗人，父亲为安徽宁池太广道惠徵。

这些就真是慈禧的真实身份么？我们从历史资料中随便就可以查到慈禧的许多资料，但是关于慈禧的出生地和她小时候的事却完全没有记载，可以说是一个空白，要知道，慈禧的年代距离我们并不遥远，不过刚一百年而已，何以她年少时的故事怎么就这么少呢？皇家史料没有记载，别的史料为什么也没有详细的记载呢？既然无从说起，那么她的身世，也就真成了个谜。

山西长治农家女，王小慊改宋龄娥

历史总有其真实的一面，那么慈禧到底出生在哪里？她的童年是什么样的？史料虽没给我们答案，却有个地方一直流传着一个故事和一些证据，将慈禧神秘而又曲折的童年时代，丰富地展现到了我们眼前，让我们看到慈禧的性格塑造情形，并且完全否定了慈禧的满人身份，这个地方就是山西省长治县，这就是慈禧身世的"山西长治说"。

在山西省长治县的西坡村和上秦村一带，有个并不广为世人所知的传说和秘密，就是关于慈禧身世和童年的故事，这个传说在这里已流传了上百年。

1989 年 6 月，长治市郊区（原属长治县）下秦村 77 岁的村民赵发旺带着他和上秦村宋双花、宋六则、宋德文、宋德武等人的联名信，找到长治市地方志办公室。赵发旺说，慈禧是上秦村人，他是慈禧太后的五辈外甥，宋双花、宋六则等人是慈禧的五辈侄孙。他们要求政府帮助澄清慈禧的身世真相。以此为基础，曾任长治市地方志办公室副主任的刘奇先生撰写了《揭开慈禧童年之谜》的论文，这篇7000余字的论文，集中阐述了慈禧的身世问题，在文化部中国艺术研究院主持召开的“共和国社会主义文学艺术五十年研讨会”上获得一等奖。论文中拿出3大类38项依据，论证了慈禧是1835年出生于山西长治县西坡村一个贫穷的汉族农民家庭的女孩子，名叫“王小慊”。

由此开始，慈禧的身世和出生地之争，又掀起了一场大波澜。

据刘奇考证，慈禧于1835年出生在山西长治县西坡村一个贫穷的汉族农民家庭，取名“王小慊”，属羊。其祖父名王会听，祖母陈氏。父亲王增昌，母亲李氏，父母只有她一个女儿。王小慊还有一个舅舅，两个姨妈。其父靠打短工度日。道光十八年（1838年），母亲李氏因病去世，因为家境贫寒，无奈的父亲将她卖给上秦村富户宋四元家，改名为宋龄娥。

小龄娥天资聪慧，嗓音极好，爱唱小曲，被宋家夫妇视为掌上明珠，7岁读书，9岁会双手写字。可是，好景不长，她11岁时，宋家遭难，无力继续抚养这个孤女，遂将她转卖给潞安府知府惠徵家做丫头。由此开始了她由一个农民丫头向满洲贵族富家女的转变。

据传说，小龄娥有一次在服侍惠徵夫人富察氏洗脚的时候，看见她的脚底有一颗痣，便说自己的两只脚底都有痣。富察氏一听大惊，认为两脚底都有痣是做皇后的命。于是，不敢再让她做婢女，而是将她收为养女，这成为她命运的转机，之后惠徵夫人让小龄娥改姓叶赫那拉，更名玉兰，在后衙中精心培养，又请人教她学习满文、汉文。天性机敏的她就有了些文化功底。后来到了咸丰二年（1852年），咸丰帝在八旗中广选秀女，惠徵家也有名额，惠徵夫人舍不得亲生女儿，便让小玉兰参加三年一次的选秀女，结果她被选中入宫，先做兰贵人，之后经过种种机缘和拼争，

山西长治县西坡村的“慈禧童年展览馆”

她从妃嫔一步步升为皇太后，权倾天下。

根据这个传说叙述，那么慈禧就不是满洲人，生父也不是惠徵，她原本是长治县西坡村汉族农民王增昌之女，名叫王小慊。

这里的人们还为这个传说找到了大量的旁证和物证，刘奇在他的论著《解开慈禧童年之谜》一书中，列举了38条证据来证明慈禧本来是汉人的说法，大致分为民间口传史料、历史实物和典籍文献3大类。如：在西坡村王英培家的王家家谱上，“王小慊后来成为慈禧太后”的记载；在西坡村外羊头上的山脚下有慈禧母亲的坟；同时在慈禧的第二故乡上秦村也发现了证据，就是在宋家后人宋六则和宋德文家里发现了祖传的光绪、宣统年间清廷制作的皮夹式清代帝后宗祀谱；在宋六则家中还发现了一封慈禧寄给其堂兄宋禧馀的感谢宋家养育之恩信件残片和慈禧本人的单身照片；在这个村子里还保留着一座叫作“娘娘院”的老房子，据说是慈禧童年的时候住过的，慈禧做了皇太后之后，当地的人们为了纪念，就把这所老房子改名为娘娘院保留下来。长治市城区原潞安府衙后院还保留有“慈禧太后书房院”。

百余年来，长治县西坡、上秦两村村民及附近村庄的老人，都说慈禧是本地人。写成书面材料表达此意的，就有150余人。还留传有“天皇皇，地皇皇，皇上娶我当娘娘”的民谣。

除实地勘察外，刘奇还长时间查阅了大量的历史文献。关于慈禧生活习惯和言行的记载，表明慈禧与山西长治有着千丝万缕的联系。据说慈禧入宫当了太后之后，曾用长治七里坡村韩印则的二老奶奶当奶妈，用长治小常村陈四孩作御厨，安排长治史家庄村原殿鳌担任御前侍卫，在原殿鳌任御前侍卫期间，因触犯刑律，本当处斩，慈禧念其是同乡，免其死罪，并让他到江西做官。另外，慈禧还曾特别关照长治籍官员、长治地方官和山西商人。

1900年八国联军进入北京，慈禧与光绪逃至大同，于当年8月29日开始在此留住三日。兵荒马乱中仍召见潞安知府许涵度和擢冀宁道众人。

此外，刘奇还列举了慈禧的一些与长治有关的生活习惯，如慈禧爱吃长治人常吃的萝卜团子、壶关醋、玉米糁粥、沁州黄小米，这一说法在慈禧的御前女官裕德龄所写的《清宫二年记》也可以得到印证，它里面曾经记载慈禧太后说她“喜欢乡村生活，觉得那比起宫里的生活来自然得多了”。慈禧太后还有自己的田庄，每隔

山西长治慈禧太后书房院

四五天，就要到田里去看一次，说明她还是比较喜欢农家生活的。

慈禧太后爱看山西地方戏上党梆子等。据《壶关文史资料》记载，光绪二十一年（1895年），壶关上党梆子戏“十万班”进京为慈禧太后祝寿演出，在当地轰动一时。慈禧看后亲笔题词“乐意班”，并钦旨不支官，不纳税。

慈禧善唱小曲，爱唱山西民歌，据说咸丰皇帝有一次曾问慈禧：“你为什么能把山西等地的民歌唱得很好，而满歌却唱不了？”她说：“我幼年随父在潞安府长大，对那里的民歌熟悉。”另外，慈禧太后好吸长治人爱吸的水烟，不吸关东烟（旱烟），而台湾史学家高阳在《慈禧前传》中也说，慈禧“只认识汉字，不认识满文”。

1993年，长治市慈禧研究会与北京史学会联合召开了“慈禧童年学术研讨会”，有三十余位专家学者参加了会议研讨。有的专家认为：长治市慈禧童年研究会“经过多年的深入访问调查，提出了自己的学术见解，认为慈禧出生于山西长治，这是关于慈禧童年研究中值得重视的一种意见”。

长治市的一些清史研究者还为此专门成立了慈禧童年研究会，《长治日报》连篇刊载了有关慈禧童年及其家世的文章，认为“慈禧太后本是山西汉人”。长治慈禧研究会还陆续编辑出版了《慈禧童年考》《慈禧童年——解开百年不解之谜》等书，拍摄了《慈禧是长治人》《慈禧后代、乡亲话慈禧》的电视片、资料片，举办了慈禧童年展览，等等。

对于慈禧生于山西长治一说，史学研究上分歧比较大。山西大学教授姚奠中认为，刘奇的研究成果“初步解决了慈禧童年这段历史空白问题”中国史学会副秘书长、原中国人民大学历史系主任王汝丰教授和张革非教授在《慈禧童年考》（刘奇主撰）的序中写道，本文“言之有据，并非凭空臆断。这本书的出版，是对慈禧研究中一个薄弱环节的重要补充”。“如果否定其著述中的个别论据或某些枝节，比较容易；但如果全盘否定其结论，没有充分根据，似亦很难。”中国人民大学一

西坡村慈禧童年展览馆关于慈禧出生的碑文

位近代史教授说，关于慈禧的出生地，以往有5种说法，目前北京说和山西说可暂时并存。

但有更多历史方面的专家学者对慈禧生于长治的说法提出了一些疑点和不同看法，他们认为，此说太富于传奇色彩，物证中有许多地方值得推敲，论证分析如下：

第一，慈禧生母之坟。这是长治说的物证之一，据长治说的说法，1958年时，西坡村曾平了许多坟，因为在六七十年代，该村和全国一样，在“农业学大寨”高潮中也曾到处平坟造地，但“因该墓系慈禧太后生母之墓，得以保存至今”。反对长治说的学者观点正好相反，他们认为，“自清末以来，慈禧太后的名声一直不太好，特别是新中国成立以后，慈禧太后更成为一个臭名昭著的人物”，六七十年代时还一度在全国掀起了批判慈禧的高潮，在当时的年代里，许多历史名人的墓被毁被平，怎么会在西坡村独留下慈嬉生母的坟？另外，该坟之碑为后立石碑，当地人说此前是木碑，但早已不见。所以此物证难以成立，唯一的办法就是DNA验证了。

第二，慈禧给宋家的书信残片。据说其是由慈禧的五辈孙宋六则从当年慈禧所住房屋东面的土炕里刨出的，这是长治说的又一关键证据。但反对此说者将其和清宫档案中光绪二十六年（1900年）慈禧写的便条及咸丰刚刚去世时慈禧写给恭亲王奕訢的密谕进行鉴别对比，认为明显不是慈禧的手笔。再看全信的内容，支离破碎，仅剩下了45个字，而由“山西说”的学者按自己的思想猜测增加上去的竟达118个字，并且关键性的字是加上去的，所以可信度很低。另外请人代写这种私密信，也不符合慈禧一贯的做事性格。在清宫档案中，有一些慈禧写的便条和密旨以及元旦开笔所写的吉字等，都是慈禧亲写的，与此差别较大。

第三，王氏家谱上写的“王小慊后来成为慈禧太后”的话。王家从乾隆五十九年一直续到现在的家谱，虽然写着“王小慊后来成为慈禧太后”，但是这份家谱不是原件，而是重新抄写的，这段话虽是家谱标注，但是后人所为，是什么人所加，根据是什么都不知道，这使其史料价值大打折扣，在没有弄清来龙去脉之前，更不足为凭。

第四，清制黄皮夹。说它制于清光绪年间可能是正确的，但是说持此皮夹者应为高级官员和皇亲国戚则不一定，从这个皮夹就推断出宋四元夫妇为慈禧太后（养身）父母也缺乏根据，而说它是慈禧“让家人作为进京入宫谒见皇太后的通行证”，更是与清朝宫廷制度不符。

所以山西长治说虽然郑重讲到了慈禧的童年，但证据方面明显不足，并且此说光传说部分就分歧比较大，有一说是王小慊被卖给了潞安府某人，后来又辗转卖给了潞安府知府。过了七八年，传说潞安府知府有一个丫环，十一二岁，长得如花似玉，两个脚心上还各长了一个痦子。知府夫人觉得，其人必会大富大贵，就把她认为义女。消息传到西坡村，王小慊的祖母陈氏心想，我的孙女脚上也长了两个痦子，况且，也应该是十一二岁了。就让小儿子王增鸿到潞安府去打听。几经周折，也没有打听到实信。其祖母陈氏带着遗憾，在咸丰四年（1854年）去世了。

还有一说则直接说慈禧是上秦村人，姓宋，名龄娥，生于道光十五年（1835年）十月初十日，长得俊俏，聪明伶俐。父亲排行老四，名宋四元。母亲李氏，在一个叫弹花弓的地方被狼咬死，龄娥还有个哥哥，也在河滩上被狼吃掉。道光二十五年（1845年），家乡闹大饥荒，树皮都被吃光。龄娥饿得骨瘦如柴。宋四元只好将女儿龄娥卖给了潞安府知府惠徵作奴婢。不久，宋四元也饿死了，宋家就没有人了。惠徵买了龄峨，起名兰儿。惠徵的夫人有一天发现龄娥两个脚心各有一个痦子，认为她是一个贵人，就认为义女，改姓叶赫那拉，并请人教她念书识字。到了咸丰二年（1852年），龄娥被选入清宫，后来当上了皇太后。

这些传说曲折离奇，传奇色彩丰富，但要考证历史事物的真伪，必须有充足的资料，且必须是真实可信的，如遗迹资料必须是原始真实的，口碑资料必须是关联紧密的，上述所谓的各种资料显然都不具备这些条件。

另外，以上二说，即西坡村说和上秦村说之间，也存在着许多相互矛盾之处。但是，长治市的地方人士仍然认定慈禧是长治人。为此，他们还组成了长治市慈禧童年研究会，并召开了研讨会。

大多数史学界人士之所以不相信山西长治说，还有至关重要的一点，就是慈禧之父惠徵并未在山西长治做过知府。据学者考证，在慈禧出生到入宫的这段时间，历任潞安府知府的共有七人，其中并没有惠徵。学者查找了清代的起居注档、上谕档、朱批奏折等档案，详细查对了历任潞安府知府的任职年代。从道光五年（1825年）至咸丰元年（1851年），这25年间，担任潞安府知府的共有七人，分别是：道光五年六月至十五年七月，知府马绍援，任职十年一个月；道光十五年八月至十八年三月，知府达镛，任职两年半；道光十八年四月至二十八年八月，知府多慧，任职十年五个月，其中道光二十四年，多慧因大计卓异，赴京由吏部引见皇帝，知府之任由同知陈维屏代理；道光二十八年九月至咸丰元年五月，知府珠陨，在任两年七个月；咸丰元年六月至九月，知府万济堪，在任三个月，期间八月曾拟调袁彦龄，但袁未到任，知府实际还是由万济堪担任；咸丰元年十月始，知府金君善，在这之后，慈禧就入宫参选秀女了。

这也就是说，在超过慈禧当时年龄的这25年中，潞安府七任知府中，均没有惠徵的名字。而且在惠徵的任官经历中，也没有查到任过知府这一职务的记载。故这些学者提出：既然惠徵没有在潞安任过职，甚至没有到过潞安府，怎么会存在慈禧在潞安被卖到惠徵家之事？这样一来，所谓的慈禧在潞安府被卖给惠徵的说法，就成了无源之水，无本之木了。

但惠徵虽没有在潞安府做过官，并不代表他一生没路过此地，惠徵一生光做官就曾到过好几个地方，王小慊（或者叫宋龄娥）并不是没有被卖给惠徵家的可能性，所以，此说并不能完全否定，但在新的有力的证据出现之前，这都只能是猜测了。

安徽芜湖唱南曲，吴棠义举交官运

安徽说一度是北京说之外流传最广的说法，是说慈禧出生在安徽芜湖。对此《满清外史》一书记载道：那拉氏者，惠徵之女也。惠徵尝为徽宁池太广道，其女生长南中，少而慧黠。嬛艳无匹侪，雅善南方诸小曲。凡江浙盛行诸调，皆琅琅上口，曲尽其妙。于咸丰初年，被选入圆明园，充宫女。是时英法同盟军未至，园尚全盛，各处皆以宫女内监司之。那拉氏乃编入桐阴深处。已而洪杨之势日炽，兵革遍天下，清兵屡战北，警报日有所闻。奕詝（咸丰帝）置不顾。方寄情声色以自娱，暇辄携妃嫔游行园中，闻有歌南调者，心异之。越日复往，近桐阴深处，歌声又作，因问随行内监以歌者何人。内监以兰儿对。兰儿者，那拉氏之小字也。宫中尝以此名呼之。奕詝乃步入桐阴深处，盘踞炕上（凡园内各处皆设炕，备御座也）曰：“召那拉入。”略诘数语，即命就廊栏坐，命仍奏前歌。良久，奕詝唤茶。时侍从均散避他舍，那拉氏乃以茶进，此即得幸之始也。或曰，奕詝得屡听歌声，及内监所对之言，均那拉氏贿赂所使。盖宫殿深邃，非有内侍牵引，必不能至。故那拉氏不吝金钱，卒以达其目的云。

以上这段话，说了慈禧年少之事和如何进宫受宠的。其中说的“雅善南方诸小曲。凡江浙盛行诸调，皆琅琅上口，曲尽其妙”。而且正因此意外地得到了咸丰帝的青睐，并受到宠幸。

安徽芜湖这一说同时还涉及了另一个故事，就是慈禧与吴棠相交的故事。这个故事最早见于《崇陵传信录》。

最先考证慈禧身世的资料出版在清末民初之时，恽毓鼎《崇陵传信录》和金梁《四朝佚闻》中有关于慈禧身世的记载。恽毓鼎从光绪二十三年（1897 年）起充当日讲起居注官。日讲起居注是记载帝王言行的档册，皇帝每天的政事活动，都由日讲起居注官记录下来，按年月日的顺序编辑成册，一般每月两册，一年二十四册，

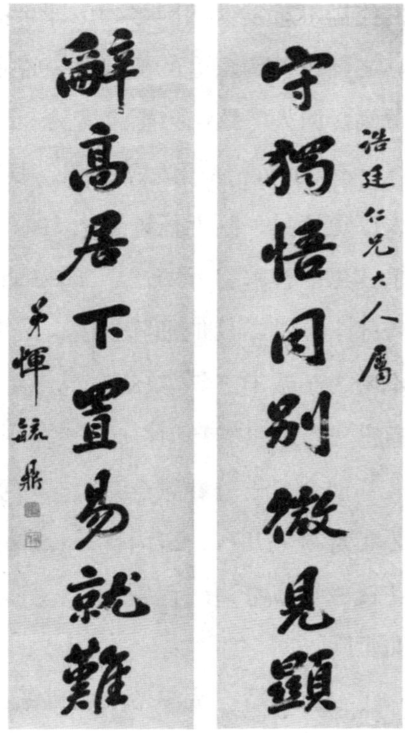

恽毓鼎书法

用满、汉两种文字记载。起居注官必须每天伴随皇帝左右。恽毓鼎虽然算不上清朝知名的大人物，但是他久任讲官，熟知晚清宫廷内幕和花边新闻。金梁是满洲宗室，民国初年曾参与修纂《清史稿》的工作，熟谙宫廷掌故。他们是怎么记载慈禧身世的呢？

《崇陵传信录》载：慈禧的父亲死于湖南官任上，慈禧与妹妹扶父亲的灵柩归丧，由于穷困至极，连丧服都买不起。船过清江浦（属于今江苏省淮安市）时，正好赶上县令吴棠的一位部下死了，丧船也停泊于此，于是吴棠派人送丧礼三百两。可阴差阳错的是差官竟将礼金送到了慈禧的船上。差官回来复命，吴棠接到谢帖一看，才知道送错了，遂勃然大怒，要命人索回礼金。

身边的一个幕僚对吴棠说：听说船上的女子是满洲的闺秀，此行是为了进京参加皇宫的选秀，怎么知道她就不能富贵？姑且与她结好，或许她秀女得中，对大人有利。吴棠对幕僚的这个意见颇为赞许：一旦这个女子发迹了，在皇帝身边我不就有个说得上话的人了吗？于是吴棠听从了幕僚的建议，没有索回礼金，而且还送佛送到西，亲自登上慈禧的船去吊丧。

慈禧感激涕零，将吴棠的名帖小心地放在梳妆盒里，并对妹妹说：我们如果他日得志，一定不要忘记这个县官。后慈禧果然发迹，贵为太后时，吴棠官职一路攀升，最后升到四川总督，死于任上。

《四朝佚闻》也载：慈禧的父亲惠徵，是安徽徽宁池太广道的道员，由于贪污公款被罢官，死在路上。慈禧奉母亲之命，扶父亲的灵柩归丧，由于家徒四壁，无以为生。恰逢北京有一民俗，有号丧的女子，也叫丧娘，丧家经常雇她们助哀。而慈禧嗓音洪亮，又能歌，又善哭，于是就当上了号丧女子，以此糊口。后参加选秀入宫，成为圣母皇太后。

以上两种记载，虽然记述慈禧的经历各不相同，有的地方可以说是南辕北辙，但我们不难发现相同之处：即惠徵是慈禧的父亲；慈禧以秀女的身份入宫；慈禧入宫之前曾经历家庭的变故，家境艰难，屡经磨难，备尝人世艰辛。从中我们可以意识到：两人一致认为惠徵为父、选秀入宫是慈禧的真实经历。

有史料说慈禧入宫不久，其家庭就发生了重大变故。父亲被调任为安徽宁池太广道道员，刚上任即遇上太平军顺长江而下，一路势如破竹，安徽巡抚蒋文庆被杀，惠徵押解一万两银子辗转逃到了镇江的丹徒镇，操办粮台，以待援兵。刑部左侍郎李嘉端参劾他临阵逃脱，咸丰帝一怒之下将其解职查办。惠徵惊骇过度，一病不起，于咸丰三年（1853 年）六月初三日死于镇江。家庭惨遭变故，在形势复杂的后宫，慈禧只能和泪往肚子里吞，现在唯一能改变她命运的只有咸丰帝。

但命运十分眷顾慈禧，慈禧更知机会是人创造的，圆明园本为皇家夏宫，皇帝一年难得去几次，可内忧外患让咸丰帝心烦意乱，干脆躲进圆明园寄情声色。慈禧花钱笼络了身边的宫娥太监，并与咸丰帝身边的宣诏太监安德海搭上了线，决定铤而走险。

一天午后，咸丰帝乘着御辇在圆明园漫无目的地游玩，行至一桐荫深处，清风徐来，传来一腔腔娇脆的江南小调。咸丰帝知道这是新晋秀女的所在，一听这歌曲婉转，便动了风流心思，顺歌而行，来到一处宫殿，见殿内林荫夹道，花气袭人，一女子手摇折扇，细款柳腰，正在引吭高歌，正是慈禧。

电影《火烧圆明园》中就有这样一个情节：咸丰皇帝在圆明园观看士兵操练，兰贵人（慈禧）在园中“桐荫深处”唱一曲缠绵的南方小曲《女儿十八正当年》，咸丰闻歌而寻去，见一明艳女子，正是兰贵人，当场将她临幸，从此咸丰欲罢不能，慈禧深得宠爱。

圆明园残迹

咸丰二年（1852 年）五月的清宫秀女决选，咸丰帝收获不少女人，左拥右抱好不得意，他的后宫又多了 8 个只属于他的女人，其中包括 4 名“贵人”——兰贵人（慈禧）、丽贵人、婉贵人、伊贵人，4 名“常在”——容常在、鑫常在、明常在、玫常在。

根据清朝的后妃制度，后宫的位号有皇后、皇贵妃、贵妃、妃、嫔、贵人、常在、答应八个等级，贵人只位于第六等。这就意味着进宫后的慈禧身处下层，必须去应对、去挣扎。

后宫争宠之战历来波谲云诡，风云突变。咸丰帝多情，后宫佳丽无数，却无固宠，后宫人人自危，夺宠之争更加激烈。后宫等级森严，皇后之下还有一个皇贵妃，两个贵妃，四个妃子，六位嫔，贵人、常在、答应无定数。慈禧要在六宫粉黛中脱颖而出，智慧和手段都不可或缺。

现在看慈禧的照片，都是一副年老色衰的样子，但这些照片都是慈禧年近七十岁时留下的，二八年华时的慈禧虽称不上美艳，其容貌还算可以。她既“雅擅南方诸小曲”，且由此得到咸丰帝的宠幸，又“生长南中”，后入宫廷，有的学者就认为慈禧生在南方。又根据其父惠徵当时任安徽徽宁池太广道道员，道员的衙署在安徽芜湖，因此断定慈禧出生在安徽芜湖。

但这个说法在清朝官方史料上是站不住脚的，第一点就是，我们不能以慈禧善唱南方小曲，就孤立地作为她出生在南方的证据。就像北方人会唱黄梅戏，不能以此证明出生在安徽一样。而另外一个也是更重要的一点，就是时间对不上，因为惠徵在安徽芜湖为官时，慈禧都已经十八岁了，早已进宫见到了咸丰皇帝，根本没有时间在南方学小曲。

史载道光二十九年（1849 年）闰四月十七日，内阁奉上谕，宣布任命慈禧的父亲惠徵为山西归绥道（今内蒙古呼和浩特市）的道员。他在归绥道任上恪尽职守，受到好评，遂于咸丰二年二月初六日（1852 年 3 月 26 日）被咸丰帝调任至更为重要的安徽徽宁池太广道，正式上任是在同年七月。

咸丰二年（1852 年），慈禧已经是 18 岁的大姑娘了，并且已经在咸丰元年（1851 年）来京。档案记载，咸丰二年（1852 年）二月初八、初九两天，清宫挑选秀女，慈禧被选中。二月十一日，敬事房太监传达上谕，封慈禧为兰贵人，并于五月初九日进宫。档案中还保存有兰贵人受到赏赐的赏单。可见慈禧不会是生于安徽芜湖，且是慈禧进宫后，惠徵才携家眷赴任安徽芜湖。

惠徵时运很不济，当时太平天国军队正打到安徽，巡抚蒋文庆被杀。惠徵押解一万两银子辗转逃到镇江的丹徒镇，后因临阵脱逃被人参了一本。咸丰帝大为愤怒，将其革职查办。惠徵被罢官后吓出了病，没过几个月就病死在江苏镇江，终年 49 岁。

这些史料证明，慈禧的父亲惠徵死的时候，慈禧已进入宫中做了“兰贵人”，所以她不仅不是生于安徽芜湖，可能根本没有到过南方，即使她的父亲过世之时，深居宫中的她也是不可能去奔丧的，所以上面关于她护送父亲灵柩回乡过程中路遇吴棠的事情，也基本是不可信的。

浙江乍浦水师营，小名兰儿幼年孤

慈禧出生于浙江说是由一篇文章引发的。1993 年 8 月 22 日，《人民日报》发表了一篇报道 :《史界新发现，慈禧生于浙江乍浦》。这篇文章中称，慈禧的父亲惠徵在道光十五年（1835 年）至道光十八年（1838 年）间，曾外放到浙江乍浦，任正六品的武官骁骑校。而慈禧恰恰生于道光十五年（1835 年）。因此，文中说慈禧的出生地在浙江乍浦，具体出生地点为“浙江平湖市乍浦城内的满洲旗下营”。

此篇报道的特别之处是，它抓住了慈禧出生的时间道光十五年（1853 年）这个关键点。因此，很有一点迷惑性。但是经史学家仔细考证，这篇报道与史实有三点不合。

第一，时间不对。查惠徵的履历，惠徵道光八年（1828 年）24 岁为笔帖式。道光十四年（1834 年）京察，30 岁定为吏部二等笔帖式。道光十九年（1839 年）35 岁升为八品笔帖式。道光二十三年（1843 年）39 岁定为吏部一等笔帖式。笔帖式是满文书官的称谓，是部院等衙门的低级官员，做些抄写和拟稿的工作，相当于后来的文书。显然，这段时间，惠徵一直在北京部里担任笔帖式，没有外放到地方为官。

第二，官职不合。此时惠徵一直担任笔帖式等低级的文职官吏，不会一下子担任相当于中级武职官员的骁骑校。

第三，品级不符。惠徵当时担任的笔帖式是八品，而骁骑校是正六品。如果按这种说法，惠徵在这几年之间在乍浦当过骁骑校的话，他将从一个京城八品以下的下等文官，忽然连升几级，成为了正六品的武官，这不合常理；然后再由正六品武官，无缘无故一下又降回八品文官，则更讲不通。这些明显的破绽，不免让人对“浙江乍浦说”难以信服，并且其他方面也缺乏证据，所以这一说的影响力最小，史学家多不接受。

但是有人提出的说法却错开了惠徵这一关键人物，这使得慈禧的身份在这里更加扑朔迷离起来。其说法大致是说，在道光年间，从北方调来的一支部队驻守乍浦，八旗武官中有一位名叶赫那拉惠政，任正六品骁骑校，当水师教官。惠政校官的夫人作为随军家属就住在满洲校场河西满洲水师营内，道光十五年十月初十（1835 年 11 月 29 日）慈禧太后就出生在乍浦满洲水师营。到慈禧五岁那年，英帝国主义入侵中国，鸦片战争波及乍浦。慈禧的父亲惠政在乍浦葫芦城一战中不幸中弹，为国捐躯。乍浦战事后，小慈禧成了孤儿。奶妈记起叶赫那拉惠政大人在北京还有个兄弟，名叶赫那拉惠徵。于是，这位奶妈护送小慈禧上北京，惠徵就让小慈禧认他为父，这样就有了慈禧出生在北京的说法。

后来慈禧成为皇太后，以此等尊贵的身份垂帘天下，自然不想让人知道她不堪的往事。如果想让后人知道自己出生在北京一个满洲官僚世族之家，何不在清史中写得明明白白，免得后人猜来猜去。从这一点上看，慈禧是不愿让后人知道她是出生在乍浦满洲水师营，也不想让后人知道她父亲叶赫那拉惠政只是满洲水师营内的一名水师教官。

据当地一位张姓老人回忆：他的爷爷八岁时，曾随其当“百爷”的父亲到满洲营，见过当时还只有四岁的慈禧，其小名兰儿，自幼聪明伶俐，能唱各种时调和戏曲，真是人见人爱。其还听爷爷讲，慈禧当上皇太后以后，非常思念她的出生地乍浦，因有难言的隐情，只得以品尝家乡风味聊补思乡之苦。“雪里蕻菜卤炖小黄鱼”是乍浦人老小皆爱的道地的家乡特色风味小吃，慈禧传下谕旨：要乍浦每年鱼汛时为她上贡小黄鱼。从此，每年是时，就有烙印“乍浦冰鲜”的木桶装满小黄鱼，并用朱漆封口，用快马日夜兼程启运进京。又说慈禧当上皇太后以后，思念她的出生地乍浦，想吃“雪里蕻菜卤炖小黄鱼”，这是乍浦的特色菜，慈禧为此传下谕旨：要乍浦每年鱼汛为她上贡小黄鱼。

一些支持浙江乍浦说的人还认为，民国时期出版的《清朝野史大观》中记载着：“慈禧，少而慧黠，缳艳无匹侪，雅善南方诸小曲，凡江浙盛行诸调，皆琅琅上口。”这句话说明慈禧年少时应该在南方生活过，因为在那个时代，江浙盛行的诸小曲要传到北方很不容易，一个人要唱得皆琅琅上口，只有从小在南方生活才行，而慈禧八岁前生活在乍浦应该是听到和学会江浙盛行诸调的。

现今的浙江乍浦老人中，仍然有一些关于慈禧幼年的传说。有人在乍浦发现有一块大石头上可能记载有关慈禧太后与乍浦之事，现在乍浦镇政府所在地东首就是叫凤凰墩，传说是因为慈禧太后出生时，乍浦东门城内有凤凰飞来，后来满洲水师营诞生了慈禧，所以这个地方后来就叫凤凰墩。当然这种说法可能带着点迷信色彩，但也应该是因为满洲水师营诞生了慈禧这样一个人，后人才有了这样一个传说。而现在乍浦镇政府所在地西首的长生桥原名“齐王庙桥”，据说是慈禧一周岁时，她父亲在齐景公庙设宴，为小慈禧按乍浦民间习俗做周岁后把贺宴剩余下来的丰厚礼金，托付齐景公庙的老道，把将要坍塌的齐王庙石桥进行重建，并改“齐王庙桥”为“长生桥”，以祝愿爱女慈禧长命富贵。后来慈禧太后当朝，“长生桥”又改名为“凤凰桥”。现在乍浦这座小石桥仍在。当地人仍叫它“凤凰桥”。

传说不少，有些事情说得虽然离奇但也合理，不过因没有实实在在的证据，此说目前也难以为史学家所接受，倒是为当地人增添了不少谈资。

甘肃兰州马坊门，山西绥远落凤街

甘肃兰州说认为慈禧的父亲惠徵曾经担任过甘肃布政使衙门的笔帖式。在此期间，惠徵就住在兰州八旗会馆以南的马坊门，即现在兰州永昌路179号院。传说慈禧就出生在其父惠徵在兰州担任笔帖式的时候，并且就出生在这个院落里。

此说将慈禧的出生地说得比较详细具体，并且在惠徵的一生中，他确曾长期担任过笔帖式之职。但有的学者经过考查发现，惠徵任笔帖式的时间都是在京城各衙门，在这期间他应该是极少离开北京，不大可能去过甘肃。

慈禧是满洲人，隶属于满洲镶蓝旗，慈禧的祖辈人多是在北京一带活动，虽然也有去各地任职的情况，但还是以北京为主。史料中没有证据能证明慈禧的先辈去过甘肃兰州。因此，慈禧出生在甘肃兰州说，如果没有确凿的证据，基本也属于无中生有了。

兰州古城墙遗迹

在关于慈禧出生地的说法中，“山西长治说”“安徽芜湖说”“浙江乍浦说”及“甘肃兰州说”，都因纰漏太多，没有能确实证明的实物证据，并且没有史料证明慈禧去过这些地方，所以已逐渐被大部分史学界人士否认。而“内蒙古呼和浩特说（山西绥远说）”和“北京说”两种说法，从 20 世纪 80 年代以来，随着对慈禧其人研究的深入，却越争越烈，至今尚无定论。

“山西绥远说”是和“安徽芜湖说”和“浙江乍浦说”堪称南辕北辙的一种说法，清代的绥远城，即现在的内蒙古首府呼和浩特市，在民国时期改归内蒙古，所以此说又称“内蒙说”。

这一说法大致是这样讲的：慈禧的父亲惠徵当年曾任山西归绥道道员，归绥道驻地在归化城，即今呼和浩特市。呼市新城有条落凤街，慈禧就出生在这里。她小时候有个乳母，是当地回民，人称逯三娘，年幼的慈禧还常到归化城边玩耍。这一传说绘声绘色地讲到了慈禧的童年，至今在当地流传。

不但慈禧的父亲惠徵在绥远做过官，慈禧的外祖父惠显也在这里做过官，而且时间很长，这说明慈禧起码是在这里生活过的。

2004 年时，内蒙古自治区呼和浩特市清代绥远大将军署衙对外开放，展出了许多珍贵文物，其中有一部分陈列的文物讲述的就是慈禧太后少女时代在绥远城（现呼和浩特市）生活的情况。这对人们了解慈禧的身世和年少时的故事增添了信息。

这座将军署衙大堂西侧原为官房，是将军以外的官吏处理公务或休息的场所，目前这里已辟为慈禧太后少女时代家庭生活的展室，展出慈禧手绘的两幅国画及家庭生活用品铜盆、铜壶、银锭等。

慈禧的少女时代，或有一部分时间在绥远度过，虽然史书中并无记载，有部分野史小说中描绘她在绥远城“每一出游，旁观者皆喃喃做欢喜赞，谓天仙化身不过是也”，虽然很夸张，但长相应该还是很漂亮的，不然也选不上秀女。

结合一些历史资料来看，少女时代的慈禧对文学、书画和历史非常有兴趣，她在此读书、学画、下棋、弹琴，且经常骑马射箭。

慈禧入宫之后，除善弄权术、热衷政治外，生活中喜爱书画，尤其爱以“自己所作的”书画赏赐群臣，以示恩宠，笼络人心。实际上慈禧本无艺术才华，其书画多由人代笔，钤上慈禧专用的印章即成了慈禧本人的作品，所以，严格地说，将慈禧的书画称为慈禧款的书画更准确一些。

那么慈禧亲手所作的书法与绘画是什么样子的呢？北京故宫博物院藏有一件慈禧于光绪三十年（1904 年）7 月 2 日用朱砂墨书写的《般若波罗蜜多心经》，由此可窥慈禧亲书的真实面目。此经文字形结构呆滞松散，笔力孱弱稚嫩，毫无生气，属于初学墨书的水平。至于慈禧亲笔绘画，可见钤有“慈禧皇太后御笔之宝”的慈禧“蓼花螳螂”画稿，画上有老师所作的批语，其中不乏“板墨甚有佳处”“好”“有笔意”等阿谀之词。然而细审其画，同样属于初学者的水平；蓼花几如断枝枯叶，枝与枝之间杂陈不接，叶与花零乱，其用笔畏缩迟疑，全无功力，一只螳螂也画得不合章法。由此可见，慈禧的绘画能力还远没有达到独立成画的水平。

据说为慈禧代笔的宫廷画家叫缪素筠，此人又名嘉蕙，云南昆明人，是慈禧绘画的最重要代笔者。缪素筠入宫后，因惯于官场世故，又加之她唯喏承上、和气对下，故博得上至后妃、下至宫监的一致赞赏，尊称她为“女画师”“缪先生”。慈禧对她优礼有加，赏三品服色，月俸二百金，免其跪礼，常令缪素筠位居其左右，随时教她画画，或为她代笔作画。另外，清末宫廷画家屈兆麟也曾为慈禧代笔画过松、鹤、灵芝等。

慈禧绘画“蓼花螳螂”

慈禧在艺术鉴赏力、表现力

上的低劣，也导致了她执政期间宫廷绘画以平庸著称。这期间既没有培养出有创造力的画家，又没有创作出对当时的画坛，或对未来的画坛有影响力的作品。晚清的宫廷绘画在来自民间的、艺术上生机勃发的“海派”绘画的映衬下，越发显得苍白无力，以致常使人们忽略了它的存在。

这些似乎都说明，慈禧极有可能出生绥远。然而，在道光二十九年（1849 年）的档案“上谕档”中却清楚地记载着：任命惠徵为山西归绥道的时间是道光二十九年闰四月，惠徵走马上任是当年七月。这时的慈禧年方十五，正等待宫中挑选秀女，所以不大可能是出生在绥远。

不过，和清朝多数官员一样，惠徵赴任时也是带着家眷的，所以慈禧确实在归化城至少住过三年，若说那是她的第二故乡，并不为过。并且慈禧的外祖父惠显，从道光十一年至道光十七年（1831 年—1837 年），在归化任过副都统，所以慈禧和归化城多少有些联系，但持“绥远说”的人可能正是把惠显错当成了惠徵，才得出慈禧生在绥远这样的结论。

但既然慈禧的外祖父惠显在慈禧出生时就在绥远，那么是不是慈禧的母亲回娘家生的慈禧呢？这分析起来虽然也有可能，但也不大合理，因为从北京到现在的呼和浩特，路途遥远，在当时，怀孕的妇女不可能从北京坐车赶到娘家去生孩子。即便她怀孕时在娘家住，按照当时的礼法，女人生孩子不能在娘家，应该在婆家，她还是得回到北京生孩子，所以从种种的现象分析起来看，虽然不能推翻慈禧出生在今呼和浩特市的可能，但这种可能性是不大的。若说慈禧小时候在她外婆家住过，或者她爸爸做道员的时候在那儿住过，这都是很自然且肯定有过的。所以，慈禧出生在绥远一说，目前只能认为是有可能，但可能性不大。

劈柴胡同生慈禧，受宠乔迁北官房

北京说是让大多数史学研究者认同的说法，同时这也是传统的官方的说法，因为有很多史料可以证明这一说法。

慈禧的祖籍，清史资料中有明确记载。《清史稿》记道："孝钦显皇后（慈禧），叶赫那拉氏，安徽徽宁池太广道惠徵女。"《玉牒》记道："兰贵人那拉氏，道员惠徵之女。"《清列朝后妃传稿》（下）记道："文宗（咸丰帝）孝钦显皇后（慈禧），叶赫那拉氏，满洲镶黄旗人（《实录》咸丰十一年十二月谕：慈禧皇太后母家着抬入镶黄旗满洲）。父惠徵，安徽徽宁池太广兵备道。"

此书还明确记载，慈禧的母亲为富察氏，封一品夫人。慈禧兄妹四人（实为五人，三男二女），慈禧为大姐，妹妹其次，大弟照祥，二弟桂祥。这些正史记载，都明白无误地说明了慈禧是满人，姓叶赫那拉，其家族长期居住在北京。惠徵虽然在北京、山西、安徽等地为官，但慈禧的家庭长期住在北京，即慈禧的籍贯是北京。这些也都呼应了本书前面所讲的有关慈禧与"叶赫灭清"的传说。

另外在《清代人物传稿》《清代全史》等清史专著中，虽然具体表述不完全相同，但都以"北京说"为基础，确认慈禧是满洲叶赫那拉家族惠徵的女儿。近几年，持北京说的学者，又从中国第一历史档案馆所存的清宫档案中，为这一说法找到了新的佐证。这主要反映在如下所示的几个方面：

第一，发现了慈禧之妹选秀女的"排单"。清朝自顺治帝始，在满、蒙、汉八旗中，每三年挑选一次秀女。参与选秀的女孩自 14 岁至 18 岁。选中者或成为皇帝的妃嫔，或被赐给皇室子孙做福晋，未经参加选秀女者，不得嫁人。《养吉斋丛录》记载："应选女子入神武门，至顺贞门外恭候。有户部司官在彼管理，至时太监按班引入，每班五人，立而不跪。当意者留名牌，谓之留牌子。定期复看，复看而不留者，谓之撂牌子。"这"每班五人"，写在一个单子上，谓之"排单"。所谓"排单"，是皇帝挑选秀女时依据的自然情况的底单。

到目前为止，还没有发现慈禧选秀女的"排单"，但是学者发现了咸丰五年（1855 年）慈禧之妹选秀女的"排单"。慈禧之妹嫁给了醇亲王，他们的儿子是光绪皇帝。这个"排单"明确记载：慈禧之妹属满洲镶蓝旗，姓叶赫那拉氏，父亲名惠徵，祖父名景瑞，曾祖父名吉朗阿。惠徵的最高官职做到正四品道员。根据这个"排单"，可以认定慈禧的娘家，在咸丰五年之前，居住在北京西单牌楼劈柴胡同（现辟才胡同）。因此，北京应该是慈禧的出生地。

第二，发现了记载慈禧之父惠徵、祖父景瑞、外祖父惠显等人任职年代和生平的有关档案。从惠徵的仕宦经历，持"北京说"的学者得出明确结论：首先在道光

顺贞门

二十九年（1849 年）之前，惠徵不具备充任道府一级职务的资格，因为，按清朝制度，道府级的官员，起码要五品或五品以上，而惠徵在道光十九年（1839 年）时，才官居八品，十年后，方被谕令准予授任道府级官职。而这年慈禧已经十五岁，所以不存在生在外地或从外地收养之说。其次按京官三年一考核的制度，道光十一年至十四年、十八年至二十年、直到二十九年之前，惠徵都在北京任职，这些都有明确的档案记载，只有道光十五年至十八年的考核档案暂缺，留下三年“空档”，但是，这三年内，山西潞安知府是达镛，并且达镛一直在任，经考证，这期间惠徵也没去过浙江乍浦，所以完全可以推断：道光十五年慈禧出生时，惠徵正在北京任笔帖式。而这个时候，慈禧的祖父景瑞也在刑部郎中任上，也就是在北京，只有慈禧的外祖父惠显，在山西归化城（今呼和浩特市）任职副都统。因归化离北京较远，再加上当时的风俗，慈禧的母亲到娘家去生孩子的可能性不大。由史料分析可见，慈禧的出生地很可能是北京。

第三，其他宫廷生活档案。包括记载清代皇帝后宫每天吃饭情况的“膳食档”、每次看戏情况的“月戏档”以及记录其生活起居的“起居注档”等。在这些档案里清楚地记载着，慈禧最爱吃的是北京的小吃，如“八珍糕”“油炸糕”“酥皮饽饽”“奶油琪子”“小窝头”，爱喝“荷叶粥”“薏仁米粥”“绿豆粥”等；一生酷爱看的是京戏，就在她去世前一周，还看了京剧名角谭鑫培、杨小楼等演的《金钱豹》《艳阳楼》《鹊桥密誓》《伐东吴》等京剧名段。持北京说的学者认为，有人说慈禧善唱南方小曲，也有人说慈禧善唱山西民歌，并都将其作为证明慈禧出生在南方或山西的旁证，但这些比起史料档案来，可信度就少多了。

北京说虽然拿出了很多史料，却没有史料证明慈禧具体的出生地，这也是北京说目前尚未能做出具体解答的唯一遗憾。

那么，慈禧具体诞生在北京的何处呢？

据人们传说和史料分析，主要集中在两个地方，一说是劈柴胡同，一说是方家园。有一本叫《垂暮帝国的老佛爷》的书中说的更明确：慈禧诞生在“北京的一家并不豪华的王府院内”，那么这座王府到底在哪里呢？

有历史学者查找清朝档案，得出慈禧娘家在北京先后迁移了三个住处。

1．西四牌楼劈柴胡同；

2．西直门内新街口二条胡同北官房一所；

3．方家园。

一个人不可能出生在三个地方，那么慈禧到底出生在哪里呢？我们逐个来分析一下就出来了。

第一个住处。咸丰五年（1855 年），慈禧之妹选秀女的“排单”记载，慈禧的娘家“住西四牌楼劈柴胡同”；

第二个住处。咸丰六年（1856 年）“内务府官房租库”的呈稿，明确记载咸丰帝将“西直门内新街口二条胡同北官房一所”，赏给惠徵家居住；

第三个住处。同治五年（1866 年）十二月，慈禧以同治帝名义将“方家园”赏给其弟照祥居住。

很明显，后两个住处不可能是慈禧的出生地。根据之一是慈禧之妹选秀女排单所记，慈禧的娘家“住西四牌楼劈柴胡同”，应该是慈禧在北京的出生地。即慈禧出生在北京西四牌楼劈柴胡同。再就是慈禧家族得到后两个住处时，慈禧已经出生了。

从现在的北京西单商场往北走不远，就会看到一条东西走向的宽 40 多米的街道。这条大街从西直门外大街一直向西延伸到太平桥大街。未扩建前它只是一条 4 米多宽的小胡同——辟才胡同。在辟才胡同之前，它的名字就是劈柴胡同。

历史变幻沧海桑田，站在辟才胡同中，已无法想象幼年慈禧生活的影子了，

老北京劈柴胡同

但这里曾诞生过一个给中华民族带来过深刻影响的女人，想起来还是不免让人唏嘘。

谁最早在劈柴胡同居住，已经无法查考。明朝大将徐达进京后，把原来元大都的内城往南改迁了一些，这一带的人口才骤然增多，都做起了劈柴生意，于是改称劈柴胡同。整个明代直至清朝中期，劈柴胡同都是贫穷的劈柴人聚居的地区，很少有地位高的官宦之家。1905 年，一个叫臧佑宸的人在北京劈柴胡同开办了新式小学堂，改劈柴胡同为辟才胡同，但慈禧太后出生时的院子到底在哪里，已找不到痕迹了。

而在晚清时期，慈禧娘家的院子经多次翻修，成为一处大宅院，非常气派。咸丰皇帝非常喜爱时为懿妃的慈禧，她生下皇子之后，咸丰皇帝喜出望外，降旨将新街口北二条的一处宅子赏赐给懿妃娘家。这样，慈禧的全家，就从辟才胡同搬迁到“西直门内新街口二条胡同北官房一所”。

这个地方大致就是现在的北官房胡同，它紧邻后海，东起银锭桥，西到前井，全长不过二百多米，曾经叫过官房、官坊口，1965 年前后才开始叫北官房胡同。北官房胡同在南官房胡同以北，比南官房胡同清静得多。从热热闹闹的银锭桥胡同一拐弯，便进入了清静宜人的北官房胡同。不过这里也基本找不到慈禧娘家的讯息了。

垂帘掌政握大权，赐弟豪宅方家园

同治元年（1862 年），慈禧娘家人丁兴旺，慈禧的三个弟弟都住在北官房住所，这时的慈禧已升为太后，掌握天下大权，便开始为娘家大谋福利了，于是儿子刚一即位，她就赏赐给娘家人一个大宅子，这就是方家胡同的“方家园”，这是她们娘家的最后一个住处。

方家园现名芳嘉园，位于今北京东城区朝阳门内小方家胡同，朝阳门南小街东侧，属朝阳门街道办事处管辖，呈东西、南北曲折形。南起大方家胡同，西止朝阳门南小街，东与前、后芳嘉园胡同相通，北邻新鲜胡同。全长 342 米，宽 5 米，沥青路面。西起朝阳门南小街，南至大方家胡同，胡同的形状像胳膊肘，由西口进去，往东走不太远，转两个弯，向南一拐，照直朝南插下去，就抵在大方家胡同的

如今的桂公府

半截腰上了。东与前、后芳嘉园胡同相通，北邻新鲜胡同。今北京市东城区朝阳门内芳嘉园 11 号，就是慈禧弟弟得到赏赐的园子，又称桂公府。

清咸丰时期，芳嘉园先是被咸丰皇帝的爱将胜保将军买下，经过大加扩建之后，胜保将军将其扩建改造，成为一座豪宅。胜保为清道光朝内阁学士。该人在镇压太平天国时，屡战屡败，人们就将其“胜”字改为“败”，称作“败保”。慈禧掌政之后，也不知是看上了胜保的宅院，还是其他原因，她执政初年，便以拥兵纵寇之罪收拾骄傲狂妄的胜保，逼令胜保自杀。之后，这座占地 10 余亩的豪华宅子也被慈禧收归己有，并赏赐给自己的娘家人——三弟桂祥居住，因桂祥常被称作“桂公”，所以这里又被人称为“桂公府”。

后来，桂祥的女儿又成为光绪皇帝之妻，即隆裕皇后，所以桂公府曾有“凤凰巢”之称。八国联军进攻北京时，桂祥追随慈禧太后西逃，其宅被德军占领。

由上面诸说分析来看，“北京说”无疑是有史料可查的，为更多人信服的说法，这一说法还有一可贵之处，就是可以将慈禧的家人及其祖上数代都讲得很清楚。慈禧当上皇太后之后，大肆推封外戚。于是她祖上犯过案的一些人也成了有皇家封号的皇亲国戚，并且慈禧还大封亲族官员，连她少女时代的情人荣禄也受到重用，一生享尽尊荣。

慈禧执掌清朝政权近五十年，一生穷奢极欲，她死后仅仅两年，清政府便在武昌起义的枪声中轰然倒塌，慈禧的侄女隆裕太后签署了清帝退位的诏书，历时 268 年的大清王朝宣告结束，慈禧太后费其一生心血，用尽各种手段，凭其冲天的权力欲望，毁掉了大清王朝，终算替其叶赫一族实现了“叶赫灭清”之誓言，其为祸国家之甚，流恶影响之大，使民族受辱之深，实乃亘古未有。

第十章　同治皇帝死亡之谜

慈禧发动政变，同治六岁登基

同治皇帝名爱新觉罗·载淳，同治是其在位期间的年号，其在位时间为公元1861年至1875年。载淳的生母就是慈禧太后。

载淳于咸丰六年三月二十三日生于北京紫禁城储秀宫，为清文宗咸丰帝长子，在位13年，同治十三年十二月初五日（1875年1月12日）崩于皇宫养心殿，终年19岁。葬于河北省遵化清东陵之惠陵，庙号穆宗。同治皇帝19岁而崩，让人惋惜，关于其死因，世人多认为是感染性病致死，真实情况是这样吗？还得从其始做皇帝说起。

1856年（咸丰六年），第二次鸦片战争爆发，列强再次侵略中国。1857年，英法联军攻陷广州，1858年北上攻占大沽炮台，兵临天津，逼清政府签订了不平等的《天津条约》，1860年7月，英法联军以换约为名进兵北京，之后屡败清军，北京防线一溃千里，仍在圆明园醉生梦死的咸丰帝听到消息惊慌失措，在大臣肃顺等人支持下带领慈禧等后妃仓皇逃离北京，往承德避暑山庄避难。

同治皇帝载淳像

来到承德后，咸丰皇帝仍然醉生梦死，纵情酒色，留恋戏台，不想一年之后，1861年8月，咸丰皇帝竟死在了承德，这下慈禧抓住了机会，她联合咸丰皇帝的弟弟奕訢发动了辛酉政变，除掉了肃顺等咸丰定下来的八位“赞襄政务”大臣，一下掌握了清廷大权，自此开始为祸天下。

辛酉政变是清朝晚期一次最高统治集团

中争夺执政大权的宫廷政变，之后由慈安皇太后与慈禧皇太后垂帘听政，标志着大臣参与和主导治国的制度结束，清政权更加集中于皇权和后宫之权，这与当时世界各国普遍走向民主共和的趋势比较，其无疑是与世界潮流背道而驰的。

而慈禧的掌政，预示着大清朝彻底走向没落。因为她在世界时局上的短视，在治国上的无能，在教育孩子上的失败，以及她极其自私的心底，对权力的强烈欲望，奢侈无度的挥霍享受，促使她难以做出一件真正能利国利民的举动。

慈禧能得以掌政，一个基本条件还是因为她生下了咸丰唯一的皇子载淳，母以子贵，才得以成为皇太后。慈禧第一次垂帘听政，也正是其子同治帝载淳成长时期，同治年号的大部分时间里，都是两宫太后在问政，“同治”的意思，也即两宫太后同治天下之意，不过当然主要还是以慈禧为主。

同治帝载淳即位之初才六岁，还是一个少不更事的顽童，政事由两宫太后管理，同治帝只是读书。然同治帝天性顽劣，读书很不理想。他在 6 岁到 14 岁期间，每天应景做皇帝，到养心殿摆皇帝样子，两宫皇太后则垂帘听政。之后他还要抽出半天时间到弘德殿读书。

由于慈禧太后忙于处理事务，同治帝从小无人管束，十分贪玩，不爱读书，“见书即怕”，不好学习，他的师傅教他学习看奏折，但他“精神极散”；听讲奏折也极不用心。他的伴读奕详、奕询，本意在陪同读书、互相激励、彼此切磋，实际上往往代其受过，让老师们起到“杀鸡儆猴”的作用。

同治四年十一月十一日开始，在咸丰朝获状元，同治朝担任詹事府右中允的翁同龢受命教同治皇帝读书。其所著的《翁同龢日记》中说到同治帝 16 岁时（同治十年，1871 年）的读书情况。正月初七：“晨读极散，因极陈（极陈，极力上言）光阴可惜，当求日进之方，上颔之而已，照常退。”初九：“读甚散，敷衍而已。”二十九日：“……午初来，满书极吃力，午正二始毕，讲折尤不着力，真无可奈何也……坐四刻而不成一字……作诗，诗亦不佳。如此光景，奈何奈何！”16 岁的皇帝读书就是这样，在课堂上，同治“无精神则倦，有精神则嬉笑”，实在是一个顽皮的学生。到十七八岁的时候，同治“折奏未能读”，丁国均《荷香馆琐言》还有这么一个记录：毅皇帝尝与翁师傅言，自谓当差劳苦。“毅皇帝”是同治帝的谥。当皇帝，竟把管理国家大事说成是一种苦差事，这样的人很难培养成圣明之君！

同治不学无术，母子隔阂极深

同治帝的顽劣，与慈禧的教育不无关系，所以慈禧不但在治国上极其失败，在教育上也极其失败。据说慈禧太后经常来到课堂检查课业。她知道儿子不爱读书，不能安静地坐在那里，终日嬉闹玩耍，但她认为不过是小孩子的玩闹罢了。

帝师们对同治帝的行为束手无策，他们不能呵斥，不能打骂，更不能惩罚，只能任凭小皇帝胡闹，而且变本加厉。当所有的劝说都无效的时候，他们就告诉慈禧太后，慈禧太后就会命令御前太监捉住小皇帝，用竹条打小皇帝的手掌以示惩罚。可是，这些只能是表演式的，哪个太监有胆量敢狠打小皇帝的手呢?

随着年龄的增长，同治皇帝变得更加疯狂了。他没有兄弟姐妹，没有童年的玩伴，只有一大群太监总是不离左右，太监们教会皇帝生活起居的许多东西，好的东西很多，坏的东西也不少。特别是同治皇帝的身边有一群纵情享乐的太监，他们找出各种好玩的东西让小皇帝消遣，千方百计让小皇帝高兴。小皇帝慢慢长大了，他们就找出一些春宫图，诱导同治皇帝享受女色。

同治帝的父亲咸丰皇帝，一生风流倜傥，不喜欢问政，这个儿子也是一个风流种子，生性爱好嬉乐，喜欢猎奇，对于男女之乐也乐此不疲，稍懂人事，他便不顾一切地投身其中，不能自拔。

而在同治皇帝的身边，还有一个更加疯狂、更加纵欲的少年，他就是恭亲王的儿子载澄。载澄是同治皇帝的堂弟，虽然小同治皇帝两岁，但这个纨绔少年很小的时候就浪迹于京城各大妓院，12 岁时就对这些妓院了如指掌。有这样一对浪荡兄弟相伴，且有这样一群轻薄太监跟随左右，同治皇帝的品性不可能会好。

在母子关系上，同治皇帝和他的母亲慈禧太后有极大的隔阂，两人很难交流，感情上也很难融洽。在同治皇帝的心中，慈禧太后不像是他的亲生母亲，倒像是个后妈。而在慈禧太后的心中，这个儿子载淳，根本不像是自己所生的，到像是慈安太后生的！因为他见到生母，像是见到鬼一样！可他见到慈安，反而感觉十分亲切，说话的神态就像是见到了自己的亲娘一样！

每天早上，同治帝到慈禧那里问一声就走。可他一到慈安那里，泡大半天都不想走！慈禧太后感觉奇怪，找不到答案。有的时候，她笑着询问身边的侍女：“都说母子连心，怎么我就和儿子连不了心呢？”这个问题，当然谁也不敢回答。慈禧太后就自言自语地说：“皇上啊，有一点是可以肯定的，他是天生的玩闹精！”结果这些小玩闹，就像魔咒一样一直伴随了同治皇帝的一生。

慈安太后画像

同治帝的不长进，也与慈禧的故意纵容有关系，慈禧权力欲极强，断然不想早早放下权力还政于儿子，于是她以同治帝“典学未成”为由，拖延同治帝亲政时间。直到儿子载淳十七岁，才为他举行了大婚典礼。

同治帝大婚，找谁做皇后呢，两宫皇太后意见不一，慈安太后提议以侍讲崇绮之女阿鲁特氏为皇后，慈禧太后主张以侍郎凤秀之女富察氏为皇后。同治帝本人喜欢前者，于是以阿鲁特氏为皇后，富察氏为慧妃。

同治亲政修名园，微行实为下妓院

同治帝自从即位开始，就成了母亲的傀儡，即便在其成年之后，仍然不能在治国上做主，大权仍握在慈禧手中。但作为掌管大清帝国的皇帝，他没有争取自己的权利，相反，同治帝胡作非为，他辜负了朝野上下亿万臣民对他的殷切期望。为政期间，同治帝基本是正事不干，行事不正，专做不良之事，为祸天下，同时也祸害他自己。

同治亲政的一年时间里，他似乎只做了两件事，一是修园，一是“微行”。先说修园，即同治帝兴建颐和园，同治十二年九月，同治帝以方便太后颐养为名，实为自便，降旨兴修颐和园。修颐和园需银1000万两，光木材一项，径七寸至四尺多，长一丈五到四丈八的楠柏陈黄松木要3000根。但因为镇压太平天国，各省款项支绌，当时西北左宗棠又正镇压回民起义，捐输和厘金全用在上面了，清政府的财力根本不允许再拿出这么多钱来修园。木材需从四川采集，但道光初年以来已经砍伐得差不多了，无从购觅，况且运输艰难万分。十月二日，御史沈淮上疏请求缓修，师傅李鸿藻与翰林院侍讲学士李文田也都上疏劝谏。同治帝不听，十三年正月十九日正式开工，钱出自各方捐款40多万，木材由人到福州买进口的。二月十二日，同治帝亲自视察工地，此后又于四月初九、五月十一日视察工地，他的所谓视察，其实也只不过觉得好玩，想去玩玩而已。

修园实为劳民伤财之举，但也有赞成同治修颐和园的人，那就是与慈禧太后同族的两广总督瑞麟，而越来越多的大臣反对修园。三月二十四日，奕訢、奕譞、景寿等共同上疏劝谏，仍不听。七月十六日，开始总理各国事务衙门，并捐出了两万两报效银的恭亲王奕訢又上《敬陈先烈请皇上及时定志用济艰危折》，附议此折的还有10多名御前大臣与军机大臣。该折提出了一系列大政要事，要求停工。

不想同治帝只读了折子上几行字，便勃然大怒，说了好些不讲理的话：“我停工何如？尔等尚有何哓舌？”奕訢又提出一些问题，同治帝大怒，说：“如此位让尔何如？”让奕訢跪地汗颜不止。

恭亲王奕訢像

为让同治帝无话可说，接着奕訢又提到他“微行”一事。所谓“微行”是指同治帝穿便装到宫外寻花问柳的事。同治帝开始矢口否认，待奕訢说出时间、地点和人证，他才无话可说。从此同治帝对奕訢怀恨在心，写了一道朱谕，革掉他一切职务。九月二日又改为只将他降为郡王，仍在军机大臣上行走。九月三日又下朱谕，革去惇亲王奕誴、醇亲王奕譞、科尔沁博多勒噶台亲王伯讷彦谟祜、额驸景寿、贝勒奕勋、军机大臣奕欣、文祥宝鋆、沈桂芬、李鸿藻等 10 人的职务。

颐和园美景

慈禧太后尽管与奕䜣有矛盾，但她还不想现在马上就把奕䜣完全排斥掉。她立即叫同治帝取消这个上谕，说："十年以来，无恭王何以有今日？皇上少未更事，昨谕立即撤销。"同治帝这才发出上谕，恢复了奕䜣世袭罔替的亲王衔，奕諒、奕譞等人的官职也得以恢复。由于众多大臣反对，同治帝终于于八月一日下令颐和园停工。

同治嫖娼成瘾，终于因嫖送命

颐和园停工之后，同治帝依然过着纵情声色的生活，他曾对老师翁同龢说当皇帝真是个苦差事，说明他也和咸丰一样，是极为厌烦政事的。又过了一年，同治帝生病，不能临朝，到了冬季病又加重，未及过年便死去了。其时为同治十三年十二月初五日（1875 年 1 月）病逝，时年十九岁。

就其个人来说，同治皇帝出生在帝王之家，享受着"普天之下莫非王土，率土之滨莫非王臣"的独尊荣光，过着"钟鸣鼎食"的生活，没有兄弟竞争便顺利地登上皇帝宝座，这是他人生的喜剧。但是，同治也有人生的悲剧，有人总结说他短暂的 19 年人生中就有六大不幸：幼年丧父是为第一大不幸，童年担当社稷重任而不能享受正常童真快乐是为第二大不幸，同圣母皇太后关系不好是为第三大不幸，婚姻不如意是为第四大不幸，无子无女是为第五大不幸，19 岁便早亡是为第六大不幸！

关于他的死因，传闻很多，十分离奇，广为流传的是说他因得梅毒而死。同治皇帝的荒淫程度比他父亲咸丰还要厉害。按说这同治帝有许多后妃，有后宫佳丽

清代《秘戏图》绘本

三千，宫女六千，对女人应该没有过分的想法了，但他偏偏不是，却是置后宫佳丽们于不顾，常常带了两个心腹太监，换上平民服装，偷偷溜出皇宫，到京师的南城娼妓区去寻花问柳，到了夜间也不回皇宫。上面奕訢说的同治皇帝“微行”一事，就是说的他的这一爱好。

同治皇帝年少轻狂，与一个叫王庆祺的人十分要好，这个王庆祺进士出身、士家子弟，虽然风度翩翩但善于谄媚。同治帝对他青眼相加，以五品官加二品衔，在内廷行走。君臣两人十分相得，曾经有太监见他们二人共坐一榻，一同看一本叫《秘戏图》的黄书。后来，这王庆祺还引着同治帝去寻花问柳，他身兼老鸨、拉皮条、大臣多职，专心陪同治皇帝吃喝嫖赌。

皇帝有嫖娼之爱好本就十分稀奇，可这同治帝，不但因嫖坏名，还因嫖送命，让人不胜唏嘘。

当时在清朝海关总税务司任职的英国人赫德很了解同治皇帝的私生活，他在日记中写道：“看来，他的生活极其放荡。女人、小姑娘、男人和孩子，他都要，竭尽所能地放纵自己，一个接一个地享受。他吩咐侍从，从苏州弄来60个孩子。地方官接到这份密诏，十分惶恐，他们请示总督该怎么办？总督沉默，不提任何建议。莫不是总督没有注意这个？想想此事，真是太糟糕了。60个孩子被送到了北京，他们全部被阉割了。并且，或许正是从他们身上，同治皇帝才染上了可怕的梅毒。”

慈禧掌控一切，同治自暴自弃

其实，同治皇帝之所以这样做，也是因和他的母亲不和造成的，或者说，他是因为要和母亲对着干，才染上嫖娼的坏习惯的。

据《清代外史》记载，同治帝选皇后的时候，慈禧看中了侍郎凤秀家的闺女，凤女“艳绝侪辈”，但是她“举止殊轻佻”；同治帝和东太后慈安却都看中了清朝唯一的“蒙古状元”崇绮之女阿鲁特氏。崇女长得相貌平常，可“雍容端雅”。最后，斗争的结果是他得到了自己喜欢的女人，但同时必须得搭配一个他不喜欢的女人。于是阿鲁特氏为皇后，凤秀女封为慧妃。

但事情没有由此而结束，慈禧太后对于儿子对自己的反叛一直耿耿于怀，看见婚后同治帝与皇后“伉俪甚笃”，这就更加激起了慈禧这个寂寞女人满腔的不快。

当时的慈禧是一个已经 38 岁的女人，咸丰死后她熬了 12 年孤枕岁月。若凭正史记载，这漫长的日子中，她基本再没有近距离接触任何异性，身边的儿子无疑就是她生命的全部。她本就因儿子择妻不合己意而生闷气，如今发现儿子竟不似往日之稚朴，只与新妇缠绵厮守，不由得犯了醋意，又生出几分不合时宜的嫉妒。于是她故谕示载淳：“慧妃贤明淑德，儿宜多加体贴；皇后年少，礼节未娴，儿不应太过耽迷，误了政事。”这一条冷酷的饱含醋意的训诫，毫不保留地显露了慈禧对皇后阿鲁特氏的反感，对仍然沉醉在新婚燕尔的小夫妻则是当头棒喝。

据史书记载，其实皇后阿鲁特氏“雍容端雅”“美而有德”，且文才好。皇后幼年在家，崇绮亲自授课，读书聪颖，十行俱下，“后幼读书，知大义，端静婉肃，内外称贤。及正位六宫，每闻谏阻，自奉俭约，时手一编”。她被册为皇后，同治帝很喜爱她，也很敬重她，据说不久怀有身孕。可有情人难成眷属，哪怕是皇帝亦无可奈何。在宫监严加限制下，二人终至于断绝往来，劳燕被迫分飞，不免让人感喟，但这都是慈禧一手造成的。

同治皇后阿鲁特氏

同治皇帝为此闷闷不乐，恋既不易，离又不能，可谓正处于恋离两难之困境。青葱岁月，却过着尴尬苦难的夫妻生活：想与喜欢的女人相宿，可母后不准；和自己讨厌的女人同床，自己却又不愿意。于是慈禧和同治母子之间的政治斗争反映到了皇帝的龙床上。无可奈何的同治帝载淳的反抗之举，就是干脆卷起铺盖终年独宿乾清宫。

因为没有兄弟，同治帝的继位就没有竞争对手，所以他执政除慈禧不想放权外，没有什么阻挠，可谓得天时，但他却不得人和，因为在他上面，始终有慈禧坐在那里。也许他曾想振兴大清业绩，恢复先祖荣耀，但时代不允许，环境不允许，母后不允许。其傀儡之身，只能任由其母摆布，即便噤不发声，但还是动辄得咎。操纵权力的欲望极强的慈禧不仅左右着儿子的权力，还要左右着儿子的爱情。同治被压得十分灰心，又无处施展和发泄，于是他选择了自暴自弃、游戏人生。

于是，这个皇宫大内里面的“多余人”，在高贵的宫廷之中寻找不到的东西，他却在花街柳巷中寻找到了。

据说，有人给同治皇帝进“小说淫词，秘戏图册，帝益沉迷”。于是晓事太监、无良侍从带他到宫外作风月之旅，他常留恋于崇文门外的酒肆、戏馆、花巷，在一条不归路上渐行渐远。野史记载：“伶人小六如、春眉，娼小凤辈，皆邀幸。”又记载同治宠幸太监杜之锡及其姐：“有阉杜之锡者，状若少女，帝幸之。之锡有姊，固金鱼池娼也。更引帝与之狎。由是溺于色，渐致忘返。”

同治驾崩养心殿，慈禧赐死其爱妻

同治皇帝嫖娼成瘾，且嫖起来不择优劣，于是时间一长，染上了性病病倒了。起初只觉得浑身发烧，口渴，腰疼，小便不畅。太医摸不透是什么病，只当普通的感冒来治。一连几天，烧热不退。又便秘，颈项、后背、腰部等处发出紫红斑块。到公元 1874 年 11 月，同治帝头部、脸面上都出现紫色发亮的斑块，左边脸颊上的斑块被抓破，渗出血水，右颊肿得厉害，上下嘴唇都朝外鼓着，腰部化脓，很远就能闻到一股令人作呕的恶臭。慈禧太后怕同治从镜子里见自己的尊容会受惊，便命太监将养心殿内所有的镜子都收藏起来，不便挪动的穿衣镜等，用红缎蒙上。同治命人拿镜子，皇后阿鲁特氏等人也以病人不宜照镜子为理由劝阻。

同治帝的病越来越重，身体弱不能支。《翁同龢日记》云：十一月二十三日，“晤太医李竹轩、庄某于内务府坐处，据云：脉息皆弱而无力，腰间肿处，两孔皆流脓，亦流腥水，而根盘甚大，渐流向背，外溃则口甚大，内溃则不可言，意甚为难”。二十八日又记：太医云：“腰间溃如碗，其口在边上，揭膏药则汁如箭激，丑刻如此，卯刻复揭，又流半盅。”二十九日再记：见“御医为他揭膏药挤脓，脓已半盅，色白而气腥，漫肿一片，腰以下皆平，色微紫，看上去病已深”。李慈铭日记也记载：“上旋患痈，项腹皆一，皆脓溃。”

在皇帝死前，皇后阿鲁特氏还冒险去看同治，夫妻相怜，其场面令人唏嘘。不料，这相见却不能相伴的夫妻匆忙一见，却促成了永世的分离。阿鲁特氏虽然一再克制自己的情绪，但看到同治的情形，还是忍不住声音哽咽。据溥仪《我的前半生》书中曾记载这事：一天同治病重，皇后前去养心殿探视同治帝，并向他诉说慈禧太后又为细微小事责骂她，还失声哭泣起来。

慈禧本来就不喜欢这个儿媳妇，并设下了监视的耳目。这天，慈禧听说皇后去探视皇帝，便亲自到养心殿东暖阁外偷听他俩的谈话。她听到皇后在诉说她的不

同治皇帝皇后之惠陵墓碑

是，立即大怒不已，闯入暖阁，“牵后发以出，且痛挟之”，并叫来太监备大杖伺候。据说皇后情急之下说了句：“媳妇是从大清门抬进来的，请太后留媳妇的体面！”

慈禧闻言更加恼怒，同治帝被吓昏了从床上跌落在地。慈禧见状，才未对皇后动刑。可这一惊一吓，重病的同治帝又掉了几分魂魄。急传太医入阁请脉，但已牙关紧闭，滴药不进。不久之后死于养心殿东暖阁，衔憾而去。

同治皇帝死后，皇后阿鲁特氏大恸不已，不思饮食。慈禧却还将自己的丧子之痛撒到皇后头上，说她未能伺奉好丈夫，阿鲁特氏无故蒙冤，干脆吞金自杀，不料获救得生。皇后之父崇绮将此事奏告慈禧皇太后，本想让慈禧就此放过女儿，没想到的残酷的慈禧太后又说：“可随大行皇帝去罢！”让其随夫殉死。崇绮悲痛地将此话告诉女儿，于是被阎王拒绝召收的她又无奈走上自己别无选择的一条自尽路，凭空经受又一人生惨剧——光绪元年（1875 年）二月，同治帝死后 75 天，年仅 22 岁的皇后阿鲁特氏被慈禧赐死，“遽尔崩逝”。这样一来，慈禧的儿子和儿媳，便双双被其逼死在手中。

有野史还说：皇后阿鲁特氏怀孕，慈禧恐其生男孩，将来承继大统，自己不能垂帘听政，故逼其死。

同治死因说法多，慈禧太后难推责

年仅 19 岁，亲政未久的同治皇帝到底死于何病？历来一直是个疑团，长期以来流传着不同的说法，归纳起来主要有以下几种：

1. 死于“淫创”（性病的一种，古时又称花柳病）。《清朝野史大观》卷一《清宫遗闻》中说：“孝哲后，崇绮之女，端庄贞静，美而有德，帝甚爱之，以格于慈禧之威，不能相款，慈禧又强其爱所不爱之妃（指将军凤秀之女），帝遂于家庭无乐趣矣，乃出而纵淫，……专觅内城之私卖淫者取乐焉。……久之毒发，始犹不觉，继而见于面，盎于背。”“太医知为淫毒，而不敢言，遂以治痘药治之，不效。”此外，蔡东藩的《清史演义》也持这种说法。

2. 死于天花。翁同龢就持这种说法，他在日记中写道：“十一月初二日，入至内务府大臣处，……见御医李德立、庄守和脉按言：天花三日，脉细口渴，腰疼耳脓，四日不得大便，项颈稠密色滞干艳，证属重险，不思食，咽痛作呕。”“初八日，两宫皇太后在御榻上持烛令诸臣上前瞻仰。上舒臂令观，微语曰：‘谁来此？’伏见天颜，温睟偃卧向外，花极稠密，目光微露。”翁同龢是弘德殿行走，同治帝授读师傅，从同治帝发病到去世，曾多次奉命前往探视，他说的“天花三日”“花极稠密”，都是亲眼所见，其记载应当可靠。

就在同治帝病死的当月二十九日，大公主（咸丰之女）也因天花死了。可见当时宫内流行天花确有其事。此外《清朝野史大观》卷一《穆宗微行》一节中也说，“帝以痘疾竟至不起，人疑其为花柳病者以此”，也说明同治帝系因天花而死。

3. 死于“痈疽”（俗称毒疮）。李慈铭在《越缦堂日记》中说：“同治十三年十二月酉刻，上崩。先是十一月朔，……上旋患痈，项背皆一，皆脓溃，先十日已屡昏，殆不知人。”《清宫遗闻·同治帝之殊趣》中也说“其病实染毒疮”。查《辞典》，痈又名痈疽，发病原因与疖子柞同，一般多由葡萄状球菌侵入毛囊汗腺的周围所引起，唯范围较大，恰如多数疖子骤生于一处，多生于项背及臀部，小者如栗子，大者如手掌，疮口甚多，疼痛异常。此症在初起时，须速就医诊治，迟则易陷于危险。这个解释同李慈铭的记载比较接近。

老北京八大胡同的女子

4. 死于天花、梅毒加纵欲。

同治帝喜欢出宫嫖妓基本是事实，他与堂弟载澄是花柳巷八大胡同的常客，他不幸染上梅毒也是很有可能的，那年北京又流行天花病，祸不单行的同治帝又染上了天花，双重打击使同治身体极度虚弱，生命危在旦夕。幸亏御医一日数次为同治把脉调理，同治的病情才开始好转。

如果同治此时能坚持医嘱，静心调养，说不定清朝的历史将改写。可惜同治皇帝色欲太重，最终断送了自己的性命。问题出在“性”事上。有一天慧妃前来探病，这个慧妃生性淫荡，当她看见皇上病情刚刚好转，便殷勤献媚，卖弄风骚。同治本来就是一个好色之徒，加上他在病中已很久没碰过女人，此时看见风骚的慧妃立刻淫心荡漾，不顾床前还站着太监，立刻搂住慧妃，想就地交欢。

此时，如果慧妃真心为皇帝考虑一定会婉言拒绝。但她却没这样做，而是迫不及待地和同治帝在太监面前即时性交，直到同治发泄完性欲方才罢休。

慧妃之所以不计皇帝安危，一是因她生性淫荡、遇有交欢的机会便求之不得；二则她平时很难有机会得到皇帝的宠幸，一旦有机会便会抓住不放。因为生下龙子便可改变她的地位，这种交欢的机会对她来说稍纵即逝，因此，皇帝的安危便顾不得了，因为她如果不抓住这个机会，皇帝也可能宠幸别的女人，自己不但丧失了机会还可能成就别的女人，如此，她便不假思索地迎合了皇帝的性要求。这既是同治好色结出的悲剧，也是皇权统治下女人悲剧命运带给同治帝的悲剧。

天花病最忌性事，纵淫完毕，同治帝已是汗如雨下，气喘吁吁，神色大变，慧妃此时也已吓得半死。此后几天，虽经御医悉心调理，但已回天乏力，终于丢掉了自己的命。

5．直接死于慈禧太后之手。除了上述四种死于疾病的说法外，还有一种说法，即同治帝死于西太后慈禧之手。费行简在《慈禧传信录·穆宗致命》一节中说：“王庆祺（同治帝师傅、昭仁殿行走）革斥后，辄语人云，穆宗亲政后，太后仍多干涉，乃请修园为颐养计，意在禁隔，使勿再干政耳，竟为太后所觉，遂致奇变。”金梁的《四朝轶闻》、黄濬的《花随圣人摭忆》也都这样说。金梁说：“此说出自庆祺口，虽似妄言，证以沃丘（费行简）所述，则淫贪专恣之妇，其子固已先嫉之，不待后来德宗（光绪帝）戊戌围劫颐和园之谋。”

从西太后一生之残暴淫恶、凶狠毒辣以及后来她对光绪帝强加之一生不幸的遭遇来看，这一说法似乎有一定道理，但只是附会臆想，并无事实根据。

从某种程度上说西太后干涉同治帝行政是可能的，说她因此而亲手杀死自己的亲生儿子，虽然也有可能，比如她想效法武则天，但这种说法的可能性不大。宫闱内幕，讳莫如深。同治帝究竟死于何因，尚待人们作进一步考证。

但无论同治帝死于何因，都与慈禧有一定的关系，首先就是她没有教育好儿子如何做好皇帝，且把母子关系闹得很僵，以至水火不容。同治帝的一些反叛行为，其根本就是要与其母亲慈禧对着干，但同治帝最终没有斗过其母，未及 20 岁便撒手尘寰，其在政治上无所作为，所行之事让人贻笑大方，又误国误民。

第十一章　光绪皇帝死亡之谜

光绪壮年而亡，死于砒霜中毒

同治皇帝死后，慈禧太后便又扶植了光绪皇帝，这却又是一个很大可能直接死于慈禧之手的皇帝。

光绪皇帝三岁时就被扶上皇位，做了慈禧控制下的35年的傀儡皇帝，而在光绪三十四年十月二十一日（公元1908年11月14日）傍晚，光绪皇帝死于北京中南海的瀛台涵元殿，一直让后人猜测不断一个历史谜案是，在光绪皇帝死后的第20个小时，光绪三十四年十月二十二日午后，也就是第二天下午，一直控制他的慈禧太后在北京故宫仪鸾殿病逝。

一个是当时皇帝，另一位则是操纵朝政达半个世纪之久的“太上皇”，两人的死何以如此巧合？为何正值壮年的光绪皇帝死在了老衰的慈禧之前？谜底在哪里？真相在哪里？

关于光绪之死，历来众说纷纭。1938年，光绪的陵墓曾遭盗掘。1980年时，我国有关部门对光绪皇帝的棺椁进行清理并重新封闭，光绪的若干头发、遗骨与衣服被移出，保存在清西陵文物管理处的库房。

2003年，清西陵文物管理处等四家单位相关工作人员组成了一个课题组，研究者采集了光绪皇帝遗体上的两小绺头发，试图用现代科技破解光绪帝死因这一百年疑案。

经过一系列实验和模拟实验，诸多证据表明，光绪帝的两小绺头发砷含量的最高值远远高于同时期的人，是光绪隆裕皇后的261倍，也远远高于其棺椁内物品和墓室内外环境样品的最高含砷量。在光绪遗留下来的三件较为完整的上衣中，胃部和腹部有多处腐蚀脱落形成的窟窿。

以上检测结果表明：大量的砷化合物曾留存于光绪帝尸体的胃腹部，尸体腐败过程中，这种剧毒化合物也四处扩散，并由里向外侵蚀衣物。由此可推知：光绪帝的骨骼、内层衣物及头发的高含量砷，均来自其尸体胃肠内含砷的物质。

光绪皇帝胃肠中致命的砷元素究竟来自哪种化合物呢？经过一系列分析、比较和小鼠实验。课题组专家们得出的结论是：砒霜。

光绪皇帝陵墓

砒霜是一种剧毒化合物。人口服砒霜60毫克~200毫克就会中毒死亡。因受条件限制，光绪帝尸体中的砒霜总量难以测算，但仅头发残渣中的砒霜总量就高达约201.5毫克。

2008年11月3日，国家清史编纂委员会在北京举行光绪死因研究报告会，正式宣布光绪皇帝载湉死于急性砒霜中毒。

由此基本可以盖棺定论，光绪皇帝是被人毒死的，那么到底是谁毒死了他呢？

下毒元凶是谁，慈禧嫌疑最大

关于光绪之死。根据历来人们的猜测和论断，大致有以下几种说法：

有很多人说第一作案嫌疑人是袁世凯，这不无道理。因为光绪皇帝生前最恨的人，恐怕就是袁世凯了。据夏仁虎《旧京琐记》中说：戊戌政变之后，光绪皇帝被囚禁在瀛台，“日书项城（即袁世凯，因其为河南项城人，故称袁项城）名以志其愤”。光绪帝临死之前，在纸上写了几个字，私下递给隆裕，上面写着：“杀余者某人。”有人说这个“某人”就是袁世凯，所以，隆裕亲政后，第一件事就是罢免了袁世凯。还有的史料说，光绪常常画一个小人儿，写上袁世凯的名字，然后用箭来射，以此解闷消恨。

光绪皇帝为什么这么痛恨袁世凯呢？因为正是袁世凯的告密，导致了他主导的戊戌变法失败，并使他之后被囚禁终身。本来，慈禧太后是赞同变法的，她觉得自己毕竟年事已高，便想为自己留条后路，于是在将国家大权交给光绪之后，自己就在颐和园里听戏，但随着变法的一步步深入，一些衙门被裁撤，一批官员被罢免，这些官员——礼部尚书怀塔布、许应骙，侍郎堃岫、徐会澧、溥颋、曾广汉等，便到慈禧太后那里去告状诉苦，又唤起了慈禧的掌权之心。

据说慈禧太后听了这些诉苦之后，并没有表态。但是光绪帝很紧张，害怕她回京阻挠变法，于是紧急召见袁世凯，给了他一道圣旨，要他回天津，将直隶总督荣禄正法，然后带兵进京，包围颐和园，不许任何人进出。（美国传教士何德兰：《慈禧与光绪皇帝》）根据陈夔龙《梦蕉亭杂记》中所记，袁世凯当时就向皇帝表示，天津尚有聂士成的军队，兵力比袁世凯的新建陆军多数倍，所以带兵围颐和园之事“万不敢办”；“传旨将荣禄正法”的事也恐怕办不到，只答应到九月两宫赴京阅兵时，找机会下手。

袁世凯回到天津之后，把圣旨呈给了他的顶头上司荣禄。荣禄连夜进京，会晤庆亲王并进见慈禧，两人“均各愕然”。于是，慈禧回京“训政”，光绪帝被囚瀛台，康、梁亡命海外，六君子断首菜市口，变法宣告失败。所以在光绪帝看来，袁世凯是造成这一后果的罪魁祸首。

此事之后，袁世凯也知道光绪帝特别恨他，因此他非常害怕慈禧殡天之后光绪帝重新执政会杀了他，所以他确实想先下手害死光绪帝。刘禺生的《世载堂杂忆》中说，袁世凯身边有个智囊名叫杨杏城，给袁世凯出主意，要他和慈禧太后身边的太监李莲英秘密协商，毒死光绪皇帝。果然，慈禧太后病危之时，光绪帝倒先她而死了。

袁世凯像

从这一点来说，光绪帝被毒杀，袁世凯当然是第一个“嫌犯”，因为他有“作案动机”。但事实是这样吗？很多学者推断说不太可能，因为有好多人都比袁世凯的作案嫌疑大得多，比如大太监李莲英。

据《清室外记》记载："皇帝（光绪帝）宾天之情形及其得病之由，外人无由详知，唯藏于李莲英辈之心中。关于太后、皇帝同时而崩，北京城中，言人人殊，然欲查其原因，则实毫无线索。但日处忧城之中帝，一旦再操权柄，自为李莲英辈之不利。所以可以断言，当日颐和园中之事，或为太后所不及知者。据当时目击者论之，此亦情势所可有。"

李莲英像

这段话是说慈禧太后的亲信太监李莲英等人，平日里狗仗主势，经常中伤和作弄光绪帝。他们怕在慈禧太后死后光绪帝再操权柄，会不利于他们，所以就先下手为强，在慈禧太后将死之前，先将光绪帝害死。这一说法同时为德龄所写的《瀛台泣血记》和英国人普兰德所著的《慈禧外传》等书所认同。

德龄以亲身经历认定光绪皇帝就是被李莲英害死的。她的书中写道："李莲英眼看太后的寿命已经不多，自己的靠山快要发生问题了，便暗自着急起来。他想与其待光绪掌了权和自己算账，不如让自己先下手的好。经过几度筹思，他的毒计便决定了。"

书中还写道："近来奴婢听许多人说，万岁爷的身子很不好……奴婢愿意瞧瞧他去，或者可以使他的身体好起来……就在李莲英说过这一番话的第二天，光绪便好端端地也害起很厉害的病来……只有光绪自己心里是明白的，他料定必是给李莲英在饮食里下了毒，存心要谋杀他。"

但李莲英那时已垂垂老矣，时日无多，纵然光绪皇帝将来得势，又能把他治成什么样呢？况且李莲英平时对待光绪帝也不是一直都苛刻，也有对他不错的时候，光绪帝也曾说过，如果没有李莲英，他可能早就死了，所以李莲英虽有嫌疑，但也不是很大。而嫌疑最大的，其实就是一直控制光绪皇帝的人——慈禧太后。

慈禧安排后事，一天三道懿旨

为什么说慈禧太后是最大嫌疑人？以下事情或许更能让我们看出端倪来：

光绪皇帝 38 岁暴毙而死，事情发生得太突然，紫禁城中，一切后事都显得那么匆忙，没有章法。

当光绪皇帝驾崩的消息被送到宫中时，可说是举朝震动，举国震惊。王公大臣们既对这位未及不惑之年的皇帝如此突然的去世感到惊恐，更感到不可思议，但国不能一日无君，他们同时更为尚未建储，没有确立皇位继承人而担忧。

按照从康熙帝之后传下来的立储规矩，清代每一位继承大统的皇帝，都要于其在位期间，预先写下继位的皇太子名姓，置于密封匣盒之内，藏在故宫乾清宫正中的“正大光明”匾额后面。这块匾额是顺治皇帝亲自书写，为宫中最高之处。当皇帝重病不治时，在朝廷重臣共同看视下，宣布匣内诏书内容。这就是清朝所独有的秘密建储制度。乾隆皇帝、嘉庆皇帝、道光皇帝，都是由这个方法立嗣继位的。

光绪帝没有子嗣，大臣们知道他也没有用秘密建储的方法在皇族中选择继任者。这大概是皇帝正值壮年的缘故。而就在人们惊恐慌乱、不知所措的时候，慈禧太后从仪鸾殿的病榻上传出懿旨：以摄政王载沣之子溥仪入承大统，为嗣皇帝。承继穆宗皇帝为嗣，并兼承大行皇帝之位。

根据慈禧太后的这道旨令，溥仪继皇帝位。这就是清朝的末代皇帝，人们通常说的“宣统帝”。

溥仪与光绪帝载湉有着极近的血缘关系。光绪皇帝是溥仪的伯父。溥仪的父亲载沣是光绪的亲弟弟，载沣承袭了他们父亲醇亲王的爵位，并在前不久当上了摄政王。

不过，溥仪此时还仅是个三岁的孩童，将国家大事及满朝文武托付给这样一个无知的幼儿，显然是不现实的。于是，从仪鸾殿很快又传出第二道懿旨：嗣皇帝尚在冲龄，正宜专心学习，着摄政王载沣为监国，所有军国政事，皆由摄政王秉承训示，并予裁度施行。待嗣皇帝年岁渐长，学业有成，再由其处理政事。这实际是慈禧太后将朝纲权柄交到了醇亲王载沣的手里。

在光绪帝去世的当天，慈禧太后还发出过第三道懿旨。就是依照清朝祖上的惯例，为宾天的皇帝组建一个以满洲文武亲贵大臣为成员的办理丧事、赞襄政务的班子。这第三道懿旨中说：着派礼亲王世铎，睿亲王魁斌，喀尔喀亲王那彦图，奉恩镇国公度支部尚书载泽，大学士世续、那桐，外务部尚书袁世凯，礼部尚书溥良，内务府大臣继禄、增崇，恭办丧礼，敬谨襄事。

光绪皇帝葬礼时的情景

此时慈禧太后正重病在身，早就卧床不起。但由于她的上述安排，宫廷内出现的暂时混乱状态逐渐平息下去，朝中局面得到稳定，一切的事情似乎又都开始按照她定下的方式进行了。

接着摄政王载沣首先向中外宣示了光绪皇帝的遗诏，同时以嗣位皇帝的名义，颁布上谕，褒扬光绪帝生平事迹，痛悼他的突然故世，并表示要遵循古制，行守孝三年之丧礼。

一月二十二日，即光绪帝去世的第二天，年仅三岁的溥仪以大清国皇帝的身份来到皇叔宾天的中南海瀛台涵元殿，亲临看视光绪皇帝遗体小殓。然后在众朝臣的簇拥下，护送遗体到乾清宫西配间停放。

在这里，小皇帝溥仪按照清朝丧礼剪去头发，穿戴起孝服，亲王以下的文武大臣官员也全部穿上了白色丧服，各按品级位次站立，齐集举哀，并看视光绪皇帝大殓，大殓毕，灵柩移至乾清宫正殿安放。小皇帝溥仪又随众臣在乾清宫举行了隆重的殓奠礼。

然而就在天下举哀、众亲王和朝臣们忙于往返涵元殿与乾清宫之间的时候，刚刚为光绪皇帝安排了后事的慈禧太后，也在仪鸾殿病榻上辞世，终年 73 岁。

慈禧先害光绪，事后欲盖弥彰

由上三道懿旨也可看出，在光绪皇帝去世前后所发生的一系列事情中，慈禧其实都是控制者。而从中我们至少可以找出三大疑点。

第一，光绪死得太突然。

光绪皇帝在去世之前的一段时间里，确实也是在患病。不过，光绪帝从小时候起，身体就不太好，虚弱多病。这一次患病，是在光绪三十四年的年初。以后就一直感到不适。据皇宫太医的诊断，其病状为：阴阳两亏，标本兼病，胸满胃逆，腰胯酸痛，饮食减少，气壅咳喘，益以麻冷发热。精神困惫，夜不能寐。

依据现代医学病理分析，这大概是患了呼吸道疾病。从上述诊断看，病人已经发热咳喘，睡眠饮食失调，身体相当衰弱，但此时尚不至于有生命危险，更不会突然死去。况且在光绪帝去世的当天，还曾发出一道谕旨：通谕各省总督、巡抚，于各所辖地区内，遍选精通医术之人，无论有官品者，或是平民百姓，迅速保送来京为皇帝治病。如医治确有效果，被保送之人，及推荐之官员，皆予恩赏。

可见，光绪帝病虽重，但他本人并没有认为已经到了不可救治的地步，整个朝廷也未想到皇帝要出事，理由很简单，因为在光绪帝死于瀛台涵元殿的时候，他还没有选择“万年吉地”，也就是他的陵寝用地，当然就更没有预先建造陵寝。所以满朝文武大臣中，没有任何人知道应该把皇帝安葬在哪里。

规模宏大的清东陵

从秦朝开始，皇帝们就如同珍视其活着时候的奢华生活一样，对死后的安葬也都极为重视。尤其是陵寝的建造。清朝的习惯做法是，在皇帝还非常健康的时候，有的甚至尚在中年，或者刚刚即位，他们就开始为自己大事营造陵寝。

在清代皇家制度中，这是极不正常的。只有当皇帝出人意料地突然去世时，才会出现这种情况，光绪无疑正是这样的情况。

以雍正皇帝来说，他在登上皇帝宝座后的第四年，即迫不及待地着手兴建陵寝。他派出大学士、工部及内务府官员，到安葬其父祖顺治、康熙帝的今河北遵化一带查勘选址。但因土质疏松，雍正决定放弃已经选好的地点，改换地方。雍正七年，在今河北易县确定陵址。翌年动工兴建。

光绪帝的爷爷道光皇帝则更甚，还曾经将已经修造好的寝宫推倒重建。道光的“慕陵”，最早建于清东陵，即河北遵化县境内。地宫建好后，偶然发现墙壁渗水。道光皇帝在重重处罚了主持修建寝宫的官员之后，又改在易县，重建陵寝。

光绪皇帝迟迟没有按照惯例，择地修造寝宫，其因素可能是多方面的。然而皇帝本人尚在中年，又未发现致命的病伤，这应是其中一个重要的原因。而且掌握着皇帝身体状况，了解其病情发展的朝廷，也没有认为建造陵寝是非常急迫的事情。

从上述可以看到，光绪帝的突然去世，如果说是病死的话，在许多地方都是讲不通的。

第二,二人死得太巧合。

光绪皇帝的死与慈禧太后的死，几乎是连续发生的。如果细分析起来，前后相隔还不到一天时间。

光绪帝死于十月二十一日的酉刻。按照天干地支的计时方法，酉刻，即相当于现在的下午五点至七点之间。也就是说，光绪帝是死于十月二十一日的傍晚。而慈禧太后则是在十月二十二日的未刻，病死于仪鸾殿。未刻，即我们通常所讲的下午一点至三点之间。因此可以认为，慈禧是死于十月二十二日中午过后。由是我们可以推算出，两者之死，前后相差仅二十个小时左右。

事情发生得如此巧合，这是很难叫人相信的。如果考虑到两位死者生前的长期矛盾，以及特殊的政治背景，自然使成的可能性将更小。

第三，死前安排太周到。

我们前面曾经讲到，在光绪帝死去的当天，曾从慈禧太后的寝宫仪鸾殿，很快

光绪皇帝的玉石印章

传出懿旨，立溥仪为嗣皇帝，命摄政王载沣为监国。如果我们将视线再向前推移，那么就会发现，溥仪是在光绪帝临死的前一天，也即十月二十日，由醇亲王府被接进宫的。载沣也是在同一天，被封为摄政王的。

细想起来，这里面似乎大有文章。究竟谁下的命令，谁让这样做的呢？唯有慈禧太后。虽然谕旨是以皇帝的名义发布的，但其内容却是在传述慈禧太后的意思。

根据清代最重要的官方典籍《清德宗实录》的记载，十月二十日这天，光绪皇帝仅向内阁发布过两道谕旨。其一：谕内阁，朕钦奉慈禧端佑康颐昭豫庄诚寿恭钦献崇熙皇太后懿旨，醇亲王载沣之子溥仪，着在宫内教养，并在上书房读书。其二：又谕，朕钦奉皇太后懿旨，醇亲王载沣授为摄政王。

而这两道谕旨，看上去其实都是在为光绪帝的死做准备。显然，慈禧太后已经知道，光绪帝很快就会死去。然而，就在慈禧做出这一政治安排的第二天，光绪帝还曾向全国各地督抚颁布谕旨，意图寻医治病，并不像行将就木的样子。在这里，人们很自然地将三大疑点联系起来考虑，发出诸多疑问。产生谜团也是当然的事，那么，如果说光绪帝是被慈禧太后害死的，她又是出于什么动机，非要置光绪帝于死地呢？我们必须先来了解清楚二人的故事和关系。

光绪称帝即位，慈禧自作主张

光绪皇帝爱新觉罗·载湉是清朝第十一位皇帝，也是清军入关以来第九位皇帝，同治十年六月二十八日（1871 年 8 月 14 日），光绪皇帝载湉出生于北京宣武门太平湖东岸的醇亲王府第槐荫斋，即今天中央音乐学院所在地，光绪帝的父亲醇亲王奕譞，乃清宣宗道光帝七子，咸丰帝之弟，光绪帝的母亲是奕譞的嫡福晋，此女却是慈禧的亲妹妹，因此载湉是慈禧太后的侄子兼外甥。这种特殊的家庭背景，使他在同治病故之后被指定为皇帝。

载湉 4 岁时，同治帝载淳去世。慈禧太后是从容易控制光绪帝，从而控制大清政权的角度选中载湉嗣位的，因此载湉被慈禧太后选为同治帝的继位人，意外地成为清朝第 11 任皇帝，即位时虚岁才 4 岁，入宫时还在熟睡之中。

据说，小载湉刚一入宫，慈禧就让他叫自己为“亲爸爸”。“亲爸爸”这一称呼，具有双层含义。它既反映了称呼者与被称呼者之间的至亲关系，同时又体现被称呼者对称呼者的威严。因为“爸爸”一词是对男性的称谓，父亲在子女眼里，一般总是具有非常威严的形象。光绪皇帝一直到长大成人，也始终称慈禧为“亲爸爸”。

事实上，连光绪帝的名字，也是由慈禧太后给起的。光绪帝出生不久，醇亲王奕譞在朝上向垂帘听政的慈禧，启奏醇王府喜得贵子。慈禧太后闻听亲妹妹生子，当即给自己的亲外甥赐名，执笔在纸上书写一“湉”字。这位姨母，还赐给尚未见过面的外甥一把镶嵌着许多珠宝的小金锁。“湉”字及金锁，都是吉祥的象征。意为祝小载湉健康长寿，当时她自己应该不会想到，有一天她将会亲手毒杀这个孩子。

据《清德宗实录》记载，小载湉进宫的第二天，满朝王公大臣联名上疏，“恳请”两宫太后垂帘听政。次日，两宫太后颁发懿旨，宣布：“垂帘之举，本属一时权宜，唯念嗣皇帝此时尚在冲龄，且时事多艰，王大臣等不能无所秉承，不得已姑如所请，一俟嗣皇帝典学有成，即行归政。”这就是慈禧太后的“第二次垂帘、态度听政”。

醇亲王府马房大门

慈禧将不足四岁的载湉扶上了皇帝的宝座，并非因为慈禧觉得他是一个可造之材，具有成为一代明君的潜质，而是因为只有载湉继承皇位，她才能够继续操控皇权。载湉只不过是她御案上不可缺少的摆设罢了。

至此，慈禧精心设计、苦苦经营的第二次垂帘听政徐徐拉开了大幕。相比第一次垂帘听政初期的不谙朝政、处处摸索而言，慈禧的第二次垂帘可谓强硬得多，她不再学习帝王治国之道，她要考虑的就是怎样把小皇帝打造成处处唯她是听的傀儡，确保她久居权力金字塔的顶端。

慈禧严控光绪，培植傀儡皇帝

慈禧太后为了让光绪帝听她的话，对光绪要求极为严格。光绪帝若不能稳坐宝座，慈禧轻者呵斥，重者责罚。慈禧责罚的办法有二：一是罚跪，二是不让吃饭。小光绪三天两头受到“亲爸爸”的处罚，平日里也看不到慈禧的好脸色，时间一长，小光绪被慈禧吓破了胆。据梁启超的《戊戌政变记》记载：“积威既久，皇上见西后如对狮虎，战战兢兢，因此胆为之破。”这类记载很多，总之，慈禧恶魔般的阴影从此笼罩了光绪皇帝的一生。

自从四岁的载湉在太和殿正式即位这一天起，光绪帝就被慈禧抓在手里，或当做争夺权力的工具，或作为显示威严的权杖；更多的情况下，则当作她御案上不可缺少的摆设，或是任意玩弄的木偶。这是慈禧专权的政治需要。

养尊处优的慈禧太后（中间坐者）

慈禧对光绪的掌控目的很明确：切断其同生身父母的情感纽带，在他心中树起慈禧是他实际母亲和绝对权威的形象。所以，她虽然没有采取明显的方式伤害光绪，但却软硬兼施，控制他。她多年不让他回家，不让他与亲生父母见面。其母曾多次带着光绪喜欢吃的零食进宫看望，不准，母子唯有号啕。直到多年后其母病危之时，光绪才获准回家探望。

慈禧还每日通过跪安向光绪显示威严。无论光绪从课堂里回来还是从温和亲切的东太后那过来，无论他兴高采烈还是踌躇满志，每天都有一个重要节目，就是战战兢兢来到慈禧的处所，下跪请安，面对一张死板又带着恫吓的面孔听候发落。慈禧以为自己无所不能，却没料到她越是性急粗暴地想制服光绪，光绪就逃得越快。

光绪首先感到的是恐惧，被每日必有的惩罚吓破了胆。跪安时自然流露出来，慈禧见了更气，更要发泄她的虐待欲，少不得讽刺、呵斥，甚至责打。太监也落井下石，对之进行恶作剧般的刁难。小孩恐惧感本来就强，对温和与凶恶的分辨既清晰又敏锐。光绪自幼瘦弱，又有些神经质，眼前这个凶恶的女人，使他产生毛骨悚然的强烈恐惧感，天天必见的强化，又发展成了抽象的恐惧亦即恐惧症。据载，后来光绪不但到慈禧处跪安时浑身发抖，甚至听到锣鼓、物体碰撞声、吆喝声也心惊肉跳，被称为“小胆天子”。

入宫后的光绪，是在孤独中长大的，烦琐的宫中礼节，慈禧经常不断的严厉训斥，没有母爱，饮食寒暖没有人真心去细心照料，应倡导应禁忌之事，无人去指点揭示。没有童年的欢乐，致使他从小就心情抑郁，精神不快，造成身体积弱，难以抵挡疾病的侵袭，留下了难以治愈的病根。

民国时出版的《满清野史》一书中称：人在幼年的时候，都受到父母的呵护，照顾其出行，料理其饮食，体慰其寒暖，即使是孤儿，也会得到亲朋好友的照顾。只有光绪皇上无人敢亲近。……皇上每日三餐，其饭食有数十种，摆满桌案，可离皇上稍远的饭食，大都已臭腐，接连数日不换。靠近皇上的饭食虽然并未臭腐，可经多次加热，已不能可口。……载湉自十余岁后，虽为天子，可还不如一个孤儿，以后身患痼疾，即是由于少年时衣食不节造成的。

此书虽为野史，可内容与恽毓鼎的《崇陵传信录》所述大致相近，该书中说：“缅怀先帝御宇不惟不久，幼而提携，长而禁制，终于损其天年。无母子之亲，无夫妇昆季之爱，无臣下侍从宴游暇豫之乐。平世齐民之福，且有胜于一人之尊者。”说明光绪帝体弱多病之原因，实与自幼在慈禧太后淫威之下，失于调养照料有关。

但光绪皇帝在翁同龢等人对他的儒家教育中学会了“仁爱”之心。15 岁的小载

光绪皇帝幼年被强迫学骑马时的情景

湉曾写了一篇御制文，里面有几句话说："必先有爱民之心，而后有忧民之意，爱之深，故忧之切，忧之切，故一民饥，曰我饥之，一民寒，曰我寒之"。15岁的少年能有如此心境，实为难能可贵。他还写了一首叫《围炉》的诗："西北明积雪，万户凛寒飞，唯有深宫里，金炉兽炭红。"小诗虽然只有四句话，却饱含着对穷苦百姓的生活情况的同情，并体现出了自己身为一国之君对百姓们的关爱之心。

慈禧为人心机叵测，她知道载湉终究有长大的那一天，终究会有把皇权部分或全部交给他的时刻。只有将载湉塑造为唯其命令是听的"儿皇帝"，才能使自己长长久久地掌握权力，为此，她在对小光绪断亲情、立威严的同时，还借助传统伦理道德约束光绪帝，对他反复强化孝道教育。

据曾在宫中任职的德龄在其所著的《瀛台泣血记》中说：慈禧为了让光绪帝长大成人后仍然能够顺从她，"特地再三教人去传翁同龢，要他格外侧重孝的教育。除掉把启蒙时所读的《二十四孝》不断地继续讲解之外，《孝经》那部书，也是最注意的"。

慈禧有着无可比拟的权力欲，她不停地强调载湉及其家人必须对她感恩戴德。可是她不明白，感恩是由爱激发个体心灵而产生的共鸣，促使受体产生更深刻的情感体验，萌发他们的感恩心理，增强他们的感恩意识的一种行为，所以她无法意识到自己对别人的所谓恩赐，无情地拆散了人世间最真挚的情感——骨肉亲情，慈禧强行实现的与载湉之间的母子关系是建立在幼儿从小失去家庭的保护与温暖、父母失去骨肉亲情的极度痛苦之上的霸道行为，而不是慈禧所理解的恩惠！但她的信条是别人都得无条件听命于她，无条件服从于她，她觉得这是理所当然的，她不认为这就是专制！这就是霸道，即便她知道，她也觉得那是应该的，对于亲人也绝不例外。

慈禧树威逞强，光绪如履薄冰

依靠着断绝亲情，树立威严和灌输孝道的办法，慈禧霸道地剥夺了本属于载湉及其家人的家庭温暖，她把小载湉带入宫中，使其离开了父母，离开温暖幸福的家，走进了陌生的深宫，建立了所谓的母子关系，但她却疏于对小载湉的关心与照顾，她只顾着自己的利益和欲望。

无论慈禧怎样打压，小载湉还是一天天地长大了，与表哥同治帝载淳当年相比，载湉是完全不同的人，同治帝性格极为叛逆和自私，但光绪却非常顺从和无私。这也许是慈禧在吸取教育同治帝的失败经验后，以及在她要完全控制光绪帝的考虑上做出的教育手段。

小光绪努力学习和被慈禧灌输奴隶思想的时候，也正是慈禧太后垂帘听政专政跋扈的时候，这正是慈禧的第二次垂帘听政。这时大清国已经病入膏肓。首先是灾荒不断，破坏程度大、涉及范围广的旱灾、水灾、蝗灾，在全国连年发生，特大灾害也时有所现。但最严重的危机，莫过于外国侵略势力的不断袭来。

此时的大清帝国正在步步走向殖民地的深渊。自建立之始，还从未落到过如此衰败的地步。对于大清国内外交困的严峻形势，居处深宫之中的少年光绪，已经有所了解，并且痛在心里。

光绪自幼即以皇帝的身份，时常随同慈禧太后上朝，听取朝臣们议事。稍大的时

养心殿大门

候，甚至还发表一些意见。从 13 岁开始，光绪已能披阅奏章。正是从大量的奏折中，光绪渐渐了解到了宫墙以外发生的事情，从中看到了朝廷政治的腐败，外国侵略势力的步步逼近。奏折中反映的社会现实，也进一步激发出光绪拯救清朝、御抗外辱的雄心。

光绪十年三月的一天，在早朝时，14 岁的皇帝，面对大臣们叹息道："现在边防不宁静，封疆大臣敷衍，国库空虚，海防不实，我辈将无颜面对祖宗。"

就在当年爆发的中法战争中，光绪第一次正式发表了自己的政治主张，当时光绪皇帝虽然没有主宰朝廷的权力，但是多次发表了他的抗战主张。在北京的中央政府得知法越签订了《顺化条约》的消息之后，光绪在朝廷上明确表态：法国胁迫越南签订的这个条约，我们绝不能予以承认。

当法国舰队不断在福建沿海向中国水师挑衅的时候，光绪皇帝更加气愤了，极力主张向侵略者开战：如果法国从越南撤军，尚可同他们讲和，如果不是这样，我们应该立即发兵镇南关外，向越南进击。

当时在年轻的皇帝周围，团聚着一批诸如张树声、张之洞、曾纪泽等主张抗战的中央和地方官员。在朝廷中，形成主战派集团。他们对于慈禧太后的一意孤行，客观上起着极大的牵制作用。

事实证明，光绪的主张是正确的。法国侵略者并没有因为清政府的退让妥协和签订《天津简明条约》，而放弃侵略中国的计划。

光绪十年七月初三日（1884 年 8 月 23 日），法国舰队在事前没有向中国宣战的情况下，突然向福建的马尾军港内停泊的清朝水师发动袭击。这一仗清朝海军损失太惨了，仅一个多小时，清军 11 艘军舰，19 艘运兵船，全部被击毁、击沉，官兵伤亡 700 余人，军港内的一个规模不小的军用造船厂也被法军轰毁。花费近 20 年时间组建的福建海军，一朝覆灭。

只是到了这时，慈禧太后迫于朝廷内外以及全国舆论的压力，才不得不向法国宣战。广西军民协力作战，在爱国将领冯子材的率领下，取得镇南关大捷，击毙法军 1000 余名，重伤其统帅尼格里，扭转了整个战局。法国茹费理内阁也因此而倒台。

然而，慈禧太后却借此机会，向法国提出了求和谈判的建议。光绪十一年四月，由李鸿章出面，签订了《中法天津条约》，承认越南是法国的保护国，给予法国在中国广西、云南特殊的通商权。

中法战争，中国不败而败，法国不胜而胜。这充分体现了慈禧太后妥协投降的对外政策，但这却不是年轻气盛、血气方刚、视国家荣誉为生命的光绪皇帝所认同的，于是二人之间的矛盾埋下了，光绪同慈禧之间相对的“亲密时代”，也将由于光绪皇帝的亲政开始而结束。

慈禧嗜权如命，光绪难以自主

光绪皇帝是在慈禧的眼皮底下逐渐长大的，但慈禧是个权力狂，一直不舍得放下权力。顺治是 14 岁亲政，康熙也是 14 岁亲政，光绪皇帝到了 14 岁了，按说应该亲政了，但慈禧说再等一等。

在归政光绪之前，慈禧不遗余力地笼络自己的朝中势力，逐渐构建起后党作为自己的力量，这就使得王朝政治更加黑暗。

同治十年，同治帝十三岁，慈禧以其“典学未成”为由，迟迟不肯归政；光绪十二年，光绪帝 13 岁，慈禧又将以怎样的借口与形式阻挠光绪帝的亲政呢?

中法战争后的光绪十二年（1886 年），光绪帝已经 16 岁。屡经蹉跎的他，不仅学已有成，而且在“批阅奏章，论断古今，剖决是非”等方面，也具备了一定的能力。

时间在一天天地无情流逝着，可光绪帝的亲政与慈禧的归政却不见任何动静。养心殿里，每日无论是召见还是引见，光绪帝依然如泥塑的菩萨一样端坐在前，而慈禧依旧神采奕奕地垂帘于后，听政问政，发号施令。即使光绪帝偶尔对国家军国大事发表意见，也很难引起群臣的注意和重视。此时慈禧的威严仍像一道无形的枷锁，成长中的皇帝无论在治国的韬略上，还是在个人的心智上，都无法自由地发挥。

慈禧正以她对权力极度的贪婪欲望，分分秒秒地挑战光绪帝渴望亲政的耐心。朝臣们慑于慈禧的淫威，无法预知这位翻手为云、覆手为雨的“老佛爷”还会有怎

养心殿东暖阁慈禧垂帘听政处

样的表演。

直到光绪十二年六月十日（1886 年 7 月 11 日），慈禧与光绪帝召见醇亲王奕譞等人，并发出一道懿旨："前因皇帝冲龄践阼，一切用人行政，王大臣等不能无所秉承，因准廷臣之请，垂帘听政。并谕自皇帝典学有成，即行亲政。十余年来，皇帝孜孜念典，德业日新，近来批阅奏章，论断古今，剖决是非，权衡允当。本日召见醇亲王及军机大臣礼亲王世铎等，谕以自本年冬至大祀圜丘为始，皇帝亲诣行礼。并著钦天监选择吉日，于明年举行亲政大典。"

在这份懿旨中，慈禧表达了三个观点：一是自己有言在先，待"皇帝典学有成，即行亲政"；二是皇帝现在典学有成，表现在"近来批阅奏章，论断古今，剖决是非，权衡允当"，已具备了亲政的条件，我应该践约了；三是确立了皇帝亲政的时间，从今年"冬至大祀圜丘为始，皇帝亲诣行礼"，明年即行亲政。

那么慈禧归政光绪的诚意到底有几分呢？慈禧的懿旨一经颁布，可谓"一石激起千层浪"，满朝文武纷纷猜测，这真的是"老佛爷"的本意吗？醇亲王奕譞更是心事重重。那么，慈禧的本意究竟是什么呢？

慈禧此时归政的真正用意，历史没有明确记载。但今天回顾这段历史，验之于慈禧一生的所作所为，对其真正用意做一个符合人性的推断就是：她并不情愿归政，但形势摆在面前，她又不得不做出归政的姿态来。

慈禧是一个嗜权如命的女人，对她来说，放弃权力就等于放弃生命。无论是在热河与八大臣进行殊死的斗争，屡次打压奕訢，还是立不到四岁的载湉继皇帝位等行为背后，自始至终无不贯穿着她对权力的追逐，她的生命是由权力铸成的，别人不能对她构成任何伤害，即便是想一想也不行，她会集聚所有的力量拼死反击，以维护自己权力的完整并证明权力的强大。

慈禧玩弄权术，群臣巴结讨喜

光绪十二年，慈禧已掌握大清朝政25年，可这一年她还不足52岁。30多年血雨腥风的宫廷斗争，慈禧积累了丰富的政治经验与游刃有余的驾驭能力；充沛的精力和过剩的生命力，使得正处于壮年的慈禧能够从容应付繁重的朝政而没有丝毫的倦怠和不适。她不可能甘愿放弃手中的权力，将其拱手让给“乳臭未干”的光绪帝。

然而，日渐长大的光绪皇帝，以及严峻的国内形势迫使她不得不摆出一副归政的姿态来。已经成年的光绪帝，是慈禧无法回避的事实。第一，按照清朝祖制，光绪帝早已过了亲政的年龄；第二，光绪帝典学勤勉，成绩显著，为臣子所熟知；第三，慈禧原本就有承诺：俟皇帝典学有成即刻归政。如果她继续把持权力，无视光绪帝的存在，于情于理都无法交代，势必陷入被动而不能自拔，这不是慈禧处世的原则和做事的方式。

前面说过，慈禧的思维是相当缜密的，她可能做过这样的考虑，一旦自己发布归政的懿旨，众臣都同意，公然表示“皇太后圣明”，她将怎样应对？毫无疑问，慈禧一定预料到有这种可能。但三十余年的宫中历练，慈禧早已成为谙熟政治权术的老手，对于审时度势、欲擒故纵的政治谋略，她自然是驾轻就熟。慈禧已经更换了枢臣，她十分清楚，论治国的韬略与才干，他们远逊于上届军机大臣们，然而论对自己的忠诚，她却深信不疑。

在国家与自己的利益之间，慈禧选择了牺牲国家的利益来满足一己之私欲。俗话说“养兵千日，用兵一时”，现在正是自己需要他们发挥作用的时候。在这盘政治赌局中，她坚信：在她与光绪帝的政治天平上，这些亲信枢臣们一定会将政治的砝码加在自己的一边。所以，她在摆出归政姿态的同时，她也有控制局面发展的把握。

情况不出慈禧所料，懿旨发布的第三天，也就是六月十三日，请求皇太后收回成命的折子纷纷呈到了慈禧的手里，主旨只有一个，那就是希望皇太后继续掌权。其中，以军机处领班大臣礼王世铎为首的诸臣工奏折和醇亲王奕譞的奏折颇具代表性。

礼亲王世铎折中主张：伏请皇太后“训政数年，于明年皇上亲政后，仍每日召见臣工，披览奏章，俾皇上随时随事亲承指示”。皇帝虽然亲政了，但皇太后也要依然每日进行召见，继续批阅奏章，皇上无论有大事、小事都要随时请示。毫无疑问，这种主张就是要慈禧归政不归权，光绪帝即使亲政也不过是一个傀儡罢了。

醇亲王奕譞的折请就更加过分了，用翁同龢的评价来解释就是：“含意深远！”“王大臣审时度势，合词吁恳皇太后训政。敬请体念时艰，俯允所请，俾皇帝有所秉承。日就月将，见闻密迩，俟及二旬，再议亲理庶务。……臣愚以为归政以后，必须永照现在规制，一切事件，先请懿旨，再于皇帝前奏闻。”按照醇亲王奕譞的主张，连皇帝现在亲政都不合适，即使要亲政也要等到20岁，亲政后皇帝也务必按照现在的规制，每日请示，再做决断。

如果说礼亲王世铎的主张代表了慈禧的亲信大臣们对慈禧的忠心的话，醇亲王奕譞的话就近乎于虚伪了，如此表白肯定不是奕譞的心里话。慈禧归政，对奕譞来说是一件高兴的事情，应该说他早就盼着自己的儿子能够亲政了。然而，他心里非常清楚：12年前，慈禧之所以选择了自己的儿子继承皇位，无非是为了满足她继续控制权力的欲望。现在慈禧提出归政，只不过是掩人视听，做做样子，她绝不会轻易交出政权。为表忠心，也为避嫌疑，奕譞必须要向慈禧与众人传达一个信息：我永远不会以皇帝生父自居；我永远没有任何非分的妄想。

醇亲王奕譞像

对这样的结果，慈禧自是欣喜不已：事态正按照自己预定的轨道向前进展。就这样，一向独断专行的慈禧，此时却从谏如流，痛快地接受了醇亲王奕譞——皇帝生父的建议：即使确定了皇帝亲政，也要以皇太后绝对的权威为永远不变的原则。

在这场政治游戏中，每个人都在打着自己的算盘，却未为国家着想，而慈禧成为最大的赢家，她既躲开自己迟迟不归政的舆论责难，又可以名正言顺地继续保持至高无上的尊严，继续操持中国国政。于是在大臣们再次进言以后，慈禧正式发布懿旨："皇帝初亲大政，决疑定策，实不能不遇事提撕，期臻周妥。既据该王大臣等再三沥恳，何敢固守一己守经之义，致违天下公论之公也。勉允所请，于皇帝亲政后再行训政数年。"

就这样，慈禧以臣下屡次恳请作为前提，将光绪亲政后自己将训政的提议确定下来，此一结果虽然是慈禧的预设，但却落得个"不得已而为"的美名。由此可见，慈禧将群臣玩弄于股掌之间的手段已近乎出神入化。

不仅如此，为了使训政制度化，慈禧责成礼亲王世铎起草《训政细则》，经过一番筹划，终于在十月二十六日出笼。在这个《细则》中，除了祭祀、问安等礼仪依然按照垂帘听政的旧制实行，在施政上做了这样的规定：凡召见引见，皇太后升座训政，拟照礼臣会议，暂设纱屏为障；中外臣工呈递皇太后、皇上安折，应请恭照现式预备，奏折亦恭照现式书写；乡会试及各项考试题目向例恭候钦命者，拟请循照旧制，臣等进书恭候慈览，择定篇页，请皇上钦定题目，仍进呈慈览发下，毋庸奏请派员拟题；内外臣工折奏应行批示者，拟照旧制均请朱笔批示，恭呈慈览发下……

这个细则其实也为光绪帝亲政设定了范围，使光绪帝自行处理政事的权力极少，他几乎没有任何可以自行决定和独立施政的空间，所以即便亲政，他也完全置于慈禧的控制之下。从中我们可以看出，光绪亲政之后，朝廷用人权由慈禧裁夺；处理日常事务必须考虑慈禧的意见；召见引见臣工依原仪；披览奏章只有经慈禧阅览后才能下发。

显而易见，由垂帘听政到训政，慈禧只不过是换了一个名称罢了，而操控皇权的实质不仅没有任何改变，反而更加名正言顺。

而这样一来，慈禧可以充分利用训政统治模式来搪塞视听、平息舆论。她可以向天下堂而皇之地表白：我已经归政光绪帝了，至于我继续为王朝操劳，那是群臣的恳请，不是我的本意。这使慈禧在制度上为自己确立了主宰的地位。

有了《训政细则》作为保障，慈禧可以放心大胆地让光绪帝亲政了，但是，对于慈禧而言还有一件事情已经到了无法继续拖延的地步，那就是光绪帝的大婚。

光绪十四年（1888 年），光绪帝 18 岁，对于入关后的清朝皇帝来说，这无疑是一个晚婚的年龄。慈禧迟迟不给光绪帝举行大婚，其目的就是要在权力的巅峰多待一些时日。因为皇帝只要大婚，就应该亲政，况且民间也有“成家立业”之说，所以为了不让光绪亲政，慈禧将光绪的婚姻大事也一拖再拖。然而，慈禧蒙蔽视听的举措或许连她自己都知道漏洞百出、难以服众。人们不禁要问：慈禧究竟要在何时给光绪帝择后选妃呢?

光绪大婚选皇后，慈禧安排亲侄女

光绪十四年六月十九日（1888 年 7 月 27 日），慈禧终于颁发了给光绪帝举行大婚及亲政的懿旨：“前因皇帝甫经亲政，决疑定策，不能不遇事提撕，勉允臣工之请训政数年。两年以来，皇帝几余典学，益臻精进，于军国大小事务，均能随时剖决，措置合宜，深宫甚为欣慰。明年正月，大婚礼成，应即亲裁大政，以慰天下臣民之望。”

这一懿旨的发布昭示世人：慈禧终于允许早已长大的光绪帝大婚了。目前没有更翔实的资料来记述慈禧此时的真实想法，但是可以想见慈禧一定是万般无奈。对于慈禧来说，在此两年前，也就是光绪十二年，在所谓的光绪帝亲政以后，她获得了“训政数年”的机会，实质上就是慈禧继续临朝称制。可是光绪帝日渐长大的年龄并没有给慈禧提供充分的训政时间，因为光绪帝的“晚婚”已经成为慈禧不容回避的事实。虽然，没有关于光绪帝晚婚因而招来朝臣们颇多议论的记载，但是对于这件事情朝臣以及后宫中不会没有看法和议论。光绪帝的婚姻大事已经到了无法继续拖延的境地。

这个令人期待已久的懿旨颁发后，朝廷上下颇为震动，反应最强烈最直接的人就莫过于光绪帝本人。在懿旨颁发的当天，光绪帝不再客气，亦不再推辞，顺水推舟地发下了一道上谕：“兹奉懿旨于明年二月归政，朕仰体慈躬敬慎谦抑之本怀，并敬念三十年来，圣母为天下忧劳况瘁，几无暑刻可以稍资休息。抚衷循省，感悚交深。兹复特沛恩纶，重申前命，朕敢不祗遵慈训，于一切机务，兢兢业业，尽心经理，以冀仰酬我圣母抚育教诲有加无已之深恩。……所有归政届期一切典礼事宜，着各该衙门敬谨酬议具奏。”

光绪大婚情景

从上谕中，我们可以看到光绪帝按捺不住的喜悦之情。如果说当四岁不到的载湉被慈禧选定为皇位继承人时他还不知皇帝是权力的主宰的话，随着年龄的增长以及教育程度的加深，光绪帝已经逐渐意识到自己仅有皇位而没有皇权的尴尬，他努力地学习，就是希望自己能够早日胜任皇权。

然而，慈禧在归政问题上的反复，却令光绪帝的亲政之路曲折而漫长，慈禧在归政问题上大做文章时，使光绪帝大为失望，为此他在书房读书时心情特别沮丧。老师翁同龢曾“力陈时事艰难，总以精神气力为主，反复数百语，至于流涕，上颇为之动也”。所以，漫长等待后的那份喜悦之情自不待言。

光绪大婚，也体现他为主政天下的跃跃欲试之心。慈禧懿旨光绪帝大婚，那就意味着“亲爸爸”的归政和自己“乾纲独断”的梦想，14 年的控制和束缚一朝解脱，亲裁大政的夙愿即将实现。因此，光绪帝在随后的上谕中，虽然没有也不敢流露出对慈禧在“归政”问题上的反复的不满情绪，却也在字里行间表达了希望慈禧可以休息、自己完全能够“尽心经理”朝政的心情。

慈禧的懿旨一经发下，相关部门即开始忙碌。顺治朝开始，皇帝的后妃主要从来自八旗 13 岁至 17 岁的秀女中选择。但在慈禧确定光绪帝婚期的时候，尚未给皇帝选皇后，那么光绪跟哪个女孩子结婚呢？其实，这个问题大可不必挂心，皇帝想

光绪帝的表姐兼妻子隆裕皇后

跟谁结婚就跟谁结婚，不用征询女方及其家长的意见。当然，实事求是地说，不是光绪想跟谁结婚，而是慈禧让他跟谁结婚的问题。那么，慈禧是什么意思呢？

按皇家传统，程序还是要走。慈禧决定为光绪帝准备大婚后，选秀工作便紧锣密鼓地开始了，但慈禧早就胸有成竹，所以在接下来的时间里，她一面布置婚礼的各项程序，规划预算，一面以极大的热情着手选秀。有条件入选的女孩子被分批领进宫中，慈禧率领亲信女眷，集思广益，认真地品头论足。几经淘汰，到光绪十四年初冬，只剩下了五个女孩子，未来的皇后将在这五人中产生，即慈禧的内侄女、其弟桂祥之女；江西巡抚德馨的一双女儿；侍郎长叙的一对千金。

中国人把婚姻视为终身大事，确实，将哪个女孩子立为皇后，不仅关系着皇室的血脉繁衍，也影响着皇室的和谐和睦。为了保证自己影响力的长盛不衰，慈禧一定要选一个中意的儿媳妇。当年同治皇帝选皇后的时候，慈禧还不能一手遮天，结果亲生儿子跟慈安太后一条心，把不合自己心意的阿鲁特氏立为皇后，现在不同过去，慈禧大权在握，信心满满。

外甥娶了侄女，慈禧谋私包办

光绪十四年十月初五日，最后拍板的时刻到来了。在体和殿，慈禧太后稳坐宝座，光绪帝第一次被叫来参与，很不自在地站在慈禧的身旁。后面站着慈禧的养女荣寿公主以及福晋命妇等人，气氛严肃，鸦雀无声。室外雨雪交加，寒风凛冽，说是为皇帝选皇后，但没有一点儿喜庆的气氛。

在慈禧面前的桌子上，放着一柄白玉如意、两个绣花荷包，得到玉如意的女孩子就是未来的皇后，两个荷包则送给未来的嫔妃。可见，在这最后一轮的选拔中，五个女孩子中将有一人成为皇后，两人成为嫔妃，其余二人淘汰出局。

选拔开始，慈禧指着玉如意，对光绪帝说：这五个女孩子个个百里挑一，但毕竟是你自己的终身大事，一会儿皇帝看谁中意，把玉如意递给她就是了。

光绪帝一半儿是客气，一半儿也确实是六神无主，赶紧回答："此大事当由皇爸爸主之，子臣不能自主。"慈禧做出开明的样子，一定要光绪帝自己挑选，光绪帝没有再客气，应承下来了。

五个衣着朴素、不染铅华的女孩子应召而至，依次行礼，自报履历，然后低头站在那里，任凭众多目光反复审视。光绪帝定睛一瞧，十分惊讶，原来，排在候选者第一位的就是慈禧的亲侄女！难道光绪帝认识慈禧的侄女？其实，何止认识，光绪帝的生母是慈禧的亲妹妹，所以慈禧的侄女跟光绪帝是表亲关系，比光绪帝大三岁，是嫡亲的大表姐，小时候经常进宫跟光绪帝做过游戏，算是童年的玩伴之一。

光绪帝做梦都想不到表姐会成为皇后的候选人，而且，自己现在是"大龄剩男"，但其表姐更"剩"，21 岁还没有找婆家，如果不是慈禧有意将她留给光绪，那就实在是没人愿意要她了。因为此女并不漂亮，身高不矮但有些驼背，脸型不短却时常哭丧着脸，没有一点儿讨人喜欢的地方，跟其余四位佳丽相比，可说是姿色全无。

光绪帝一看就明白了，大表姐"过五关斩六将"，经过一轮又一轮的淘汰走到这里，就是慈禧事先安排好的，看来终身大事已成定局，却口口声声让自己挑选，真是虚伪到了顶点，胸中顿时升腾起一股无名的怒火。光绪帝虽在慈禧严控之下，却是天生犟脾气，他一方面不满慈禧的安排，另一方面实在是看不上表姐，他拿起玉如意，绕过表姐，审视起其他四位佳丽。只见风韵气质各不相同，他顿时感觉眼花缭乱，不知该把玉如意递给谁了。

光绪帝踌躇了一会儿，拿着玉如意来到一个容貌秀美的女孩子跟前。这个女孩子是江西巡抚德馨的女儿。眼看自己的侄女即将落选，慈禧顾不上刚刚做出的承诺，厉咳一声，光绪帝吓得一回头，看到了慈禧严厉的目光和示意的眼神，经过短暂的思想斗争，他知道拗不过慈禧，只好步履沉重地走到表姐跟前，递过玉如意，然后掉头返回。表姐叩头谢恩，光绪帝理都没理。

场面十分尴尬，桌子上还放着两个绣花荷包，那是给未来的嫔妃准备的，可光绪帝却不选了，他噘着嘴站在一边儿，眼睛看着天花板。慈禧索性包办到底，她让荣寿公主将荷包递给排在队尾的两个女孩子，结束了选秀，然后下发谕旨，向天下宣布：兹选得副都统桂祥之女叶赫那拉氏，端庄贤淑，着立为皇后……原任侍郎长叙之十五岁女他他拉氏，着封为瑾嫔。原任侍郎长叙之十三岁女他他拉氏，着封为珍嫔。

这道谕旨很“别致”，它交代了瑾嫔和珍嫔的年纪——15 岁和 13 岁，偏偏回避了皇后的年纪。显然，这是不想让天下人知道皇帝娶了一个“大龄剩女”。

光绪选后之事，反映出慈禧极为自私的心理。在清朝的历史上，对皇后的选择大多并不是出于皇帝个人感情的取舍，为了国家的利益，皇帝往往要做出牺牲。比如，清朝皇后中蒙古女子不少，因此跟蒙古各部落建立了血肉相连的亲密关系，保证了国家北部边疆的稳定。此次光绪帝虽然做出了牺牲，但并不是为了国家的利益，而是为了慈禧太后及其家族的权欲和私利。

慈禧太后出身于破落的官僚家庭，早在慈禧年幼的时候，爷爷因户部银库的亏空案被投进刑部大牢，因此几乎倾家荡产。咸丰二年她被皇帝选为贵人的时候，也是她的家族处于最低谷的时候。十年后咸丰帝驾崩，儿子继承皇位，慈禧母以子贵，升为太后，并以垂帘听政的方式执掌国家政权。按说破落的娘家必将重振门楣，但事实并非想象的那样简单，关键是她那两个兄弟较着劲儿地一个比一个不争气，慈禧将侄女选为皇后，固然是为了照顾娘家，但自己的利益才是根本的出发点。

俗话说儿子大了不由娘，随着光绪帝大婚，慈禧将移交政权，光绪娶了媳妇之后更容易跟她这位养母分心眼。为了避免这种情况的发生，她选择侄女做皇后，目的是为了在退休后继续操纵皇帝。

但最出格的是，既然光绪帝已经屈服，将玉如意递给了慈禧的侄女，慈禧也应考虑一下光绪帝的感受，将他相中的江西巡抚德馨的女儿选为嫔妃，可慈禧怕这个貌美如花的女孩子对其貌不扬的侄女构成威胁，居然把她淘汰出局。可见，慈禧除了个人私利以外，一点儿也不考虑光绪帝的幸福，不能不说做得过分了，光绪为此却憋了一肚子气。

光绪十五年正月二十四日，光绪和表姐大婚典礼拉开了序幕，皇后妆奁开始进宫。所谓妆奁就是嫁妆。当年同治帝大婚，皇后家的妆奁是“六百抬”，分六天运进皇宫。光绪岳父桂祥的家底儿有限，除了皇家买单的部分以外，自己添的钱不多，所以，妆奁仅有“二百抬”，分两天运进宫去。这些妆奁有衣服鞋帽、钟表首饰、家具摆设、生活用品等等。送给姑爷的礼物是两柄轻飘飘的金如意，装在漂亮的盒子里，由四个身穿花衣的壮汉抬着。内务府和步军统领衙门派人沿途照料，维持秩序。

正月二十七日，光绪帝身穿红色的龙袍，前来慈宁宫给慈禧太后行礼，报告婚礼即将开始。光绪面无表情，例行公事地行礼之后，就前往太和殿，布置娶亲事宜，派使节前往桂公府册封皇后。此前，两位“姊妹花”瑾嫔和珍嫔已经进宫，她们将在皇后进宫的时候跪迎。

跟民间娶亲不同，一则皇家按照古代的规矩，在天黑的时候举行婚礼；二则皇帝是不会上门迎娶的，他在乾清宫等着。接近午夜，迎亲的队伍出宫前往桂公府，差不多是第二天凌晨的时候，皇后乘坐十六人抬的大轿，从大清门进入了紫禁城，在乾清门下轿，跨过火盆、马鞍，被搀扶到坤宁宫，跟光绪帝行合卺礼。大婚礼成，光绪又到慈禧住处请安，然后还处理了几件国家大事，中午陪慈禧看戏，忙活到晚上，才来到坤宁宫，跟皇后共度洞房花烛夜。按民间的规矩，还有一道程序——闹洞房，但皇帝的洞房无人敢闹，所以宫中悄无声息。据皇族后人传说，光绪帝在洞房中痛哭流涕。按说他对表姐并无反感，他反感的是让表姐做自己的终身伴侣。可见，慈禧太后为了自己的利益做出的选择，不仅毁了光绪帝的幸福，也造成了侄女守活寡的悲惨人生。

二月初四日，光绪帝在天安门举行了隆重的亲政仪式，他颁发诏书，宣布亲裁大政，至此，光绪帝终于走出了慈禧太后时时监督的时代。

光绪变法图强，暗中对抗慈禧

新婚之后，光绪皇帝已算成家立业，按说他也应该像列祖列宗那样执掌国政，成为大权在握、乾纲独断的一国之君。然而，他心中明白，慈禧的训政虽然结束，但她依然操纵着国家政权，因为在此之前慈禧做出决定：今后“各衙门引见人员，皇上阅看后拟请仍照现章，于召见臣等时请旨遵行”。

这也就是说，在任命官员的时候，皇帝接见后，仍须向太后请旨，太后批准后才算数。可见，慈禧仍然把持着高级官员的任命权，而且，这跟以前的“垂帘听政”和“训政”不同，根本没有期限。这也说明，只要慈禧活着，光绪就只能一直是个傀儡。

光绪帝不甘心永为傀儡，加上婚姻不如意，爱情不自主，所以，沮丧到了极点。按例，大婚典礼之后皇帝要出面宴请皇后娘家的全体成员，以示谢意，届时朝廷重臣、王公贵族都要出席作陪，场面也很隆重。但光绪拒绝出席，理由是“身体不适”。如此不给皇后娘家面子，引得京城传言纷纷，最后由皇后出面主持宴会。

慈禧对此稍感不快，但总的来说还是喜大于忧。虽然已向皇帝归政，但各方面都按自己的意思安排，实际权力并没有太大的损失。

光绪帝大婚之后，宠爱珍嫔，冷落皇后，妻妾争风，矛盾升级。慈禧当然不会袖手旁观，她的介入使问题更为复杂，各方的关系越来越僵，这深远地影响了王朝的命运。

在光绪的无言抗争，慈禧的强势干预下，光绪帝身边还是形成了一个帝党集团，这是怎么回事儿呢？众所周知，光绪跟慈禧的矛盾是晚清王朝最后20年间朝野皆知的“秘密”，母子二人从小的纠葛开始，关系越闹越僵，最终成为势不两立的死对头，这深远地影响了王朝的命运和中国历史的走向。

读者大都知道戊戌变法这个历史名词，又叫百日维新。是指1898年（农历戊戌年）以康有为为首的改良主义者通过光绪皇帝所进行的资产阶级政治改革，是发生在中国清朝光绪年间（1898年）的一项政治改革运动，因此年旧历称戊戌，故称戊戌变法。

戊戌变法的代表人物是康有为和梁启超。在以其为首的维新人士和帝党官员的积极推动下，1898年6月11日，光绪皇帝颁布《明定国是诏》，宣布变法。新政从此日开始，到9月21日慈禧太后发动政变为止，历时103天，史称“百日维新”。

在此期间，光绪皇帝根据康有为等人的建议，颁布了一系列变法诏书和谕令。主要内容有：经济上，设立农工商局、路矿总局，提倡开办实业；修筑铁路，开采矿藏；组织商会；改革财政。政治上，广开言路，允许士民上书言事；裁汰绿营，编练新军。文化上，废八股，兴西学；创办京师大学堂；设译书局，派留学生；奖励科学著作和发明。这些革新政令，目的在于学习西方文化、科学技术和经营管理制度，发展资本主义，建立君主立宪政体，使国家富强。

光绪帝（中）和康有为（右）、梁启超（左）

新政措施虽未触及封建统治的基础，但是这些措施代表了新兴资产阶级的利益，为封建顽固势力所不容。“百日维新”开始后，清政府中的守旧派不能容忍维新运动的发展。一些权贵显宦、守旧官僚对新政措施阳奉阴违，托词抗命。有人上书慈禧太后，要求杀了康有为、梁启超；奕劻、李莲英跪请太后“垂帘听政”；御史杨崇伊多次到天津与荣禄密谋；甚至宫廷内外传言将废除光绪，另立皇帝。慈禧太后仅在光绪皇帝宣布变法的第五天，就迫使光绪连下三谕，控制了人事任免和京津地区的军政大权，准备发动政变。

9 月中旬，光绪皇帝几次密诏维新派商议对策，但维新派既无实权，又没有可行的办法，都束手无策，只得向光绪皇帝建议重用袁世凯，以对付荣禄和慈禧太后。16 日和 17 日，光绪皇帝两次召见袁世凯，授予侍郎；18 日夜，谭嗣同密访袁世凯，劝袁杀荣禄举兵救驾，但袁世凯为人两面三刀，心机叵测，表面答应此事，事后却将维新派出卖。

慈禧再行政变，光绪遭禁瀛台

戊戌变法失败的首要罪魁应是袁世凯，变法之时，在康有为的举荐下，他曾受到光绪帝的重用。1898 年 9 月 16 日，光绪帝在颐和园召见统率北洋新军的直隶按

图中中间的岛屿即中南海瀛台

察使袁世凯，面谈后升任他为侍郎候补。另一方面，直隶总督荣禄以英俄开战，催袁急回天津。据袁世凯的日记所载，之后谭嗣同于 9 月 18 日夜访袁世凯住处，透露皇上希望袁世凯可以起兵勤王，诛杀荣禄及包围慈禧太后住的颐和园。两日后（9 月 20 日），袁世凯回到天津，将谭嗣同的计划向荣禄报告。

1898 年 9 月 21 日凌晨，慈禧太后突然从颐和园赶回紫禁城，直入光绪皇帝寝宫，将光绪皇帝囚禁于中南海瀛台；然后宣布戒严，即日临朝发布训政诏书，再次临朝“训政”，“戊戌政变”失败。戊戌政变后，慈禧太后下令捕杀在逃的康有为、梁启超；逮捕谭嗣同、杨深秀、林旭、杨锐、刘光第、康广仁、徐致靖、张荫桓等人。所有新政措施，除 7 月开办的京师大学堂（今北京大学）外，全部都被废止。从 6 月 11 日至 9 月 21 日，进行了 103 天的变法维新，以戊戌政变宣告失败。

不久后，维新派欲刺杀慈禧的内幕被揭开了，慈禧惊讶得目瞪口呆，光绪帝也陷入了万劫不复的命运深渊。

事后，慈禧太后软禁光绪皇帝于中南海瀛台，甚而欲废帝改立，又遭各国强烈反对而不敢付诸行动，她怀恨在心，暗自决定对光绪皇帝永远软禁。

后来八国联军欲攻北京，慈禧太后又挟持光绪帝和亲贵大臣逃往西安，而派奕劻和李鸿章与联军谈和。慈禧太后再次置国家于不顾，只顾自己性命地选择了逃亡。而在开始逃亡之前，慈禧太后还不忘处死光绪帝心爱的妃子珍妃。

光绪帝在瀛台一筹莫展，慈禧的日子也不好过，毕竟年近七旬，身体不好，来日无多，心情不佳。而且，继李鸿章去世之后，光绪二十九年三月，她的“宠臣”荣禄也去世了，这让慈禧悲伤不已，她痛哭流涕，并把弟弟桂祥骂得狗血喷头，因为荣禄临终之际一直由桂祥推荐的医生负责抢救，慈禧认为医生不称职，迁怒于桂祥。荣禄死后，慈禧伤感了很久，也苍老了很多。

转眼到了光绪三十年（1904 年），慈禧又蒙受了一场刺激。原来她的七十大寿到了，本打算热热闹闹地祝贺一次，补上六十大寿未能大办的缺憾，谁想到在东北地区发生了日俄战争。令中国人痛心疾首的是这场战争发生在中国东北，目标也是争夺东北，但清政府却宣布“局外中立”，真是丢人到家的一件事儿了。在这种情况下，慈禧自然无心做寿，想到自己每逢十年整寿就赶上外敌入侵，以致被革命党讥讽为“万寿疆无”，因此十分恼火。

此时，全国人民急于救国图强，政治风潮一浪高过一浪，宫廷中也酝酿着一轮新的波澜。当时，慈禧已届七旬，算是风烛残年了，朝中实力派自然暗中打算，光绪帝的价值开始被重估；另外，一帮年轻的亲贵成长起来了，比如醇亲王载沣、恭亲王溥伟、肃亲王善耆等，由于年龄相近的缘故，他们跟光绪帝的关系较为亲近。慈禧对此也有警觉。一次，光绪帝的同父异母弟弟载涛派太监进宫，给太后送些食品，同时嘱咐太监顺路去看看皇上。慈禧得知此事，较为紧张，她怕光绪捎出什么话，所以，立即派人前往载涛的府中捉拿那位进宫的太监。

内务府官员上门拿人，不料载涛表示没有皇帝的旨意，不能到他府中拿人，还破口大骂，说了不少威胁恐吓的话，甚至要动手跟内务府的人拼命。最后载涛被侍卫死死拦住，但他府上的太监还是被拿交内务府慎刑司拷问。由于那太监不承认替光绪帝捎出什么话去，竟被活活打死，可见慈禧太后对光绪帝防范之深。

此时的载涛还不到 20 岁，是个孩子，慈禧不担心他有什么出格的打算，但载涛之所以敢气势汹汹，无疑是自认为有皇帝做靠山，这让慈禧感到忧心。

其实慈禧太后不知道，很多清室宗亲都是想着让光绪帝重新亲政的，肃亲王善耆暗中有一个惊天计划：一旦慈禧寿终正寝，立即拥戴光绪帝复辟，重掌大权，为此他成立了一支消防队，练习爬墙上房，但这支消防队却是按军队的模式，每天按时出操，装备了新式洋枪，善耆还跟亲信说万一有事，立即以救火为名前往瀛台救出皇帝，但他最终没有等到机会，因为他还是不了解慈禧太后到底有多恶毒。有人提醒他说等到老佛爷咽气再动手恐怕已经晚了，但善耆有些不相信，他既不敢轻举妄动，又不肯善罢甘休，为此很是苦恼。

慈禧将死杀光绪，大清气数行将尽

然而就在各方面暗中策划营救光绪皇帝之际，光绪皇帝的命运发生了根本性的逆转，光绪帝自幼身体不好，脾胃虚弱，且他一生感情失落，政治失意，心情压抑，珍妃之死的消息也足以令他精神崩溃。尤其是戊戌政变以来，他处于被软禁状态，备受凌辱和虐待，孤立无助，坐以待毙，担惊受怕，这样一来，身体状况更大不如前了。

光绪帝身体不好，但慈禧的身体更不好，她已 70 多岁，外国的侵略和国内的反对之声时时打击着她衰弱的神经，但她不肯也不敢放下权力，因为以她一生的所作所为，一旦放权，她将立即成为人人得而诛之的对象。所以不管再苦再难，她都时刻提醒自己要硬撑下去。

其实慈禧七十岁以后身体便渐衰弱，接连生病。慈禧早年还是咸丰帝懿妃时就患月经不调，以后又患有咳嗽病、痔疮、面风、腹泻、胃肠病诸病。迨至光绪三十三年正月，主要患有消化不良症。至同年十二月末，病仍如是，“肝胃郁热、气道欠舒”。延至三十四年六月，病情复有加重趋势。

有清宫档案记载：“六月初六日，臣陈秉钧请得皇太后寸关涩象渐起，细而带弦，右部关上尚见滑弦，仍欠冲和之气。大致阙阴为起病之源，脾胃为受病之所。嘈杂渐减，饱暖频仍，寤寐尚和，胸肋震响。由于营阴郁热未除，气分微见虚弱，背间忽凉忽热，引动臀部。两目垂重，枝节软倦，头有微晕，耳有金声。总核病情，谨拟培脾胃之气，养肝木之阴调理。”

由此脉案可知，慈禧不仅脾胃病未愈，且增头晕等肝阴不足证候。至九月，始见腹泻病症，至此以后，腹泻病一直未愈，且有加剧之势。至当年十月份，另又请张仲元等诊治，但并无多大效果。

显然，由于连续腹泻而慢性消耗，致使慈禧体力大不如前。正如其遗诰中所述："不期本年夏秋以来，时有不适"，又因政务殷繁，不能静养，以致"迁延日久，精力渐惫"。从《内起居注》中也可见到，这一时期慈禧虽患有慢性腹泻，然政务活动仍很频繁，经常临朝接见大臣，商讨政务，或批阅奏折，发布谕旨。所以到十月初八日，病情又稍有增重。从脉案分析，此时慈禧的脉近燥，中按鼓指，可能有脉率不齐。且脉如此弦大，说明此时慈禧似已出现脉律不齐或高血压之征象。

慈禧做寿时进贡的花盆

有这样一条传说，慈禧病重时，有人密告说光绪面有喜色，慈禧闻后，大怒，说："我不能先尔死"，提出光绪为慈禧加害致死。

十月初十日，是慈禧的73岁寿辰，宫廷内外，照例要举行庆典。在此前后，她的活动也更是增多。初十、十一两日，白天有庆典及筵宴活动，慈禧都要参加；而自初十至十五日，接连六个晚上，都在西苑颐年殿演戏祝贺，她也每次必到，直至散戏才还寝仪鸾殿。多日的劳累，使她的病情有增无减，到十月十四日，病情继续增重，十五日，病情继续发展，脉息呈"左寸关弦而近燥，右寸关滑数鼓指，气口脉浮"。其他如肝、胃、肺部之病象仍如前，而又新增"周身疼痛，面目发浮"之病象。

根据《内起居注》记载，自十月十六至十九日，慈禧与光绪帝均无政务活动。光绪帝除每日赴仪鸾殿（亦可能是派人代为前去）向慈禧请安外，亦一反常态，每日早晚并不到慈禧处侍膳。

到十月二十一日，慈禧还未死之际，光绪皇帝却突然进入弥留状态，酉刻即在瀛台涵元殿含恨而死。其时为1908年11月14日，终年38岁。

而慈禧之象脉也出现了加重趋势，但并无危象。连发三道谕旨之后，只是"精神异常委顿"，表明由于腹泻而体力消耗过多，而脉象不匀，则可能发生心律不齐。而自十月十九日开始有"谷食不多"的记载，本日又有"胃纳太少"的记载，说明慈禧已接连三日饮食不正常，这对其病体的支撑十分不利。所以到十月二十二日，她的病情出现急剧的恶化。御医先后三次入诊，妙手也无法回春。午后，慈禧太后这个视权如命的恶毒老妇人，在掌权大清47年之后，终于告别人世，撒手西归，终年 74 岁。

据《清德宗实录》记载，在光绪帝逝世的前一天，慈禧授予光绪帝同父异母弟弟醇亲王载沣“摄政王”的职位，将他的长子溥仪接到宫中教养。光绪帝咽气后，慈禧立即宣布：溥仪继承同治皇帝，兼祧光绪皇帝，为清朝新一代君主。又规定：“嗣皇帝尚在冲龄，正宜专心典学。着摄政王载沣为监国，所有军国政事，悉秉承予之训示裁度施行。”这表明溥仪为帝，载沣摄政。但实际上只要慈禧不死，他们全是慈禧的傀儡，清朝的命脉还是掌握在慈禧手中。可见，直到此时慈禧不仅对自己的生命力依然乐观，权力欲也没有丝毫的衰减。然而，在慈禧做出这一系列决定的第二天，她就走到了自己生命的尽头。

一帝一后相继死去，光绪仅死在慈禧之前二十个小时，世人立即对此产生怀疑，都认为光绪皇帝之死是为人所害，而这个人必然是慈禧。那么慈禧是用的什么手段杀死光绪皇帝的呢？公元 2003 年，清西陵文物管理处等四家单位相关工作人员在光绪皇帝遗体和头发上发现高浓度砒霜，由此来看，光绪皇帝无疑是由人毒死的，下毒者也无疑是慈禧太后了。至此光绪皇帝死亡真相大白于天下。

光绪帝的一生是令人扼腕叹息的，其死后也是如此，在光绪登基直至驾崩长达 34 年的岁月里，不但一生竭力倡导的改革事业未能成就，图谋报国的壮志未竟，就连自己的陵寝也未兴建。直到他驾崩后，才由他的异母弟、新登基的宣统皇帝溥仪之父、醇亲王载沣派人在西陵界内找了一块叫绝龙峪的地方，兴建了清王朝统治时期最后的一座皇帝陵寝。当 1911 年辛亥革命兴起，大清王朝正式宣告灭亡时，已驾崩 3 年的光绪皇帝，尸体还躺在紫禁城一间漆黑的屋子里，直到 1913 年才被草草安葬于绝龙峪。光绪帝倒霉至此，生前的哀婉凄惨身陷囹圄总算过去，但死后又凄惨葬到绝龙峪中，不知他的孤魂该是怎样的忧愤与悲哀了。

而与光绪帝冷冷清清的身后事相比，执掌政权近 50 年的慈禧太后的丧事却办得异常奢华隆重，给她上的谥号也美轮美奂：慈禧端佑康颐昭豫庄诚寿恭钦献崇熙皇太后。慈禧的殡葬过程共耗费白银达 120 多万两，为大清历代帝王后妃葬礼之最。这个女人假如死后有知，她应该为自己生前死后都志得意满了。

当慈禧躺到华贵无比的地宫中时，辉煌夺目的紫禁城已进入大清帝国日落后的黄昏，光芒灿烂的昌瑞山，也将很快王气不再，在她的祸害下，大清王朝已进入彻底衰败的最后一缕暮色之中。

参考资料

[1] 许嘉璐，安平秋等，《二十四史全译》，汉语大词典出版社，2003 年 12 月出版。

[2] 王军云，《中国 100 位帝王传》，中国华侨出版社，2006 年 2 月出版

[3] 张淑娟，《中国历史上的十大女性传奇》，中国致公出版社，2008 年 1 月出版。

[4] 倪方六，《你不知道的历史真相——帝王秘事》，湖北人民出版社，2009 年 1 月出版。

[5] 纳兰秋，《疯狂的玫瑰——历代后妃的争权夺爱之路》，广西人民出版社，2009 年 9 月出版。

[6] 上官丰《禁宫探秘》，新世界出版社，2005 年 1 月出版。

[7] 阎崇年，《明亡清兴六十年》，中华书局，2006 年 8 月出版。

[8] 姜正成，《明末清初那些事》，儿中国社会出版社，2012 年 6 月出版。

[9] 方志远，《万历兴亡录》，商务印书馆，2011 年 10 月出版。

[10] 高光，《万历王朝》，云南人民出版社，2011 年 7 月出版。

[11] 张明林，《末日乱象：明光宗泰昌、明熹宗天启》，西苑出版社，2011 年 6 月出版。

[12] 高阳，《明代的皇帝》，广西师范大学出版社，2006 年 1 月出版。

[13] 高阳，《清朝的皇帝》，中国友谊出版社，2001 年 4 月出版。

[14] 阎崇年，《清朝十二帝》，人民出版社，2010 年 7 月出版。

[15] 史官，启航，《话说清朝那时候儿》，北京理工大学出版社，2012 年 6 月出版。

[16] 雾满拦江，《别笑，这是大清正史》，武汉出版社，2010 年 8 月出版。

[17] 周远廉，《清朝兴起史》，广西师范大学出版社，2006 年 12 月出版。

[18] 郑永安，《清朝全史》，云南人民出版社，2011 年 8 月出版。

[19] 郭厚英，《两个女人 一个清朝：大清开国与孝庄太后》，中国社会出版社，2011 年 7 月出版。

[20] 王钟翰，《大家说历史：王钟翰说清朝》，上海科学技术文献出版社，2009 年 1 月出版。

[21] 黎东方，《黎东方讲史：细说清朝》，上海人民出版社，2007 年 4 月出版。

[22] 张杰，《清朝三百年史》，社会科学文献出版社，2011 年 12 月出版。8.《康乾盛世：天朝上国的黄金时代》，童超 主编，云南教育出版社，2010 年 1 月出版。

[23] 李亚平，《帝国政界往事：前清秘史》（全二册），北京出版社，2008 年 10 月出版。

[24] 周舟，《穿越百事通——清朝不可不知的历史细节》，苏州古吴轩出版社，2012 年 7 月出版。

[25] 杨海薇，《孝庄秘史》，作家出版社，2007 年 1 月出版。

[26] 圣烨，尹楠，《皇太极私密档案全揭秘》，北方文艺出版社，2005 年 8 月出版。

[27] 顾晓清，《顺治皇帝》，中国华侨出版社，2009 年 1 月出版。

[28] 陈文海，《雍正皇帝》，中国华侨出版社，2009 年 1 月出版。

[29] 史荣恩，《乾隆》，中国社会科学出版社，2008 年 10 月出版。

[30] 徐彻，《慈禧大传》，国际文化出版公司，2012 年 1 月出版。

[31] 隋丽娟，《说慈禧》，中华书局，2013 年 4 月出版。

[32] 王咏星，《险恶太后慈禧》，中国言实出版社，2013 年 3 月出版。

[33] 喻大华，《囚徒天子光绪皇帝》，商务印书馆，2011 年 11 月出版。

[34] 卢建中，熊诚，《光绪皇帝》，安徽文艺出版社，2009 年 7 月出版。